High Growth Handbook

高增长手册

[美]埃拉德·吉尔(Elad Gil) 著

姜昊骞 译

HIGH GROWTH HANDBOOK by Elad Gil Copyright © 2018 Elad Gil Simplified Chinese translation copyright © 2021 by China South Booky Culture Media Co., Ltd.
Published by arrangement with author c/o Levine Greenberg Rostan Literary Agency through Bardon-Chinese Media Agency
All rights reserved.

© 中南博集天卷文化传媒有限公司。本书版权受法律保护。未经权利人许可，任何人不得以任何方式使用本书包括正文、插图、封面、版式等任何部分内容，违者将受到法律制裁。

著作权合同登记号：图字18-2021-107

图书在版编目（CIP）数据

高增长手册/（美）埃拉德·吉尔（Elad Gil）著；姜昊骞译．－－长沙：湖南文艺出版社，2021.9
书名原文：High Growth Handbook
ISBN 978-7-5726-0162-0

Ⅰ．①高… Ⅱ．①埃…②姜… Ⅲ．①企业管理 Ⅳ．①F272

中国版本图书馆 CIP 数据核字（2021）第 093455 号

上架建议：畅销·经管

GAO ZENGZHANG SHOUCE
高增长手册

作　　者：[美]埃拉德·吉尔
译　　者：姜昊骞
出 版 人：曾赛丰
责任编辑：吕苗莉
监　　制：于向勇
策划编辑：王远哲
文案编辑：郑　荃
营销编辑：段海洋　王　凤
版权支持：姚珊珊
装帧设计：梁秋晨
出　　版：湖南文艺出版社
　　　　　（长沙市雨花区东二环一段 508 号　邮编：410014）
网　　址：www.hnwy.net
印　　刷：三河市中晟雅豪印务有限公司
经　　销：新华书店
开　　本：700mm×1000mm　1/16
字　　数：333 千字
印　　张：24.75
版　　次：2021 年 9 月第 1 版
印　　次：2021 年 9 月第 1 次印刷
书　　号：ISBN 978-7-5726-0162-0
定　　价：108.00 元

若有质量问题，请致电质量监督电话：010-59096394
团购电话：010-59320018

献给我可爱的妻子珍妮弗和儿子里亚夫。

突然，万事再次皆有可能。

献给我了不起的父母和姐妹，

感谢你们这些年来的支持和信任。

附：献给我未来的孩子。

抱歉，你们没有出现在致谢里。

如果你们已经出世的话，我肯定会加上你们。

High
Growth
Handbook

致谢

感谢过去十多年来正式或非正式地与我共事过的创始人和创业者。你们对发挥长久影响,让世界变成一个更美好的所在所怀有的执着、创造力、好奇心、活力和希望,一直鼓舞着我。

无数人为本书各个部分的初稿提出了意见、修正和反馈。

感谢接受我采访的创业者和创始人,你们的视角为本书带来了不可估量的补益。萨姆·奥尔特曼、马克·安德森、帕特里克·克里森、乔乐·艾默生、艾琳·福斯、里德·霍夫曼、克莱尔·休斯·约翰逊、亚伦·利维、玛丽亚姆·纳菲西、基思·拉博伊斯、纳瓦尔·拉维坎特、鲁奇·桑维、香农·斯图博·布雷顿、赫曼特·塔内佳,谢谢你们为本书增添了凭我自己不可能有的智慧。

感谢 Stripe(斯特雷普)公司对本项目的信任和早期投入。我要感谢本书的项目经理布里安娜·沃尔夫森、创意总监泰勒·汤普森、内文排版凯文·王、采访转录和初期编辑克里斯蒂娜·贝利以及文字编辑迪伦·特韦尼。

目录
CONTENTS

高增长手册

High
Growth
Handbook

写给读者的话：如何使用本书　　　　　　　　　001
作者寄语：欢迎阅读《高增长手册》　　　　　　002
产品市场契合的下一步——马克·安德森访谈录　005

第一章
CEO的角色

CEO的角色：自我管理　　　　　　　　　　　　002
个人时间管理　　　　　　　　　　　　　　　　003
放权　　　　　　　　　　　　　　　　　　　　003
检查日程表：从每周到每月　　　　　　　　　　005
学会说"不"　　　　　　　　　　　　　　　　006
意识到老方法跟不上新变化　　　　　　　　　　008
假期与放松　　　　　　　　　　　　　　　　　008
做你在乎的事　　　　　　　　　　　　　　　　009
CEO的角色：管理对自己汇报的人　　　　　　　010
决策与高管管理——克莱尔·休斯·约翰逊访谈录　012
洞见 | 如何与克莱尔共事：非正式指南　　　　　025
联合创始人的动态变化　　　　　　　　　　　　033

第二章
董事会管理

"雇用"董事会	038
选择合适的风投合伙人	038
选择独立董事	039
董事会主席	046
董事会的多样性	047
发掘多样董事候选人的方法	047
董事会的进化	049
开除董事	050
开除风投董事	050
开除独立董事	053
独立董事席位结构	054
董事会与CEO调整及若干重大治理议题——里德·霍夫曼访谈录	055
CEO的角色：管理董事会	066
董事会会议结构	066
董事会会议议程	067
董事会观察员和闲杂人等	069
与董事的其他互动	069
管理董事会——纳瓦尔·拉维坎特访谈录（上）	071

第三章
招募、聘用和管理人才

招聘最佳实践	080
每个岗位都要有岗位描述	080
问所有候选人同样的问题	081
在面试前给面试官交代关注点	081
成果面试	081
给候选人打分	082
行动要迅速	083
背景调查	083
候选人多样化	083
扩大招聘团队	084
创业初期：团队兼职做招聘	085
扩张起步：内部招聘专员	085
高增长阶段：招聘团队细化	087
高管招聘：预付费猎头	088
员工入职管理	089
发出欢迎函	089
新人礼包	089
伙伴制度	089
主人翁精神	090
设定目标	090
老人综合征和早期员工	090
与时俱进的早期员工	091
应该放手的老人	091
CEO成长中的疼痛——萨姆·奥尔特曼访谈录	095

第四章
打造高管团队

招聘高管	106
打好12~18个月的提前量	107
高管的必备特质	107
界定角色并约见业界精英	109
认识到自己会失败一两次	111
如何招聘、管理和开除高管	
——基思·拉博伊斯访谈录（上）	112
你需要COO吗	126
为什么要COO	127
为什么不要COO	128
如何选择COO	128
聘请COO——亚伦·利维访谈录	131
高管头衔与实用主义	140
开除高管	141
如何招募优秀的商务拓展人员	143
好的商务拓展人员	143
坏的商务拓展人员	145
如何筛选出优秀的商务拓展人员	146
优秀的商务拓展人员往往并非优秀的合作伙伴经理	147
规模化不只是数字游戏——玛丽亚姆·纳菲西访谈录	148

第五章
组织架构与高增长

组织架构要实事求是	164
高速增长的公司每隔6~12个月就会大变样	164
没有"正确"答案	165
有时带宽比完美匹配更重要	165
组织架构常与裁决有关	166
招聘高管要考虑未来12~18个月,而不是永远	166
重组行动	167
公司层面和部门层面的重组	167
如何进行重组	168
引狼入室:创可贴与填空高管	
——鲁奇·桑维访谈录	171
公司文化及其进化	182
永远不要妥协:招聘要看文化	183
不良文化会带来痛苦	183
如何打造强有力的文化	184
招人要看文化与价值观	184
文化不能假手于人	
——帕特里克·克里森访谈录	187
多样化招聘	200
多样性并非可有可无	
——乔乐·艾默生访谈录	202
下行期管理	216

第六章
营销与公关

营销、公关、沟通、增长与品牌	220
增长营销	220
产品营销	221
品牌营销	221
公关与沟通	221
聘请营销与公关团队	222
营销组织架构	222
要不要公关	223
打造经得住风雨的营销和沟通部门 ——香农·斯图博·布雷顿访谈录	224
公关基本知识	236
媒体素养培训	236
迭代公司故事	237
"不得发表""匿名发表""允许发表"	237
纠正事实错误	238
媒体套路	238
招聘优秀的公关人员	239
媒体关系建设	239
公关要趁早	239
媒体报道不等于成功	240
公关与危机管理	240
如何打造你真正需要的公关团队——艾琳·福斯访谈录	241

第七章
产品管理

产品管理综述	254
产品经理是做什么的	254
你有合适的人吗	257
优秀产品经理的素质	258
四种产品经理	259
项目经理不是产品经理	260
助理产品经理/轮岗产品经理	261
面试产品经理	261
对所有要聘用的产品人员做背景调查	262
产品、设计、工程的配合	263
聘请一名强力产品副总裁	264
赋能产品副总裁	266
产品管理流程	267
转岗与培训	269
从产品到分销的思维转换	271

第八章
财务与估值

钱，钱，钱	274
后期阶段融资：你该找谁谈	274
后期阶段投资人类型	276

如何评估后期融资的资金来源	282
关键条款	284
请注意	285
估值不要报太高	286
创始人的压力	287
次级股票交易	288
转折点通常是5亿~10亿美元	289
创始人出售股份	289
次级交易要早管，晚管不管会遭殃	290
次级交易的分类	290
信息共享与次级买家	295
员工售股限额	295
投资人售股：重谈条件的机会	297
锁死未来的交易	298
409A与限制性股票单位	298
转向限制性股票单位	299
员工眼中的次级售股	300
IPO：公司上市	305
上市的好处	306
上市的弊端	307
市场周期	307
IPO流程	308
上市——为什么要IPO？ ——基思·拉博伊斯访谈录（下）	309
后期融资的诀窍——纳瓦尔·拉维坎特访谈录（下）	316

第九章
并购

并购：买公司	334
何时应该开始购买其他公司	335
三类收购	336
并购路线图	337
管理内部利益相关方	338
处理反对意见	339
并购面试流程	341
并购：如何设定目标公司的收购估值	342
三类并购通用的价值评估因素	342
买团队或购聘	343
买产品	344
战略性收购	345
并购：说服对方（及其主要投资人）出售	346
说服对方出售：买团队和买产品	346
说服创始人：战略性收购	349
并购：收购谈判	350
为用户和世界承担更大的责任 ——赫曼特·塔内佳访谈录	353
附录：看到它们，直接说"不"	365

写给读者的话：如何使用本书

本书的许多章节源于我从2007年开始写的博客blog.eladgil.com。

这本书不是让你从头读到尾的，就像读小说或课程大纲那样。这是一本你应该主动阅读的参考书——一本可以翻阅的书，当你需要开阔视野或咨询建议时，你能从中获得关于特定主题的实用指导。

本书包括多篇我与成就斐然的创业者的访谈录。尽管我在硅谷历史上一些增长快的公司工作过，但我的经验还远远称不上全面。有时，不同的视角真的对人有帮助。我为收入这些专家的视角而感到荣幸，哪怕是——尤其是——他们的观点与我不完全一致的时候。专门挑着看访谈录或许也有一番趣味，里面既埋着好故事，也藏着金点子。

遇到可能对读者有益的网络资料，我会加入一条脚注并附上我的博客链接，博客上还有更多资料的直接链接。

欲获取上述链接、更多资源和内容更新，请访问growth.eladgil.com。

作者寄语：欢迎阅读《高增长手册》

关于科技初创公司早期各阶段的书已经有很多了，从融资和寻求产品市场契合，到早期团队搭建和并购退场。但接下来呢？如何将10人、20人的小作坊发展成千人、万人的大企业，这方面的策略建议就很少了。

这种不平衡可以通过初创公司存活数量来解释。每年成立的初创公司有成千上万家，大部分要么死掉，要么卖了个好价钱，都没发展到高增长阶段（也有"高速增长""规模化""爆发"这样的叫法）。因此，尽管许多人有开公司的经验，但有过规模化经验的人凤毛麟角。

处于早期阶段的公司有共性，进入中后期阶段的高增长公司也面临着一些反复出现的类似问题。每一家高增长公司迟早都需要应对同样的挑战：组织架构、后期融资、企业文化、聘请高管以填补创始人的能力空缺、收购其他公司等等。由于大多数创始人都是头一回面对这些问题，而且往往要同时处理它们，因此高增长给人的感觉就像坐超刺激的过山车。

从2004年起，我以经营者或投资者的身份几乎参与了初创公司生命周期的每一个阶段。

我在谷歌有1500~2000人的时候加入了进去，将近4年后，我离开了规模达到15,000人的谷歌。接着，我创办了Mixer Labs（综合实验室）公司，后来被推特收购，当时的推特大约只有90人。作为推特的副总裁，我的任务是将推特从百人扩大到千人以上。两年半后我离职的时候，推特已经达到了1500人左右的规模。之后我又做了一年的CEO和COO顾问，其间公司扩张到了大约2500人。我在推特参与了规模化方方面面的工作，包括产品、平台、国际化、用户增长、并购、招聘、组织流程、文化等等。

我还投资过一批爆发期或高增长期的公司：爱彼迎、Coinbase（比特币基地）、Gusto（古斯图）、Instacart（因斯塔卡特）、OpenDoor（欧本多尔）、Pinterest（缤趣）、Stripe、Square（方格）、Wish（维什）等等。我有时会提供实质性的帮助，有时只是一路旁观。①

我在各种各样的高增长公司中发现了相同的模式。到了规模化阶段，创始人、CEO和高管们总是带着类似的问题和麻烦来找我。

我之所以写这本书，正是为了回答这些问题，从亲身经历中抓出要点纲领。另外，我还有一个更新了好多年的博客，本书的许多章节就是从博文中来的，以后我也会持续发布新内容。

本书的新增内容和后文提到的网络资料与文章的链接都会发布在growth.eladgil.com上。

本书的目标是提供策略层面的实战建议，不像那些没有实际公司经营或规模化经验的投资人一样泛泛而谈。我希望本书能帮到初次面对高增长和规模化的创始人、CEO和雇员。

所有建议都要结合初创公司的具体语境才有用。我坚信，对初创公司

---

① 我会试着帮助每一家我投资的公司，但一家公司需要什么层次的帮助，各家公司在各自的时间点上都不一样。

来说，好的普适性建议只有一条，那就是没有普适性建议。因此，你读本书的时候心里要有数：这本书在很大程度上只是个人的经验之谈，而不是放到什么公司、什么语境下都管用的万金油红宝书。

  如果你的公司到了高增长阶段，而你觉得又害怕又紧张，简直一团乱麻，一地鸡毛，别担心。人人第一次都是这样。振作起来，享受这段旅程吧！

埃拉德

产品市场契合的下一步
——马克·安德森访谈录

马克·安德森是Andreessen Horowitz（安德森霍洛维茨）风投公司的联合创始人和普通合伙人。他参与开发了影响力巨大的Mosaic浏览器，并联合创办了后来以42亿美元售予AOL（美国在线）公司的Netscape（网景）公司。他还参与创办了Loudcloud（响云）公司，该公司后来更名为Opsware（奥普斯威尔），并以16亿美元的价格售予惠普公司。马克本科毕业于伊利诺伊大学厄巴纳-香槟分校计算机专业，现任Andreessen Horowitz投资的多家公司以及脸书和Hewlett-Packard Enterprise（慧与科技）公司董事会成员。

开发出新产品，然后发现消费者真的买账是一件令人激动的事。但对许多创始人来说，产品市场契合的实现恰恰标志着挑战的开始。你投入精力，总算走到了这里，然后呢？

对于这个不进则退的关头，少有人能看得比马克·安德森更透彻。他本人是一名连续创业者，也是硅谷影响力很大的投资人之一，他通过第一手资料认识到，初创公司的创始人在这个节点会做出整个创业历程中极重要的一些抉择。于是，我与马克进行了这次对话，听一听他关于初创公司如何将初期成果转化为长远成功的业内顶级建议。

> **埃拉德·吉尔**：在你看来，一家公司实现产品市场契合之后，决定成败的最重要因素是什么？第一个产品做好了，规模在往上走，看起来一切顺利的样子，但现在也该做那三件事了。你觉得该做哪些事，或者说，人们最常出哪些问题？

马克·安德森：我觉得有三大块问题。产品市场契合做好了，下一步的主要任务就是占领市场。也就是说，你要想法子将产品推向整个市场，占据市场主导份额，因为大部分科技市场最终都是一家通吃。从投资回报的角度看，整个部门创造的所有价值都会被这一家公司吃掉。而且，这家公司往往拥有做它想要做的一切事情的一切资源，包括开发新产品。

因此，赢取市场是天大的事。有一件事特别重要，一定要明白：世界真是大。好的一面是，市场比过去任何时候都要大。互联网上的消费者，使用软件的企业，比过去任何时候都要多。高新技术在比以往更多的行业中发挥着重要作用。于是，市场就比以前大了。

但这也意味着，构建组织，建立模式，打通分销，真正把产品送到所有客户手里成了一项艰巨的挑战。当然，还有性格类型问题，技术向的创始人创造出了突破性的产品，可他们未必凭直觉就能认识到下一步的任务包括拿下市场。

这是第一条。第二条是开发下一个产品。科技行业是讲产品周期的，也就是说，所有产品都会被淘汰，而且淘汰来得相当快。如果你只是把现有产品推向市场，赢得市场，别的什么也不做——如果你不坚持创新的话——那你的产品就会过时。别人会带着更好的产品出来，把你挤掉。

所以，你需要开发下一个产品。这当然苦了，像上刑一样苦。做一个出来就够难了，再做一个往往更难。不过，两者有一点是一样的：只要拿下市场，你基本就会有大力投入研发的财力。你也可以去做并购，有必要的话，第二个产品靠买就行。并购是获得第二个产品的另一个选项。

埃拉德：而且现成的分销渠道可以直接用起来，很方便。

马克：没错。事实上，与流俗之见相反，成功的科技公司的模式总体上是以分销为中心，而不是以产品为中心。它们会转型为分销渠道，这样才能与世界连上线，然后顺着分销渠道把大量新产品推出去。

初创公司有一件最令人丧气的事：明明有更好的产品，却打不过有更好的分销渠道的公司。纵观科技产业的历史，这其实才是常例。过去五六十年间，许多巨头公司就是这样崛起的，比如IBM、微软、思科等等。

接下来就是你要做的第三件事，我称之为"其他所有事"，也就是围绕产品和分销渠道来发展公司。这意味着财务、人力、法务、营销、公关、投资者关系、人才招聘水平都要跟上。

> 如果你不坚持创新的话,那你的产品就会过时。别人会带着更好的产品出来,把你挤掉。

——马克·安德森

这些事最容易被推到一边——短时间内是可以的。如果你有杀手级的产品和强力的销售引擎,那么你确实可以暂时不管这些事。但是,拖着不做的时间越久,积累的风险就越大,你也越有可能遭受灭顶之灾,而且是自作自受。

当然,在这个环境里,明明白白地摆在所有人眼前的是人力资源。硅谷有多少公司当初不把人力当回事,觉得人力不重要,结果现在摊上大灾小难——有的已经显现出来了,有的还在酝酿。比例相当高。完全是不必要的祸事。假如他们早一点认真对待人力资源,那么现在的很多问题大概都能对付得了。但不管是什么原因,他们当初觉得人力不重要。因此,必须重视人力资源。

接着是法务。我们发现硅谷有一些公司觉得法律可守可不守,把重罪当儿戏。公司走到一定程度,如果没有法务总监向CEO说明界限在哪里,那是要出大事的。

财务显然也是重要的。有些公司本来用不着关门，结果栽在了财务问题上，可能是支出结构失去控制，可能是定价极度不合理，等等。

埃拉德：对许多创始人，尤其是首次创业者来说，一个共同的问题是：招聘人力主管或专门的人力资源人员，或者法务总监，或者财务人员的恰当时机是什么时候？是某一轮融资吗？是营收达到一定规模吗？是员工达到一定数目吗？各个职能部门到底应该什么时候组建？

马克：大概是发展到50~150人的时候。如果你的公司发展到了50人，正要往150人发展，你没有马上组建人力部门，那你后面肯定会有大麻烦。

我觉得这是可以解释的。150是邓巴数，也就是你能亲自了解的人数，所以到了50~150人之间的某个点，就做不到每个人认识每个人了。公司里会有一些你从没见过的人。只有5个人、10个人、20个人的时候，公司是一个快乐的大家庭，每个人都认识每个人——好吧，快乐的大家庭不一定，但起码人人都相互认识。CEO与公司里的每个人都有直接的、一对一的关系。一旦公司人数上了50人，情况就变了，必然会有公事公办的职场关系。这时，人力问题就出现了，因为有人会踩到得体和不得体的职场行为之间的红线。毕竟，公司里往来交流的人太多了。

埃拉德：现在我们来逐点细谈吧。关于占领市场，你能否多讲一讲有哪些事是重点要做的？哪些事容易被忽略，哪些事又容易做不好呢？

马克：我认为最重要的一条是，每个市场都有尝鲜的人。什么东西都有人尝鲜，真是挺奇妙的。但总是有这么一批人，他们每天趴在产品网站上，寻找新的消费级产品去尝试。甚至有CIO（首席信息官）也爱尝鲜。一些财富五百强企业的CIO以探索新事物为豪——新的关

谷歌的主要收购成果

DoubleClick（双击）
谷歌广告关键词网络的基础。

YouTube（优兔）
访问量最大的互联网服务平台。

Writely（莱特利）
先后演变为Google Docs（谷歌文档）和G Suite。

Where2
发展为Google Maps（谷歌地图）。

安卓
用户最多的移动端操作系统。用不着多说了吧？

系数据库、人工智能，只要新就行，他们就喜欢。

很多产品市场契合是面向尝鲜者的。你抓住了这些特别热情的人，而且很多情况下，他们是自己找上你要求供货的，他们会说："哇，你这东西真酷，我能用用吗？"这就是产品与市场契合的标志。

问题在于，尝鲜者永远只占总体市场的一小部分。于是，许多创始人，尤其是技术向的创始人会说服自己相信，市场中的其他人会表现出和尝鲜者一样的行为，也就是说，消费者会主动找他们。事实并非如此。

在消费领域，这是因为人们有许多现成的东西可以用。你必须说服他们尝试新产品。因此，你叫营销也好，叫增长黑客也好，叫用户获取也好，叫什么也好，都要有分销的成分，分销很关键。

B2B更是如此。世界上的大部分商人，大部分CIO，或者其他负责给企业采购技术产品的人都不会一早起来就说，"哎呀，有什么新玩意让我碰碰运气啊？"商人的日子不是这么过的。因此，你需要让分销团队去接触他们。

话说回来，危险还是在于市场份额本身。如

果你固守尝鲜用户的话，那么你能拿到5%的市场，但拿不到剩下的95%。这就意味着其他人会拿走95%，市场份额的定义就是这样的。

干风投的，有一件事看得很清楚：凡是行得通的，都会有竞争。每当我们说"啊，这家初创公司是独一无二的，他们的产品是独一无二的，不会有竞争"，6个月以后，肯定会有20家风投人支持的竞争者在做着一模一样的东西。所以说，到了某个点，如果先行者拿不到剩下的95%的市场，别人就会去拿。不管谁拿到了95%的市场，老大总会通吃。全部投资回报，全部员工福利，都会流向这家公司。接着，这家公司会积累资源，向后发力。很多情况下，它会用一小部分股权买下掌握尝鲜用户市场的那家公司，这样整个市场就都是它的了。

埃拉德：你给初创公司提了三四条长久生存的策略。第一是产品迭代，开发面向更广大市场的产品。第二是要重视分销渠道的建立。第三是并购，目前硅谷对并购的利用还不太够，至少对新一代公司来说是这样。市值到了100亿、200亿美元，就该买点别人的东西了。有一件事你没有提，但我想听你多讲一讲，就是护城河。换句话说，产品要有防御力。你能不能给这四条排一个序，或者说，失败者有哪些共性？

马克：与我预期的水平相比，目前的并购太少了，我对此感到震惊。我不同意新一代科技巨头其实没少并购，只是没表现在数字上的说法。我觉得这是显而易见的事。科技行业的老前辈们在并购圈地方面要积极得多。说实话，财富五百强企业名单里的大型上市公司都没有我预想中那么积极。

我认为麻木是暂时的。5年以后，形势就完全不一样了，因为到那时，并购太少的问题肯定已经摆在明面上了。我确实认为并购可以是一把利器，对那些确实懂行，雷厉风行而持之有道的人来说。

> 如果你的公司发展到了50人，正要往150人发展，你没有马上组建人力部门，那你后面肯定会有大麻烦。
>
> ——马克·安德森

思科是硅谷的一个重要案例。这是一家非常成功、非常庞大、非常稳固的公司，而且有很大一部分是来自并购。然后是谷歌，很明显吧。谷歌传奇中有一个鲜为人知的章节：并购发挥的作用。我觉得吧，人们甚至都不一定记得有好多你今天以为是谷歌原创的产品，其实都是谷歌买来的。

说到防御力，我认为防御力的构建要结合产品创新和分销渠道。防御力是构建出来的。防御力显然是越高越好，于是你就无所不用其极。这就是彼得·蒂尔的"做别人做不出来的东西"的理想化模式，或者SpaceX（太空探索技术公司）的"天下英才，尽在我手"的模式。

这种模式的问题是：纯粹产品层面的护城河在硅谷太少见了，因为硅谷的优秀工程师太多了。而且每天都有新的优秀工程师涌现出来，不管是出身斯坦福，还是来自其他国家。于是，蛙跳的问题就来了。其他团队可以借鉴你的成果，然后做出更好的产品。因此，我觉得纯粹的产品护城河当然很好，但真做起来是很难的。

我认为，分销护城河至少同等重要。到了某个时点，拥有分销引擎的人会占有100%的市场，这时引擎本身就是护城河。对一家SaaS①公司来说，它可能是销售团队；对一家消费品公司来说，它可能是增长团队。

我有一个有趣的问题：你是愿意要领先两年的产品，还是要领先两年的增长团队？我觉得，对许多消费品公司来说，答案是增长团队。

另一个重要的缺失变量是定价。我之前公开谈过这个问题。一些公司跟我说的不是"哎呀，我们觉得自己没有护城河"，而是"哎呀，我们的护城河很好，我们还是要给产品定低价，因为我们觉得这样对业务扩张有好处"。我一贯敦促创始人提价，提价，再提价。

首先，提价能检验你是不是真的有护城河。如果确实有的话，客户还是会买产品，因为他们不得不买。护城河的定义就是有能力收取高价。所以，头一条，提价就是打开天窗说亮话。

接着是第二条，提价能为分销和后续研发提供更多资金。提价是撬动增长的关键杠杆。因此，提价的公司往往增长得更快。

对许多工程师来说，这是违反直觉的。许多工程师觉得价格与价值是一维的关系。按照他们的商业观，他们好像在卖大米一类的东西，好比"我有一件没有人能复制的神奇产品，我需要按照大宗商品的思路给它定价"。不，你不需要这样。事实上，你要反其道而行之。价格定得高，你就请得起高身价的营销和销售团队，你赢得市场的机会就要大得多，你有钱按照心意做研发和并购的机会也要大得多。因此，

---

① SaaS是一种软件在线服务，供应商通过网络为客户提供软件服务。——编者注

> 给我配一个好产品挑手和一个好架构师，我就能给你一个好产品。
>
> ——马克·安德森

我一直努力向人们推荐二维模型：高定价等于高增长。

埃拉德：这个见识不得了。我感觉你提到了两个很重要，但一般没有人谈论的观点。一个是分销护城河。我认为网络效应和数据效应被强调得过头了，我从来没有见过一个数据效应的实例，至少近年来没有。另一个是高定价等于高增长。这两点人们一般谈不到，或者说想不到。

马克：我认为网络效应是很好的，但在某种意义上有一点被过誉了。网络效应的问题是来得快，去得也快。有网络效应的时候当然好，但退起潮来是很凶险的。你可以去找MySpace（聚友网）的人问一问，他们的网络效应怎么没了。网络效应能造就强势的地位，原因显而易见。但在另一种意义上，这样的地位是很脆弱的，因为只要有一个小缺口，就会引发全面崩盘。如果一家公司觉得网络效应就是全部答案，那么我总会担心：网络效应能持续多久？

至于你对数据网络效应的观点，我只能说它确实不太常见。说法很多，证据太少。现实是：世界上有大量数据，获取数据的方式也很多，但切切实实的数据护城河不多，甚至在科学界也不多。最近一个被认为有数据网络效应的领域是深度学习。问题在于，目前有人在做小数据集深度学习。科学界本身就在釜底抽薪。风险是有的。

埃拉德： 我想聊一聊开发新产品在产品周期中的地位问题。迭代要怎么启动？第二版产品或新产品领域是怎么来的？另外，你对核心领域、相关领域、全新领域的投资比例有什么看法？谷歌的框架是70-20-10。你觉得这样的框架有用吗？

马克： 我不怎么喜欢用数字来回答，因为那是笨拙的大公司作风——研发嘛，按比例投钱就完了。但是，凡是真正参与过研发的人都知道，研发真不光是钱的事，真不是投入比例的问题。关键是做研发的人。

我一贯的看法是：给我配一个好产品挑手（product picker）和一个好架构师，我就能给你一个好产品。但是，如果我没有好的产品经理，好的产品发起人——以前叫产品挑手，也没有好的架构师，我就拿不出好产品。

埃拉德： 我补充一句，谷歌的框架讲的是人员比例，所以是70%的人力资源，而不是70%的资金。不过，你说的还是有道理的。

马克： 但那是一码事啊。我的意思是，从概念上讲是不错的，但那就引发了一个问题：人员是谁？

我们掰开来看：那你说说你有多少优秀的产品挑手，也就是能设想出新产品概念的人？你有多少优秀的架构师，也就是能把产品搭起来的人？顺便一提，有时就是同一个人，一个人包圆了，而且有时就是创始人本人。

随着公司规模的扩大，你需要更多这两类人。但我一直觉得这就是一个你有多少人，或者你能有多少人的问题。或者退一步讲，你能拉到多少人？基本上就是看你能开发多少产品。在我看来，研发是围绕产品数量组织的。研发架构要扁平一些，开发组要有自主权，确保每个组都有一个好产品专家和一个好架构师。模式就是这样。

所以，我一直问别人一个问题：来吧，我们来点一点人，你觉得你有多少人？即便是在真正的大公司里，数量也不多。哪怕是巨头级别的公司，一家可能也就只有10个、20个。接下来，你会围绕这些人构建组织的其余部分，包括员工招募、入职管理等等。但组织的核心是：你到底有多少能提出新产品概念的人？有多少真正能把产品搭起来的人？

如果这个人就是创始人，没问题。但为了让创始人有时间继续做这两件事，构建组织就是必要之举。于是，何时需要外聘CEO或聘用COO这一系列问题就来了。再往下，就连有能力继续做这两件事的创始人都没有时间了，这时更大的挑战就来了：创始人要如何吸引和留住那些能够分担自己的部分工作的人？

埃拉德：真到了分权这一步，你觉得应不应该设总经理？垂直式架构好，还是矩阵式架构好？

马克： 我一般认为矩阵式架构是死路，所以我总是鼓励公司采用扁平的独立项目组结构。我特别认可杰夫·贝佐斯的"两个比萨原则"。[①] 我认为大多数情况下，科层制都是扼杀创新的，矩阵式架构也同样致命。例外是有的，但大多数情况下，你需要的是原创思维和执行速度，而我觉得只有小组模式才能实现这两点。

为使表述清晰，访谈录对原文进行了编辑和提炼。

[①] 杰夫·贝佐斯推崇5~7人的创新团队——两个比萨，全组吃饱。参见eladgil.com。（https://www.fastcompany.com/50661/inside-mind-jeff-bezos）

第一章

CEO的角色

高 增 长 手 册

High
Growth
Handbook

CEO的角色：自我管理

大部分经管书都会把CEO的角色归结为少数几项关键职责。CEO要：

- 制定公司的整体方向和战略，并定期与员工、客户、投资人等沟通公司方针。
- 按照整体方向招募、培训和分配公司员工，同时要维护公司文化。
- 按照整体方向筹措和/或分配资金。
- 担任公司的首席心理师。面对人事和组织事务开始占据自己大部分时间的情况，创始人往往会感到吃力。

很多书强调前两点——制定公司战略和公司文化。但事实上，在一家高速增长、迅猛扩张的公司中，你往往没有多少时间深入思考这两点，直到你招募了一支强干的高管团队并管理好自己的时间为止。

我不会讲制定战略和宏伟蓝图这些东西，而要谈CEO往往得不到充分讨论的三项策略层面的职责：管理自己、管理汇报、管理董事会。

第一条，也是最重要的一条：自我管理。做不到这一点，你肯定会油尽灯枯——那样一来，你和你的公司都会受害。

个人时间管理

随着公司规模的扩大，CEO的角色也要随之调整。时间需求的增长是非线性的，越来越多的人会要求占用你的时间，包括团队成员、客户（尤其是面向企业的公司）和形形色色的外部利益相关方，比如投资人、媒体、其他创业者等等。身为CEO，你需要想办法利用好自己的时间，而且要学会经常说"不"。

个人时间管理的关键组成部分包括：

- 放权。
- 定期检查日程表。
- 多说"不"。
- 意识到老方法跟不上新变化。
- 找时间去做生活中重要的事。

放权

下面这几条方法有助于新手经理学会放权：

1. 聘请一名有经验的经理来管理团队，同时观察他是怎么做的。你会注意到：他大概会定期与员工一对一交流（以确保团队步调一致），同时尽可能为基本独立工作的团队成员提供支持。最优秀的高管通常会身兼"路由器"（意思是，他们会将任务安排给别人执行，开完会时很少或根本不给自己留活干）、战略专家和问题解决者（意思是，他们能够发现团队何时走向不对，然后投入进去，提供帮助）的身份。

2. 试错。反复进行放权的尝试，直到成功为止。无论你走哪一条路，这都是必经之路。你需要形成某种模式识别的方法，发现员工何时已经过劳（他们看起来不堪重负，衣衫凌乱，每次开会都迟到，等等），何时又在偷懒。你需要学会对分配给别人的职责、团队或项目的规模进行迭代，并信任他们在任务逐渐增加的情况下的能力。

3. 聘请正式或非正式导师。 请董事会成员、天使投资人、创业者同行或你信任的高管做你的导师，指导你经营和放权之道。

你也可以组一个局，成员是与你处于同一发展阶段的公司的CEO，定期见面吃个饭，一起交流经验——你能从同侪身上学到很多。

4. 聘请高管教练。 大多数高管教练都不行（因为随便一个毫无资质的人都可以自称为高管教练）。但有些教练确实优秀，能帮你想清楚如何提升自身效能，包括怎样分权才合适。①

不管你选择如何学习这项技能，你还要注意是否出现了表明当前分权方式不适合高增长公司的关键迹象：

- 你散会时常常把很多事情留给自己做。
- 现在有人"管"一块你以前负责的工作，但四到八周过去了，你发现这块工作主要还是你在做，或者做每个决定你都会积极参与，不管是多小的决定。
- 你感觉每个邮件流你都要亲自看，或者公司上下的每一场会议你都要出席。

你也可能过度放权，完全不负责或参与对公司成败至关重要的各方面工作。我见过不止一位当起了甩手大掌柜，或者被外界关注所迷惑的CEO。这样的做法会给公司造成许多问题，但相对罕见一些，所以我在这里就不展开谈了。

---

① 发掘优质高管教练的一个方法是请教其他找过教练的创业者。你也可以找一名有成功大团队领导经验的半退休高管来指导你。

CEO拒不放权的主要原因是：

- 不知道如何放权。
- 没有信得过的左膀右臂，或者缺少具有规模化阶段运营能力的人才。参见本书关于高管招聘的章节。
- 固守适合小公司，却不适合高增长机构的工作模式。

最后一个问题可以这样来部分解决：检查日程表并问一问自己，"我真的需要做这件事吗？团队里的其他人能不能替我做？"如果不确定，那就逼着自己放权。你甚至可以设定一个目标，每周少参加多少次（或百分之多少）会议，或者分出去多少件（或百分之多少）事务。

检查日程表：从每周到每月

我鼓励你每周过一遍自己的日程表，算一算时间都去哪里了。（等这门审计的功夫熟练以后，每月或每季度做一次应该就够了。）如果一件事不是非要你参与不可，也不是个人生活中的关键大事，那你就应该考虑给自己减负了。大多数情况下，你只需要学会说"不"，后面会具体讲。

当我帮高增长公司的CEO检查日程表时，我们经常发现有几类常规会议应该翘掉90%：

- 第一轮面试。你不需要参加每一个应试者的每一次第一轮面试，后面几轮面试或者最后拍板时你也可以跟他们聊。招聘高管就不一样了。作为CEO，你可能需要主动去接触候选人。后面关于高管招聘的章节会详谈。
- 销售或合伙人会议。有人可以代表你去吗？我不主张这种会议一概不去，但有一些大概是可以不去的。请注意：以产品或工程为中心的硅谷创始人往往会有相反的问题，也就是与客户沟通不够。如果你是面向企业的科技行业的创始人，那你就需要抽时间多与客户见面。

- 内部工程、产品和销售会议。什么时候确实需要你出席？你可以委派谁出席？你可以从分散多次开会模式（参加每一场工程或产品部的小组会）转向集中汇报，重点决策模式（"CEO产品周例会"）。
- 各种外部杂会。参见下面的"学会说'不'"。

如果你发现有些方面一直在消耗你的时间，但已经不再需要CEO参与了，那么你可以从团队里委派人代劳，也可以雇人替你去。如果你已经疲于应对的话，雇人往往说起来容易，做起来难，但你必须强迫自己做好时间分配。

如果做法得当的话，经过四到八周的自我检查后，你的时间就会空出来了，可以专注于战略和公司的其他关键方面。你需要提纲挈领，而不是巨细靡遗。你还需要有退后一步，审视宏观格局的能力。如果你把所有时间都用在战术微操上，那么公司这艘大船就会被你引向歧途（或者大家各自走上歧途）。

学会说"不"

作为CEO，重要的事情之一就是对那些不适合占用你时间的事情说"不"。正如到了某个时候，你就不会再为初创公司的员工倒垃圾和订饭一样，还有一些事情是你不应该再做，或者应该推掉的。[1]例如：

- 检查日程表时发现的事项。如前所述，第一轮面试和许多你过去经常参加的内部会议你都可以不去。请注意，我并不主张你什么都不参与，什么都不负责。但是，讨论数据库架构的细节可能是，也可能不是你应该

---

[1] 我偶尔还是会整理办公室，也鼓励其他人一起做。人应该有当自己环境主人的感觉。但到了一定程度，CEO就不应该成天做这件事了。

参与的事（除非你的公司就是卖数据库产品的）。

- 清晨6点的客户或合伙人会议。如果东海岸的联系人约你在东部时间上午9点通话的话，那么东部时间上午12点同样可以谈。不要是会就答应参加，也不管几点，那只会耗尽你的精力，对业务推进也没有实际好处。尽量满足客户要求仍然是重中之重，但你也需要设定一些界限，免得让自己油尽灯枯。我见过不少CEO，明明产品市场契合阶段都过去好几年了，做起事来还跟初创公司的人一样没有条理，结果常常是累垮了。

- 所有媒体邀请。你真的需要在《狗狗生活网络月刊》上谈"SaaS创业"问题吗？

- 所有活动邀请。每季度选择一到两个影响力大的活动出席或发言。用不着赶场。参加活动要有选择性，给其他事项留出时间。

- 过度社交。社交是创业生涯的重要一环，但请你看看自己的日程表：如果与其他创业者或投资人见面占用了每周的大块时间，那么你对自己的事的专注度很可能就会不够。集中时间做社交，减少转换成本。社交活动要集中在对你的公司或你本人确实有意义的事情上。

- 不必要的融资。对一家需要资金来扩大规模的公司来说，拉投资是必要的，但这件事特别令人分心。有些人融资似乎只是因为他们觉得该融资了，或者是因为"一家风投公司来找我们，我们就觉得谈谈也挺好"。只有当你做好了准备，而且有一系列公司的目标需要资金支持时，你才应该去融资。

从"肚里没粮，没有实现产品市场契合的CEO"向"高增长CEO"转变的一个要点就是，你要认识到自己的空闲时间会继续缩减。你需要对许多以前会欣然接受的事情说"不"。①

---

① eladgil.com上有一篇讲创业者面对的诱惑与分心事的原创文章。（http://blog.eladgil.com/2013/05/entrepreneurial-seductions-and.html）

意识到老方法跟不上新变化

从小型初创公司到大型初创公司的发展过程中，一个意料之外的变化是：你能为公司做出的特有贡献变了。你可能是一名优秀的程序员，但如果你的团队现在有50名或500名工程师，那么写代码大概就不是你作为CEO能做出的最大贡献。同样，随着更多人需要——或只是想要——占用你的时间和关注，你过去的公私时间管理模式也会失效。这可能是痛苦的，但为了组织的发展壮大，身为CEO的你可能需要放下一些你过去喜欢承担，或者认为重要的职责。

假期与放松

我在Color Genomics（色彩遗传）公司做CEO的头两年半时间犯的一个错误是，度假常常不是真度假。在结婚周年纪念日，我把半天时间花在了和一位重要潜在合作伙伴打电话上（巧的是，合作没有谈成）。之后旅游度假时，我本来应该放下工作，结果却一直挂在网上，一直打电话，好像在全职工作似的。周末也是这样——每个周末的每一天。这条路只会通往油尽灯枯。我现在不工作时，就是真的"失联"。

CEO的精气神决定了团队的精气神。你应该找时间度假，真正失联，否则你会失去能量，精疲力竭，可能还会放弃。这意味着你每年应该放一次一周或两周的长假，每个季度应该休一个三天的周末。如果你每天都工作，那么我强烈建议你每周必须至少给自己留出一天不工作的时间。规模化阶段的压力那么大，精疲力竭对你和你的公司都没有好处。

你要记得留时间给自己，方式不拘，可大可小。如果你有重要的另一半，那么每周至少要有一次约会之夜——一定要真正一起做点事情。同理，每周至少要晨练三天。督促方法可以是雇一名私人教练，或者制订锻

> 一个让创始人身心疲惫的常见因素是，他发现自己正在做自己讨厌的事。
>
> ——埃拉德·吉尔

炼计划，或者找朋友一起跑步。同侪压力会确保你动起来。

做你在乎的事

  一个让创始人身心疲惫的常见因素是，他发现自己正在做自己讨厌的事。有些产品向的创始人最后不得不把无数个小时花在员工管理，以及参加讨论销售薪资方案、销售管线、营销方案、人资事务等等让他们烦得掉眼泪的事情上。马克·扎克伯格做过一件有名的事，他将脸书的大块事务交给谢丽尔·桑德伯格打理，好腾出更多时间花在产品和战略上。

  如果你有大量时间在做你骨子里根本不在乎的事情，那么你就应该考虑雇一名或多名高管（或一名COO）代表公司全权负责这些事情。作为创始人和CEO，你未必要样样事都精通或喜欢。相反，你需要修炼内功，让公司整体上能够良好地履行其他职能。

  在乎你自己，你就能更好地应对CEO接下来的关键领导职责：管理汇报（见下一节）和管理董事会。

CEO的角色：管理对自己汇报的人

管理对自己汇报的团队有几条要诀。关于这个话题的材料已经有很多了，所以我不会为了写而写，在这里只给出相关链接和简短建议。

1. 你应该定期与团队进行一对一沟通。本·霍洛维茨有两篇文章讲如何一对一沟通，里面给出了很好的建议。①

2. 团队规模达到30人左右时，就该开周例会了。

- 每周定好一个时间。
- 回顾关键指标。
- 准备好讨论主题，关于公司整体情况、产品战略或某个职能部门面临的重大问题。每周可以安排不同部门的员工做一次针对重要具体事宜或主题的展示。请注意：这不是让团队成员每周做一次详尽的近况汇报，而是讨论指标和战略。
- 要记住，开会主要不是为你服务的，而是为了公开汇报。你可能知道每名高管都在做什么，但其他高管并不清楚同事部门的情况。开周例会的用意是提供一个分享知识、提出问题、加强联系、展开协作和明确战略的平台。

3. 你应该召开跨级会议，了解下情。随着公司的扩大，CEO往往就不再知道公司里正在发生些什么了。信息开始被中层管理者或者从大公司挖来的员工过滤掉，他们认为自己的一部分职责就是替CEO挡住"不重要"的信息。问题在于，他们可能会挡住一些你认为相当重要的看法。

---

① eladgil.com上有文章链接。（https://a16z.com/2012/08/18/a-good-place-to-work/和https://a16z.com/2012/08/30/one-on-one/）

在跨级会议中，你见的是负责汇报的员工或更下层的雇员。下层员工里常有特别聪明的人，他们或许能把握住市场的脉搏，或许对重要的新观念、新信息很警觉。你会从与他们的交谈中受益，这些有前途的人才也会从了解你对公司、产品、市场和文化的看法中受益。

跨级会议有助于：

- 建立畅通的沟通渠道。
- 发现和培养新人才。
- 了解一线员工的新想法。

召开跨级会议的一个关键是不能让汇报团队产生危机感。如果你与一名员工在开跨级会议，而他的上级还是出现了，那么这名上级或者该部门的管理风格可能就有问题。你也可以明确告知对自己汇报的团队，说你与公司里的许多人开跨级会议，以免他们担忧或感觉受到了威胁。

决策与高管管理
——克莱尔·休斯·约翰逊访谈录

克莱尔·休斯·约翰逊现任Stripe公司COO和Hallmark Cards（霍尔马克卡片）公司董事会成员，曾任谷歌副总裁兼线上销售运营总监，其间领导了无人驾驶汽车项目的运营事务。约翰逊本科毕业于布朗大学英语文学专业，硕士毕业于耶鲁管理学院战略与营销专业。

2014年，克莱尔·休斯·约翰逊以COO身份加入Stripe时，这家公司有165名员工，现在已经突破了1000人。在发展过程中，这家支付处理初创公司与亚马逊等多家巨头公司结成了伙伴关系，并推出了指导互联网企业完成公司注册流程的Atlas等下一代产品。

本次访谈探讨了如何管理汇报、如何优化组织架构、如何打造有利于公司规模化的职能流程等话题，还会讲一讲如何做战略规划，以及公司成长过程中创始人应该如何分配时间。

埃拉德·吉尔：谷歌早期的高级副总裁乌尔斯·霍泽尔写过一本《乌尔斯指南》，内容是最适合他的交流方式。如果你需要与他交流或有求于他的话，你知道该怎么做了吧。显然，这确实能让别人与他合作起来更顺畅。你觉得是不是所有创始人或高管都应该写一份这样的指南，还是说只适合个例？

克莱尔·休斯·约翰逊：我认为这是一种最佳实践。我来Stripe时也有一份类似的文档。我之前在谷歌时写过一篇《如何与克莱尔共事》，我刚进Stripe时做了少许调整，但还是挺有用的。我把它分享给了每一个跟我工作关系密切的人，也把它做成了一个开放文档，很快就在公司里传开了。它是有意义的，因为我是新来的，又是做领导的，所以大家想要知道我是个什么人。接着，大家就会问："这种文档怎么不多来一点呀？"

有一点病毒式、有机性传播的意思，现在Stripe有很多人都给自己写了"指南"。我的团队里，甚至有人不是管理者，也给我写了份指南，非常有启发意义。我是指南的大"迷妹"。

我认为创始人应该写一份指南，讲如何与自己共事，就像我描述的那样，明确创始人的角色："我想要参与哪些事？我什么时候想听你们汇报？我喜欢什么样的沟通方式？我会对什么事感到不耐烦？不要拿××事给我突然袭击。"这招特别管用。因为问题在于，人都是出了事才长记性，但那时已经太晚了。

埃拉德： 我在许多处于规模化阶段的公司身上还看到一件事，那就是制定更多的日常工作流程。因为经营一家100人的公司和一家1000人的公司是大不相同的，尤其是产品部和工程部规模庞大的情况下。针对开始扩大规模的公司，你能不能点出两三个重要的日常流程，帮高管们节约一些时间？

克莱尔： 可以啊。要我说的话，公司应该结合采用我所说的"运营架构"，比如编写运营原则与运营流程文档。运营架构不与任何特定流程挂钩，而是要说明"我们在工作方式层面对自己的要求"。你写好了这种文档，新领导、新经理、新员工就可以说："好，要点就是这些。在规模化阶段，我要按照这套架构来调整自己的行为。"

接下来，你就可以实施启动流程等等。我观察到一件事：公司不能把太多事情规定死。你必须审慎地决定哪些事是必须要做的，因为这种事其实不会太多。绩效和反馈方面大概有一些，计划流程方面大概有一些。还有一些日常的小事，比如启动审查。但你不能定得太多，而且每个层级只能定一件事。

随着公司规模的扩大，你会意识到："啊，这些事确实需要多干。"于是危险就来了，你过分依赖流程，而没有给出目标，让大家明白"好的，做这件事是为了这个"。你是想要为员工提供更多背景知识，还是想要有更强的控制力，基本就是这样。因为在一个高度独裁

我认为创始人应该写一份指南，讲如何与自己共事。

——克莱尔·休斯·约翰逊

的科层制、官僚制架构下，你或许能施加控制，进行微观管理。但最成功、成长最快、发展最快的公司里都是聪明人，人人都想把事情做好、做对。他们需要某些架构边界，但不可过分约束。因此，你才需要一些宏观指标，引导大家把力往一处使，还需要运营原则、计划文档，然后是你实施的流程。

没错，如果你的发布活动没有放到我们的发布日程表上，那你的产品就不会发布。你最好把它放进日程表里。为此，你必须遵循若干步骤。但是，步骤只有那么几个而已。

随着公司的扩大，信息传播的方式也必须进化。别忘了，在建立架构和制定少数流程时，你需要新的传播手段，因为不是每个人都在一间屋子里了。哪些信息必须让所有人都知道？文档都在什么地方？真实信息来源是什么？如何利用好全体会议？如何利用领导团队发来的电子邮件？这些都是你必须想清楚的。

埃拉德：没错，Color早期就发生过这样的事。我们要求每个人每次开会都把自己的会议笔记发出去，这样谁参加了会议，会上讨论了什么，就是公开透明的了。有一个老员工给顶了回来。刚刚实行了一周吧，他就说："老天啊，你太正确了。我们早就应该这么干了呀。"抵触情绪很严重。大家的看法是，这要么是微观管理，要么是我们试图恶意追踪每一个人的情况。但其实我们只是试图让信息传达更顺畅罢了。

克莱尔：是啊，讲清楚一点太重要了，"这是为了改善沟通，让大家知道周围发生了什么，不是为了加强控制"。你必须把明摆着的事说出来，确保大家都知道。

埃拉德：你认为组织架构与决策有什么对应关系？

克莱尔：这是个好问题。首先，我认为不存在最优组织架构。如果你正在找的话，那我只能祝你好运了。在功能层面，某些结构可能与某些组织领导人有密切关联，因此组织架构在一定程度上可以用作决策代理机制。但你必须用心确保一点：人们不会对一个决策到底由谁负责产生错误的想法。

以Stripe为例，许多决定是集体做出的。你找不到一个能追责的人，我觉得你心里会有挫败感吧。但其实，如果你相信集体的智慧，或者相信一群聪明人能做出比一个人更好的决定，这是一件好事。但这也意味着你必须做好心理预期，认识到要确保这群聪明人都掌握足够的信息是需要时间的。

我的回答是：在一定程度上，你可以将决策交给组织架构。这就回到了那个问题，你必须明确告知大家某些类型的决策是怎样做出的。"定价方案大改必须经领导层全体同意。"要让全公司知道这些决策由谁做出，由谁负责。

否则，大家不知道谁负责，就都去找创始人了，这对公司扩大是不利的。我知道有一些高管团队会编写内部流传的"岗位职责"文档，其中一部分是明确每个人在哪些事情上是主要决策者。如果他们都不是主要决策者，那应该找谁？这样有利于公司上下的人明白自己应该如何随着公司的扩大而进行调整。

埃拉德：你认为哪些决策不能集体制定？模式和方法各种各样，有的机构强调全体一致，有的近乎独裁，老大一人说了算。你认为有没有某些事情永远应该由一个人掌握？还是说都要看情况？换句话说，CEO有哪些权力不能分出去？

克莱尔： 我要说的是，对CEO或创始人来说，集思广益和集体决策是两码事。他们可能会说："没关系，归根结底是我拍板。"

不过，有时可能会有混淆。因为集体以为他们是决策者，目标是达成共识，而实际上目标是"我们来讨论一下吧。我们可能会有不同意见。做决定的就是一个人，然后我们都要服从"。如果你不明确是哪一种决策，大家就会很难受，因为他们的预期没有摆正。

当我要做出艰难的抉择时，我会尽量在一开始就说清楚："我希望听取所有人的意见，但最终做决定的是我一个人。"有时我会这样说："我不知道自己适不适合做决策。我需要大家帮我探索决策的方向，我需要你们每一个人的帮助。做过交流后，我会立即通知大家这一次的决策方式。"如果你不这样引导大家——我认为这是一个常见的错误——你可能就会陷入困境。

归根结底，总有一些决定是CEO和创始人必须自己掌握的，在结合了来自决策流程和决策体系的大量反馈之后。比方说，为公司招聘一名新的高级主管。

我经常跟工程开发团队讲一件事：公司制订计划、激励措施和指标框架一般不是为了叫停项目或者推倒重来。所以，如果真的需要还以前欠下的技术债，或者要马上终止一个项目，那必须有领导甚至CEO发话说，"好，这件事再也不做了。"因为组织总是倾向于把事情做成。我认为叫停项目、裁撤人员、推倒重来这种决定通常必须由一位领导乃至一个领导团队来做出。

埃拉德：说得很有道理。我还见过一种失败模式，可能有一点出乎意料，那就是创始人或CEO聘请了一名比自己有经验的高管，比如COO或CFO（首席财务官），并且对他的个人能力特别满意，于是基本就放手了，不再去干那些自己确实擅长的事情，也不去做那些其实只有自己适合做的决定了。

克莱尔：这对公司来说不是好兆头，因为大家会想："等等，他们再也不管这些事了吗？"我认为你完全正确。平衡确实重要，这就回到了谈话的开头，要明确谁在做什么，大家如何共事。

埃拉德：对于正在摸索如何领导扩张中的公司，面临战略规划方面的新需求的创始人，你有什么想法或者建议呢？

克莱尔：说起来容易，花时间落实就难了。我只有一条建议：一定要挤出时间做这些事，因为这样的时间真的很珍贵。作为Stripe的领导团队，我们会花很多时间待在一起，讨论我们需要做什么，协调彼此的步调。

随着公司的扩大，信息传播的方式也必须进化。

——克莱尔·休斯·约翰逊

还有最后一件事：不要太安逸了。因为如果你成功实现了规模化，你就不会充分利用一切资源应对下一个阶段的发展。要让公司上下习惯这是一个迭代的过程，你们是一个不断学习的有机体，而且提倡要比抗拒好得多。当你不得不求变的时候，你可能几乎会觉得自己失败了。不是这样的。这意味着你正在取得成功，你需要新的东西。公司有时会害怕为了下一个阶段的发展而另起炉灶，我真的希望人们明白，另起炉灶是合情合理的。

埃拉德：有意思，因为从员工方面考虑，公司每隔三到六个月就要因为扩张得太快而重组一次会造成非常混乱和不确定的感觉。

克莱尔：就是这样。那么，你要如何管理好预期，真正去提倡未来要经历的一些混沌的事情呢？我的建议是：想到大家前头，让大家对不可避免的变化做好准备，以免产生无端的恐惧或忧虑。

埃拉德： 初创公司开始扩大时，围绕战略规划和决策方式会产生许多困惑。公司做计划应该分为哪几个层次？不同的层次要怎样结合起来？计划应该多久做一次？

克莱尔： 我认为，随着公司的发展壮大，这个方面绝对需要同步跟进。如果你还没完成产品市场契合，那么你大概需要另一种节奏，要更灵活一点，因为你正在拉新（traction）[①]。你可能需要更关注短期目标："好了，我们要实现这几个里程碑，开始接受市场检验，证明我们的产品与市场是有契合度的。"

一旦你的核心产品拉新成功，那么你应该很快就能达成用来标示进度的关键目标或指标。你可以说："为了真正把产品做好，这些是我们的短期、中期和长期目标。"因为拉新完成后，你往往还有很多事情要做，要趁热打铁，更上一层楼。

注重短期目标和注重长期目标之间有一个权衡。对我来说，关键是两份文档。第一份——在Stripe，我们叫"宪章"——是勾画长期目标，讲我们的团队、产品、公司存在的意义是什么，最顶层的战略是什么，乃至未来三到五年间的奋斗目标。第二份是偏短期的计划："那么，我们近期要做成哪些事？"它看起来类似于基于结果的管理模式和OKR——目标与关键成果——模式。但团队可以这样说："那是我们的长远目标。这是本季度的焦点。我们希望拉动X和Y指标。"

如果你在做一件处于早期阶段的产品——哪怕公司已经有比较成熟的产品了——那么短期计划看起来就会不一样。你很可能都不知道X和Y指标是什么。你还处在里程碑阶段。任何计划都需要适合产品的生命

---

① 即吸引新用户。——编者注

周期，如果你愿意的话。你要设定一条路线图，让公司上下明白你的产品都有哪几个阶段。

不过，在每一个阶段，你都应该在长期宪章（"我们存在的意义是什么？"）和短期计划（"我们现在要做什么？"）之间找到一个平衡。

埃拉德：你认为两者分别应该怎么迭代？比方说，长期宪章要每年还是每半年更新一次呢？修订宪章和设定短期目标或OKR的节奏应该怎么把握？

克莱尔： 我认为宪章需要每年大体重新审视一遍。短期目标和OKR大概每季度或半年更新一次，根据产品类型来定。我们现在每年要做的一件事——除了宪章以外——是制定来年要达到的指标。我们每个季度也会参照年度指标来调整计划。

埃拉德：宪章，或者说战略规划应该设想到多远？

克莱尔： 我一贯认为，"建司文献"——这是我起的名字——对任何公司来说都很重要，尤其是发展到50人或100人的时候。文献里包括使命和愿景，但也要包括最顶层的长期目标。当我为Stripe撰写这份文档时，我是把它当作三到五年的计划写的。但公司里公开就叫长期目标。如果你今天去看这些目标——是我，是领导团队三年前制定的——它们还是一样的。我认为，甚至再过三到五年也不会变。它们就是我们的长期目标。

接下来是经营原则，或者说价值观，用词随你选。你需要奠定一套原则和作风，然后贯彻为企业文化。建司文献不应该经常变动。我们你需要奠定一套原则和作风，然后贯彻为企业文化。

——克莱尔·休斯·约翰逊

每年都会更新经营原则，但不会大改。我认为建司文献不应该频繁变动。

如果是一个产品或一个经营领域，那么最长远的规划期大概是三年。因为扩张期的变化太迅速了，你确实走不了太远。我们有一份未来三年的财务计划，目的是方便检验假设。但如果要有意义地展望未来五年的发展，那就太难了。

埃拉德：你认为宪章和OKR应该由谁制定和推行？比方说，我在推特的时候被要求在全公司推行OKR，当时公司有500人。这件事需要当时的CEO迪克·科斯特罗给我们站台。因为公司到了那样的规模，除非老板给每个人打招呼，否则事情根本干不成。公司发展到这个程度才做这事已经相当晚了。

不同的流程应该在多大规模的时候实施？谁应该长期把握这件事？

克莱尔： 我认为尽早采取某种计划框架对公司有好处。我最近到一家初创公司发言，他们问我何时应该采取何种运营流程。我告诉他们，我不会告诉你们应该实施哪些运营流程，但我会告诉你们，你们需要运营流程，而且还没等你们意识到呢，需要就来了。

我用游戏或运动打了个比方。我说："你们知道游戏为什么好玩吗？因为有规则，你知道怎么才能赢。你们想一想，一群人来到了运动场，装备五花八门，没有规则。他们会受伤的。你不知道玩的是什么，你不知道怎么算赢，你不知道怎么计分，你也不知道目标是什么。"

每个人都不住地点头——那是一家40人的初创公司——但我看得出来他们正在挣扎，他们没有真正的核心目标。他们肯定还处在寻求产品市场契合，寻找出路的状态下，所以我不认为他们应该背上重负。但组织需要约束和目标，并且优化要以约束和目标为根据，这样大家才能真正独立地决策。

我刚到Stripe的时候，我们没有OKR，甚至连宪章或规划流程都没有，今天我们都有。我们有六个公司目标，再就没有了。我来的头两个季度就干了一件事，把六个目标稍微落实到下面的团队。在大概六到八个月的时间里，情况很不错。我们最起码帮大家知道了各个团队是干什么的。但需要设立架构的时刻来得比你以为的更早，你必须选择哪一种适合你。归根结底，我们早期的方法并不完全正确——或者是不适合Stripe这家公司，或者是我们已经过了那个阶段——但我们锻炼了停下手里的活去制定规划，想到前面，设置目标与衡量成果的能力，这才是你最需要的东西：从早期阶段就有的组织能力。

至于应该由谁来把握，那确实应该由领导把握。这件事需要一点瀑布的感觉，责任要落实到整个公司，从最顶层到最底层。我认为领导团队，包括CEO，必须用心投入。我不认为每一次都要领导团队带头，但我们必须明显地参与进去。

我的观点是：需要设立规划架构的时刻会来得比你以为的更早，而且这些架构应该自始至终坚持从上到下贯彻。

埃拉德：一个挑战是，如果你的高管团队里有一两个人没有大机构的工作经历，那么你推行流程的时候，高管内部可能就会有抵触。等他们接受了流程六个月以后，他们会说："很好啊，我们一直这么干就好了。"但初期往往会相当痛苦。

说开一点，你认为哪些方面是创始人应该持续参与的，哪些方面又是创始人往往没有适当分权的？我有点好奇，不知道你在不同的公司有没有发现共同的规律。有没有什么事情是通常应该放手的？换一种说法，哪些事情是他们不应该放手，但因为有流程，于是就把决策权分散出去了，结果大事是一点点汇集到他们那里的？

克莱尔： 我特别提倡自我意识。我认为，创始人、CEO或领导团队确实应该将大量时间用来思考两件事。第一件，哪些事是只有创始人/CEO才能做，而且关乎公司存亡的？哪些事是他们必须花时间做的？招揽新的领导团队成员通常是一件。在大多数公司中，思考产品愿景和设定文化标准也是。

想清楚这些事是什么，而且要在透明的氛围下，与领导团队的其他成员一起想清楚。接着，要在整个领导团队中来一次自我意识检验，考察技能、能力、经验、长处等方面。看一看你能不能按照自身需求和目标部署团队。关于CEO和创始人必须做哪些事，一定要真正做到无情。任务的一部分就是在想要参与的事和必须参与的事之间做权衡取舍。理想情况下是写成文件，记录下他们愿意做什么事的偏好，并根据他们必须做的事给出岗位描述。

但现实中往往人治作风太盛，变成了机会主义。"哎呀，我们聘了这个人。他们有这方面的背景，所以我们就让他们去做这件事。"你真的应该和团队一起好好想清楚，而且要与公司战略和产品联系起来。

为使表述清晰，访谈录对原文进行了编辑和提炼。

洞见 | 如何与克莱尔共事：非正式指南

首先，能与各位、各小组共事，我真的很激动。

运营方式

- 每周或每两周进行一次一对一沟通。我们会尽量安排在同一时间，方便你做计划。我很推崇双方共同维护的一对一文档，以便追踪待办事项、行动、目标和近况。
- 视情况每周开小组会。在我看来，开小组会既是汇报近况，也是回顾和讨论决策与工作。我希望大家做好准备，积极参与，尽管视频会议和跨时区开会是不得已之举。
- 每季度开计划制订会。我希望大家会前做好功课，会后与各小组和（内部或外部）合作伙伴做好跟进。
- Stripe可能会开一些单独的业务回顾性质的会议，我们要努力协调这些会和计划制订会，确保工作顺利进行。请持续关注。

■ 关于一对一沟通

• 开始共事后的几个月内,我会找时间跟你谈一谈你的职业生涯——你的履历,你做出人生选择的原因,你未来的志向,等等。这能帮助我了解你目前在个人发展上的兴趣点,以及长远规划下的志向。

• 个人目标。我相信我们可以一起捋一遍你在每个季度的三到五个重要的个人目标(这是你在私人时间做的事情,不是小组工作,当然我知道你也为小组工作投入时间了……)。我们可以每季度讨论一次,敲定一个方案,确保你有实现这些目标所需的时间、空间和支持。我每隔三到六个月会捋一遍,也会与大家分享。

■ 关于你的小组

• 对于有可能帮助我理解组内情况和日常工作的邮件或文档,请给我也发一份[可以转发邮件,在标题里加上"供参考"(FYI),也可以把我加为收件人]。

• 如果有半成品出来,或者有组员做出了优秀的成绩,请转发给我,或者把链接加到一对一文档里。我喜欢看到半成品,也喜欢与做出成绩的员工见面,好让他们向我具体介绍——你自己决定。

• 最后,我期盼能与小组的所有成员私下见面。请大家监督我,确保我在未来几个月内能做到这一点。

管理者手册

管理风格

协作

■ 我很强调协作。这就意味着我喜欢集体讨论决策和选项,在白板上列出重要事项。我很少会固执于一个立场或一个观点,但不好的一面是,我不一定总能迅速做出判断——我需要进行大量交谈，看到想法/数据/选项。由于这一倾向，我有时做决策会比较慢，如果你需要我果断做决策的话，一定要让我知道。

放手

- 我不是微操达人，不会干涉你的工作细节，除非我认为情况已经失控。如果我插手的话，我会告诉你我的考虑。我们可以一起工作，以确保我真的懂了，也可以一起计划如何改善沟通或纠正状况。话虽如此，但当我新接手一个项目/小组时，我常常会和大家一起参与到工作中，以便更好地领导大家——我在新项目上会干预细节，初期也会管得更多，先给大家打个预防针。这样的话，如果你之后需要我，我才知道该怎么帮忙。

- 我希望你能独立做出很多决定。如果你来找我，我通常会反问你："你想做什么？"或者，"你应该做什么？"然后只是帮助你做决定。话虽如此，但如果你在酝酿一个重大决定，我希望能了解情况，如果你想要聊聊，我一直都在。我希望了解你和你的小组的情况。

负责任，有条理

- 我很重视行动项目。我希望你知道自己有哪些行动项目，截止日期是什么时候，然后完成这些项目。我不喜欢催人，但我会注意到差错——跟我协调截止日期是可以的，但如果过了截止日期，我会很生气……

- 我不喜欢有些事明明可以提前准备，非要拖到最后一分钟加班加点去做——对大工作量要有预期，大家赶在前面一起做。同理，在资源有限的情况下，我希望大家严格遵循优先级。我希望大家头脑清醒……我也一样。

数据驱动

- 我喜欢数据和仪表盘,以便有一个(理想情况下)客观的进度与成果衡量方式,但我不喜欢陷在数据里以及拷问数字。我们要考察关于真正重要的事情的前后一致的信息,要用数据来获取洞见,而不是自欺欺人,以为自己知道局势发展,或者试图找到答案,这些答案可能不过是拍脑袋。

- 我还喜欢在"工作方法"上取得共识,然后求同存异,集体规定例外情况,而不是每个人都有一套自己的流程和框架。

- 在讨论过程中,如果你知道或能设想到有助于决策的数据,请提出来。(请看以下内容——我有时会进入直觉模式,其实应该先做分析的。)

直觉呢?!

- 我对人,对产品,对决策也会有直觉,这意味着我在不掌握大量事实或数据时想要掌控局面。你会想,唉,她要直接跳到结论了,但我在工作中其实一直在努力不变成那样的人。归根结底,我认为我的直觉力是不错的,但我不会固执。你的职责是让我有察觉,跟我辩明白。我喜欢为更好的结果而大吵一架。

- 我在人才管理方面经常运用直觉,有人说过,我很会"阅"人。再说一遍,我在努力不要妄加评判或仓促得出结论,但我会提出关于你的组员的假设,而你的职责是确保我真的了解他们。

- 我一直乐于了解大家的个人近况,看人要看全。我相信我们都是"完整的自我",不是单位有一个我,家里又有一个我。掌握背景有利于我更好地认识你和你的小组。如果你的组员有困难,我希望自己了解情况,也愿意支持你和你的组员。

战略思维

- 我会努力思考终点和通往终点的最直路线，但我走在路上是很灵活的。遇到大麻烦时，我心里通常会想："撬动局势的关键杠杆是什么？""我们要解决的问题是什么？""我们为什么需要解决它？""我们何时需要解决它？""我们需要什么信息，如何得到这些信息？"我希望你也这样做。我每天都在想我能做的最重要的事情是什么，然后就把它当成头等大事去做。但是，我有时会被邮件淹没，失败！

顺便说一句，我往往对自己的时间过于大方，答应的事情太多。如果你发现了，请提示我。尽管我喜欢与人见面，但我有时因为忙于别的事情，在战略问题上花的时间不够。一定要匡正我。

用户导向

- 我把这一项放到最后，是因为我认为自己的强项是规模化，而不是处理具体客户事务，但我对销售情况、客户意见、客户故事、与用户会面一直很感兴趣，特别是出差的时候。

沟通方式

一对一沟通

- 一对一沟通要用于适合口头讨论的事项，以及等到开周例会再讲也不迟的事项。电子邮件耗时极大，一定要慎用。
- 如果你暂时不喜欢一对一沟通，发电子邮件或短信当然也可以。

电子邮件

- 我读邮件很快，但我左手有轻微的腕管综合征，不喜欢写超长邮件。我觉得超长邮件效率也不高，但我偶尔也会破例！

- 我会看每一封邮件，但我不会写相当于"已阅"的回信——除非你直接问我要东西，或者我有疑问，我才会回。因此，假设我在18个小时内读过了你的邮件，但你觉得我欠你一封回信，那么请再给我发一遍，或者给我发短信，我不会发火的。
- 我很喜欢FYI邮件，它可以是你的见闻、客户趣事、一篇文章、一些数据或者组员成果。如果邮件标题里注明了"FYI"，或者邮件是转发的，我就知道这是供我参考，但不要求我回复或者马上阅读的内容。我对你也会这样做。FYI=无须回复。
- 如果你给我发了一封组内庆祝邮件，而我不知道在庆祝什么，我就知道这是一个要我说一句"干得好！"的信号。你可以发，但不要滥发，因为按照我的经验，那会让人觉得没有实际意义。

聊天/短信

- 如果是急事/大事/眼前的事，或者内容特别短，你随时可以给我发短信，哪怕我的状态是"离线"。
- 简短的问题发短信是可以的，但回复的时间可能不确定，因为我经常在开会。
- 不急的长问题或许可以等到一对一沟通时再说。

总体来说，我更喜欢交流多一点，而不是少一点。我希望了解你和你的小组的动态，这样有利于我为你们服务。我不认为这是微观管理，但如果你觉得我管得太宽了，请告诉我。最后，我相信我不是邮件狂魔，我会带头推荐大家线下碰个头，当面把问题解决，而不是没完没了地发邮件。更好的情况是，你带头，我跟进。

我也喜欢书面方案。幻灯片、文档、电子表格都行，但我希望必要的

> 我喜欢和同事们一起开怀大笑，共享快乐。
>
> ——克莱尔·休斯·约翰逊

工作能做得扎实，如果有半成品或者计划了，我乐于早点加入，而且我经常在开发阶段就被拉进去了。但是，我一般只在最后审查阶段深度参与，即便我拿到了草稿。

反馈

我喜欢反馈。我喜欢给出反馈，也喜欢收到反馈，特别是建设性的反馈。我们来到这里是为了一起把事情做好。我们每个季度会开一次正式的反馈会议，但我看到或听到什么时，我会尽量及时反馈。请你也这样做。我也乐于知道你和你的团队有什么想法和感受，我会开跨级会议，开放办公时间，等等。要记住，不管我看到或听到了什么，我都是你的后盾，我有担忧时也会告诉你。但凡有人跟我打你的小报告，我都会让他直接跟你讲。

管理与人员

我很关心你、你的组员和你们的所有开发活动。要保持与组员的联络，坚持提高组员的素质和整个小组的能力，确保我知道组里的卓越人才和面临的挑战，这样才能同帮共助。

成绩

既要共创佳绩，也要共知佳绩。度量，度量，度量。

幽默

最后，我喜欢和同事们一起开怀大笑，共享快乐。

希望这份文档对你有帮助。最后再说一遍，我期待与大家共事。
欢迎大家对文档进行补充，让它变得更"正式"一点！

联合创始人的动态变化

如果有多名联合创始人，管理层会发生的重大变动之一就是一名或多名联合创始人的影响力和角色变化。在很多初创公司里，初期每一项决策都由多名联合创始人参与制定。随着公司规模的扩大，你需要制定更严格的决策和角色边界。

联合创始人格局变动基本有三种结局：

- 部分联合创始人转为独立贡献者，而且对新角色感到满意（苹果的史蒂夫·沃兹尼亚克）。
- 一名联合创始人保留核心高管地位，继续以CTO（首席技术官）、总裁、产品副总裁等身份推动公司发展。
- 一名或多名联合创始人离开，他们可能觉得自己在公司里影响力不够，或者想当CEO，但知道短期内不能实现，或者实际能力与预期岗位存在错配。还有人离开是出于家庭原因——家人生病或者要跟随配偶搬家。

联合创始人地位变动有两种原因：（1）随

不平等的联合创始人

硅谷的一大神话就是联合创始人应该平等。[1]但是，看一看近50年来成功的科技初创公司，其中有许多都是由一名联合创始人主导的，包括：[2]

亚马逊
杰夫·贝佐斯。

苹果
史蒂夫·乔布斯与沃兹尼亚克分股不均是出了名的。

脸书
尽管扎克有多名联合创始人，但网站一度被叫作"马克·扎克伯格出品"，他的股份和权力也是联合创始人的无数倍。[3]

Instagram（照片墙）
凯文·斯特罗姆是主导创始人。

英特尔
罗伯特·诺伊斯领导了公

---

① 参见eladgil.com。（http://blog.eladgil.com/2012/02/how-to-choose-cofounder.html）
② 许多私人公司的联合创始人关系也不平等，但因为它们没有上市，所以不好公开谈论。
③ 参见eladgil.com上的链接。（https://www.buzzfeed.com/amygrindhouse/a-mark-zuckerberg-production-1qq?utm_term=.qfbBY80xEV#.su1OnjRzW7）

司7年，接着是戈登·摩尔干了12年。①

Intuit（财捷）
斯科特·库克是主导创始人。

领英
里德·霍夫曼有多名联合创始人，但从股份和控制力来看，主导者其实就是他（尽管他聘请了一名CEO取代之前的杰夫·韦纳）。

微软
保罗·艾伦几年后就下台了，从此比尔·盖茨一人独大。

Netflix（网飞）
早在初期，里德·黑斯廷斯就接手了马克·伦道夫的CEO职位。

甲骨文
拉里·埃里森是唯一的创始人。

Pinterest
本·西尔贝曼带领公司走向成功。

着规模的扩大，公司需要有统一的战略方向和发展愿景；（2）相对于公司的规模，联合创始人的层次或能力跟不上。员工越来越多，他们需要知道最终是谁拍板，否则公司发展就会放缓甚至停滞。相应地，你的联合创始人可能具有，也可能缺少足够的能力和经验去发挥他们未来想要在公司发挥的作用。

为了妥善应对联合创始人的变动，你需要：

1. 想清楚联合创始人在未来12~18个月中最适合发挥什么作用。联合创始人适合的职能角色是什么（CTO，工程开发副总裁，还是独立开发贡献者？）？他们适合的文化角色是什么（面试每一名候选人，还是其他？）？他们还可以参与什么其他活动（符合其知识储备或者你不能参加的公开发言或活动？某些类型的交易或合作？）？你在哪些重要问题上应该与他们讨论？哪些决策和信息应该让他们知道？要记住，扩张过程是瞬息万变的，所以你不需要想得太远——12~18个月就够了。

2. 请联合创始人想清楚自己想做什么。要求他们给自己写一份岗位描述。

3. 谈一谈。你需要与联合创始人化解他们

---

① 媒体较少报道一名联合创始人取代另一名联合创始人担任CEO的事情。英特尔、罗技等公司都发生过这样的事。

想干什么与你作为CEO认为他们应该干什么之间的分歧。如果存在错配的话,你可能需要谈很多次。

4. 请一名双方都信任的顾问、投资人或董事会成员来协助谈判。如果你与联合创始人自己解决不了角色变化的问题,你可能需要请第三方来调解和帮助。

5. 达成共识后。为了帮助联合创始人干好新岗位的工作,你能做些什么?需要给他们安排管理培训吗?

任何时候都要记住,和你一样,联合创始人是最早的入局者,他们把赌注押在了你的理念和公司上,而且他们是公司的大股东(可能还是董事会成员)。尽管联合创始人关系中包含许多感情因素(与任何长期伙伴关系一样),但为了公司的成功,找到解决方案是至关重要的。

如果你和联合创始人不能达成共识,你可能就需要和他讨论退出条件了。这有时会掀起一场风波,也有可能会让联合创始人如释重负,公司总算发展到自己可以功成身退而不至于影响势头的程度了。如果联合创始人不是CEO,那他最后可能会感到无权而失落,想要去干一些自己是最终决策者的事业。

Salesforce(销售力)
马克·贝尼奥夫。

Square
杰克·多尔西是主要创始人。

优步
直到不久前,特拉维斯·卡拉尼克都是主心骨。

WhatsApp
简·库姆是主导创始人和控股股东。

这些公司大部分都是联合创始人权力、股份分配不平等的例子。总体来说,平分权力的结果不如一人主导(或者至少是公司开起来后有一人成为主导者)。创办公司是一件难事,有联合创始人有助于平衡初创公司的工作和压力。关键是决策要明确,让一个人(CEO)设定清晰的前进路线。

联合创始人多且平等的例子就包括谷歌(创始人为拉里·佩奇和谢尔盖·布林,初期聘用的CEO埃里克·施密特也做出了类似创始人的贡献)。平等的联合创始人关系不是不可能实现,只是罕见于成功的公司而已。

第二章

董事会管理

高增长手册

High
Growth
Handbook

"雇用"董事会

如果说联合创始人像是配偶的话,那么董事会成员就像是岳父和岳母。你会经常见到他们,很难摆脱,而且他们会对公司的未来产生重大影响。

董事会成员是重要的公司"雇员"之一。最优秀的董事会成员会发挥关键作用:制定公司战略,发掘、招聘和敲定高级主管和重要员工,融资,运营,治理。在中期阶段的公司里,董事通常会负责选择/保留/解聘CEO,并就截止日期、方案和交付成果向CEO问责。公司发展到后期,董事会成员会参加各种委员会,发挥更专门的作用。(我在这里不会谈上市公司的董事会。)

董事会中通常有几个关键人物:给你投资的风投人、独立董事、创始团队成员(也叫"普通董事",一般包括一到两名创始人,三名的很少)。不属于创始团队的外聘CEO也会占一个席位(有时非创始团队的外聘COO也会占一个席位)。

选择合适的风投合伙人

董事会的大部分成员都是风投人。他们可能是优秀的战略或运营专家，也可能只是占据董事席位的"钱袋子"。为了能与我真正中意的董事或风投合伙人一起做事，我总是宁愿把估值报得低一点，而不是高估值配差董事。[1]

要记住，风投的主体是基金，而不是合伙人。这就意味着基金通常有权撤换坐在董事会里的合伙人。一开始可能是一名资深合伙人，但没准哪一天董事会就会迎来一个初出茅庐的风投人。刚来的时候，这名初级合伙人很可能只是董事会观察员[2]，或者与资深合伙人一同出席会议，后者会说他只是想"给你们的团队加点带宽"。如果公司办得不错，情况确实就会是这样。但如果你干得不好，风投基金就会换一个水平差的人来，好节约资深合伙人的时间。初级合伙人给你的帮助没多大，而且你和其他董事会成员相当于给他做培训了。

选择独立董事

独立董事通常是有相关岗位经验（比如以前做过CFO）或行业经历的运营专家或创业者。尽管有些A轮投资人在一段时间内不会催你聘用独立董事（还有些人完全不会催），但也有人会催你。请注意：这是你重要的"雇员"之一，而且是"请神容易送神难"。一定要小心谨慎行事，下面几步很关键：

1. 撰写岗位要求。我要再说一遍：独立董事是你重要的雇员之一。你

---

[1] 参见eladgil.com上关于埃隆·马斯克和约翰·杜尔的报道链接。（https://pando.com/2012/07/17/who-made-the-bigger-mistake-in-the-botched-series-c-for-tesla-elon-musk-or-john-doerr/）

[2] 参见eladgil.com上马克·苏斯特讲董事会观察员的帖子链接。（https://bothsidesofthetable.com/rethinking-board-observers-the-role-of-the-silent-observer-eee4ccecac7d）

应该起草一份清单或招聘详情，把你对理想董事会成员的要求写下来。该文档应包括以下内容：

- 从业经验，包括：

运营经验。你是否要求对方运营过一定规模的公司，或者亲自开办过公司？候选董事能否与你分享流程或管理方面的最佳实践？你能从对方身上学到什么？

市场经验。你是否要求董事有特定领域或市场的经验？候选董事能否给公司带来信息方面的竞争优势？对方能否给你引荐所在市场的帮手？

职能经验。你是否要求对方有特定职能的工作经验（例如，以前做过CFO或国际销售副总裁）？

根据现有董事会成员和创始人的经验，你可能在意，也可能不在意市场经验、职能经验或运营经验。你也可能愿意做出取舍，因为找到完美的人选很难。

- 在其他高增长公司干过（最好是创始人）。

没见过一家公司从咖啡馆里的两个人发展成上千人的大企业的人不会习惯一路上的颠簸磕绊。做事总是比预想中更耗时，更艰难。大多数初创公司至少面临过一次——如果不是多次的话——生存危机，竞争、烧钱太多、政府管制或其他问题让公司濒临死亡。与树大根深的大公司不同，初创公司未必有天然的势头。在创立初期，每一次行动靠的都是纯粹的意志，而不是势头。随着公司走向成熟，情况会发生变化。到了最后，公司的势头可能太大了，成了一条难以驾驭、自行其是的大船。当然，这是许多年以后的事了，而且从某种意义上说也是甜蜜的烦恼。同时，你需要懂行的董事会成员。

如果只有一个独立董事的缺额，那么招一个现在还在创业，或者创过业的人就再好不过了。其他成功创业者更能体察创始人的心理状态，并根据自身经验给出建议。他们会懂得创始人/CEO是"新手上路"，乐意回答"蠢问题"，而不会看不上、瞧不起对方。他们有第一手的创业知识，也明白一路上的挫折是不可避免的。

最后，成功创业者能够制衡风投董事，对公司有益，对风投人也有益。如果创业者董事足够成功，那么风投人就不太可能凌驾于他们——他们本来就有雄厚的资金、强大的个人号召力和愿意与其共事的人。在董事会成员发生分歧时，风投人没有强力手段能压迫真正的独立董事站在他们一边。

- 智商。这一点不言自明。有些人，比如马克·安德森、里德·霍夫曼、迈克·莫里茨、维诺德·科斯拉，以天生的强大智力而闻名。值得注意的是，前两人在成为全职风投人之前都做过董事或投资人。

- 商业与战略嗅觉。最终，高增长公司的董事会肯定会面临一系列商业与战略方面的核心问题。他们能否帮助你厘清战略局势，是否懂得如何以并购为工具实现规模化，是否对产品定价或公司经营的其他方面有深刻洞见？许多创始人CEO需要商业嗅觉敏锐的独立董事为团队的管理和运营提供支持。

- 对创业者友好。许多风投人会提议由"（风投）公司之友"做你的独立董事。这些人往往主要是欠风投人的人情，而不是你的人情。出乱子的时候，他们会跟着风投人投票。换句话说，这种"独立"董事实际上就是投资人董事，你会失去对公司的控制（参见下文的"不要用风投人铁杆"）。为了避免这种情况发生，理想的独立董事应该同情你作为创业者的目标，而不是只认可风投人的信托责任。

另一方面，你确实应该找一个风投人尊重，而且能让风投人听进去话的独立董事。理想情况下，你背后的风投公司应该整体上都了解这位可能的独立董事。最好的情况是找到一个得到风投人尊重的人，但你知道他骨子里是一名创业者，或者至少对创业者比较友好。最好是你与这个人本来就有多年交情，这样当公司不可避免地遇到困境时，你们能够更好地信任彼此。

- 得到投资人/风投人的信任。独立董事的部分职责是提醒风投董事，他们应该根据公司的利益（而不是投资人个人的利益）投票。独立董事应该有在合理的前提下抵制风投人的自信和眼界。独立董事应该保持风投人的"正直"。这并不意味着独立董事应该当创始人的橡皮图章，而应该做最有利于公司的事，并提醒风投董事大家的目标应该是一样的。

如果创始人和风投人都信任独立董事，那么他的职责就更容易达成。在增加独立董事之前，你和风投人应该投入大量时间来考察候选人。

2. 与投资人达成共识。写好岗位要求后，你应该立即找投资人讨论并达成共识。这样既有利于你把他们顶回去（例如，他们推荐了一位没有相关经验的公司之友），也有利于他们把你顶回去，让你保持理智（例如，你推荐了你上高中时最好的朋友）。

3. 开列备选名单。按优先顺序列出你希望拉进董事会的人选。你可以找专业的高管猎头公司，也可以向投资人、顾问或其他创业者寻求建议。最理想的董事会成员是你做梦都想聘来，而且如果不开这家公司肯定碰都碰不到的人。

4. 花时间了解潜在人选。投资人会给你很大的压力，要你敲定董事会成员名单，但不要害怕顶回去，一定要花时间（好几个月）找到对的人。你不会"只为了占空"就雇一个垃圾工程师，董事会成员（比起差员工，开除董事要麻烦得多）更是如此。

与潜在董事人选讨论之前，要准备好问题和话题：
- 请他们讨论公司的关键方向。他们契合你的愿景和路径吗？他们有重要的洞见或有意义的反馈吗？
- 问他们会如何帮助公司。他们能提供哪些方面的支持？他们擅长什么，不擅长什么？
- 问他们的目标和志向。他们在职业生涯或生活中想要做什么？加入你的董事会对他们的志向有何影响？
- 请他们为你做一点事。试着给他们安排点任务，看看他们的相关经验能不能帮到你。你可以请他们为你的一个项目做顾问。考验也可以轻量级一点，比如请他们为你引荐他们认识的人，或者协助和指导你设计交易结构，或者为你目前面临的一个战略问题提供建议。

5. 看能不能合得来，态度怎么样。 这一点真的很重要。作为创始人，你应该与独立董事非常合得来。独立董事应该是你觉得可以信任的人——你可以在周五半夜给他打电话——是你认为能够帮助你将公司发展壮大，最好还能促进你的个人成长的人。换一种情况的话，你应该为能与这位董事合伙开公司而感到激动。

评估潜在董事人选的态度时，有几种人不要选：
- 倚老卖老的运营高管，把你们当成"一群娃娃"，把自己当成"成年监护人"。这通常会导致不必要的长篇大论，或者创始人被赶下CEO的位子，换上一位毫无眼界的"运营专家"。
- 微操董事，分不清董事和老板的区别。
- 更关心金钱回报，而不是为帮助你壮大公司而激动的人。

不要用风投人铁杆

风投人往往会推荐自己的铁杆，或者欠他们人情的人进你的董事会。基本上，他们会努力将"独立董事"变成风投人控制的董事。下面给出几种鉴别风投人铁杆的方法：

- 与该风投人有过大量合作，或者其董事会里有该风投人的人，或者曾被该风投人派去另一家公司做高管。
- 曾就职于多家该风投人支持的公司。
- 目前在多家该风投人注资的公司担任董事。
- 没有相关经验，不懂你的产品，或者只会泛泛而谈，缺少洞见。
- 很可能下一份工作已经被风投人安排好了（例如，一名想当CEO的销售副总裁）。

如果你遵循我这里给出的步骤（并说服你的风投人遵守第八步），那么你拉进来一位风投人铁杆的概率就会降低。

- 单纯想"进董事会"的人，目的是提高个人声望，或者为自己谋求更多董事职位。
- 为了人脉当董事的人，想要结交或者认识你的投资人董事。（这会带来灾难性的后果，因为他会为了讨好投资人而与其站在一边。）
- 风投人铁杆。详见侧边栏。这种现象相当重要和普遍，值得专辟一节来讲。

6. 看愿景是否契合。独立董事是否明白你的公司目标？是否与公司的愿景和方向契合？你要的是能够支持你的愿景，而不是揣测愿景是什么的人。同理，你要的是目光远大，致力于开一家伟大的公司（假如这是你的意图的话）的董事，而不是只关注短期得失的人。

看一看潜在董事人选的背景：他们创办或运营的公司怎么样了？是不是早早就卖了，如果是，原因是什么？他们在职业生涯中做过什么其他选择？回头来看，他们当初的决定是否明智？

7. 看他人评价。与潜在董事人选共事过的人怎么看他们？他们正直吗？他们起过什么作用？如果他们在别家公司做董事，与他们共事的创业者怎么看他们？

> 最理想的董事会成员是你做梦都想聘来，而且如果不开这家公司肯定碰都碰不到的人。
>
> ——埃拉德·吉尔

8. 确定人选。理想状态下，增加独立董事应该采取"普通股东提名，优先股东批准"的方式。就像美国最高法院一样——总统提名法官，国会通过提名——权力的平衡掌握在提名者手里（感谢纳瓦尔·拉维坎特的比喻）。你的风投人可能会对董事人选提出一些很好的建议（你当然应该咨询他们的意见）。但归根结底，你要自己推动最后的"选任"。为此，你能发挥最大影响力的环节就是提名。

与团队的其他许多成员一样，等公司发展到了一定的规模，独立董事可能就派不上用场了。上市公司的董事会看问题和做事的作风就不同于初创公司早期阶段的董事会。如果你对独立董事席位有控制权的话，那么当独立董事的技能和洞见不再有用时，你可能就会换掉他们。[1]

---

[1] 我要特别感谢乔希·汉娜、纳瓦尔·拉维坎特、萨姆·奥尔特曼和戴维·金为"选择独立董事"部分的初稿提供的反馈。原文在eladgil.com上。（http://blog.eladgil.com/2011/12/how-to-choose-board-member.html）

董事会主席

通常，董事会主席唯一真正的"法定"职能（根据章程和公司性质）是独立于CEO召开董事会会议（假设两个职务是分离的）。

在处于早期阶段的初创公司中，"主席"的头衔没什么意义，大多数公司并不单设主席。

在中后期阶段的公司中，主席可能会扮演董事协调人和影响者/领导者的角色，尤其是在董事会规模膨胀的情况下。例如，在某些情况下，主席可以将其他董事的反馈转达给CEO，或者协助董事会会议的议程设定和会后跟进。在这些情况下，你可以认为主席相当于董事会的"技术主管"——可以为董事会定下调子和议程，但不承担直接管理责任。

在大多数高增长公司中，主席就是同时兼任CEO的创始人。如果CEO不是主席的话，主席通常有两种人选：

1. 主席常常由一名不再积极参与公司日常运营，但与公司有很深的利益关系和/或拥有对公司有益的深厚知识的创始人担任。 例如，杰克·多尔西从推特首任CEO的位子上退下来后，就去当主席了。另一种情况是董事会聘请了一名专业CEO，那么主席可能就是一名参与经营的创始人（通常叫作"执行主席"，详见下文）。例如，当埃德·麦克拉肯接替吉姆·克拉克成为Silicon Graphics（硅图）公司的CEO时，后者便担任了主席。

如果创始人还是CEO的话，让另一名参与公司运营又不是CEO的创始人做主席就非常奇怪了。这通常意味着两位创始人有权力斗争。

2. 风投人或早期投资人出资时，有时会自己做主席。 例如，唐·瓦伦丁（红杉资本创始人）就在自己投资的多家公司做过主席。奥伦·泽埃夫成为Houzz（豪兹）公司种子轮融资的第一位投资者后，就当了该公司的主席。

"执行主席"这个头衔会赋予积极参与公司日常事务，但不完全负责运营的董事会成员（例如，执行主席可能不是任何职能部门或组织的正式管理者）。执行主席通常会专注于公司的一个或多个战略领域。埃里克·施密特从谷歌的CEO转任执行主席时，就把大量时间放到了政府关系和宏观集团战略方面。

董事会的多样性

你想要的董事会应该有共同的目标感，坚定支持公司的使命和方向。你想要的人应该能保持镇定，能经受住不可避免的风暴，能提供运营建议、财务专长、深厚人脉或其他技能。你想要的是成绩优异，干劲十足的人。

同时，打造具有多样化背景——在族群、性别、性取向等方面——的董事团队对公司也有多方面的好处。董事多样化在人员招聘、为团队提供榜样或导师、开拓关系、打开视野等方面都会带来益处。

许多科技初创公司的董事会多样性不高。大部分风投人是白人男性。由于风投人常常是公司的第一位外部董事会成员，因此大部分初创公司初始董事会中的风投人的多样性并不高。同理，许多独立董事是大公司的CEO或顶层高管——许多大公司的上层本身就欠缺多样性。

发掘多样董事候选人的方法

有几条策略——包括几个新兴的资源——能帮助你发现女性、少数族裔或其他多样化的董事：

1. 尽早争取到一批多样化的天使投资人。 在公司处于初期阶段时就建立好关系，这样到需要增加董事会成员时，你就有许多找到优秀独立董事

> 随着你的公司从努力要开发出一款有意义的产品的年轻组织壮大为一家更成熟的、处于高增长模式的企业，董事会的构成也应该随之变化。
>
> ——埃拉德·吉尔

候选人的现成桥梁了。你可以亲自了解他们的想法，培养与他们的关系，以便日后将他们转化为你的董事。

比方说，我参与创办的Color Genomics就有十几名女性投资人。Color的第一位外来董事是BlackRock（贝莱德）公司的联合创始人，苹果、BlackRock和Swiss RE（瑞士再保险）公司的董事苏珊·瓦格纳。苏最早与Color合作是作为天使投资人。当她对我们的公司和使命渐渐有了了解之后，我们有幸说服她加入了董事会。

2. 找多样化的风投人做推介。 每一轮融资时都要找女性和少数族裔风投人做推介。这样能提高实现董事会多样化的可能性。

3. 将你的要求告诉猎头和投资人。 如果你请了一家猎头公司帮你找董事，那你可以明确将多样性作为一条重要标准。同理，投资人往往也会参与寻找董事，你应该请他们帮忙和介绍。

4. 上theBoardlist网站看看。舒克辛德·辛格·卡西迪最近推出了theBoardlist网站，这是一个推荐和发现女性董事的资源网站。[①]

5. 查一查"最强"名单。针对女性、非裔美国人、拉丁裔美国人等群体的"顶级"或"最强"名单数不胜数，可能会按地域或其他因素分组。查一查这些名单，找人帮你引见潜在的董事会成员。[②]

董事会的进化

组建董事会并非一劳永逸。董事来来去去，董事会的构成无疑会随着时间的推移而变化——在公司生命周期的某些关键节点，你可能还需要推动这种进化。

随着你的公司从努力要开发出一款有意义的产品的年轻组织壮大为一家更成熟的、处于高增长模式的企业，董事会的构成也应该随之变化。在早期阶段，某些董事可能对寻求产品市场契合或下一轮融资很有价值。但到了后期，你会需要有运营经验、有招揽中后期高管的人脉网络、有更宽广的战略洞见的董事。

在下一节里，我们会详谈如何要求私人公司里的董事下台。但不管你是首次组建董事会，还是增加新人，一定要回到这些"招聘"原则上。不管你的公司处于哪个阶段，引入董事都是重大决策——既能帮助公司、创始人和高管走向成熟，也能让人泄气又头疼。

---

① https://theboardlist.com/。
② 参见eladgil.com上的链接。（https://www.forbes.com/power-women/#750df0665e25 和 http://savoynetwork.com/top100/）

开除董事

不幸的是，有时一名董事确实不行，他可能虽无恶意，却无用处（比如满口不相干的泛泛建议），也可能一心搞破坏。我听说过有的董事把信息透露给媒体，有的在CEO的部下里搞政治派系，有的让公司财务失控，还有的鼓吹毫无道理的战略方向。我见过不止一家公司有联合创始人因为董事的逸言而离职，也见过初创公司的董事把高管挖到了自己投资的另一家公司。

干得不好的雇员通常直接开了就行，但要"摆脱"行为不端的董事可能就要难一些了。一般来说，投资人董事比独立董事更难开除。

开除风投董事

一旦按照融资条件加入了董事会，投资人董事就是出了名的难摆脱，因为他们的董事权利通常是写在契约，也就是融资文件（A轮、B轮、C轮等等）里的。[①]开除风投董事一般只会发生在转折期或杠杆期（融资、公司重大调整、IPO等等）。此外，风投人在出钱时要求获得董事席位可能是有额外经济考量的，或者将董事席位看作提高自身整体地位的工具。那么，如何摆脱行为不端的董事呢？根据公司所处的阶段、你作为创业者的魄力、你与风投人及其基金的关系，你可以尝试以下几条策略：

1. 董事会大换血，反映公司正走向成熟（将开除风投人作为换血的一部分）。 随着你的公司从努力要开发出一款有意义的产品的年轻组织壮大为一家更成熟的、处于高增长模式的企业，董事会的构成也应该随之变

[①] 参见eladgil.com。（http://blog.eladgil.com/2011/03/how-funding-rounds-differ-seed-series.html）

化。在早期阶段，某些董事可能对寻求产品市场契合或下一轮融资很有价值。例如，董事可能了解新的分销策略，或者与你分享在其投资的公司里行之有效的战略（例如，"脸书做起移动App推广后，一下子就起来了"）。但是，如果他们缺少运营经验、招募中后期高管的人脉网络、更宽广的战略洞见，那么随着公司开始迅速扩大，换掉他们和其他一些董事或许就是合理的做法。

一旦公司实现了产品市场契合，将重点放到了规模化上，对董事会成员技能、人脉和建议的需求也会转变。类似的，当一家公司开始计划上市时，它就需要增加更多的独立董事和运营专家，还有更多的专门化董事（例如，请一名前CFO主管财务/审计委员会）。

转向高增长模式时，你可以请求多名早期董事会成员退出，好让公司能顺利发展到后期阶段或上市阶段。通过这种方式，要求退出就不会被视为对某位董事的批判——你只是随着公司的发展在做通盘调整罢了。如果一名早期董事对后期阶段特别有用的话，你可以保留他的位子，也可以将他转为独立董事。

尽管顺应公司的发展，要求董事退出董事会可能是合理的，能提高公司整体的价值，但有些人可能会拒绝，因为他们个人能从董事席位上获得好处，或者他们想要保护他们在公司的投资，直到变现。但是，如果一名或多名董事在董事会大洗牌中出局了，恋栈者也会受到压力。

另一种情况是，你要进行一轮后期融资，这时你可以要求早期投资人让位，给后期投资人空出位子。许多早期投资人会拒绝。但你可以指出，新投资人会带来必要的新技能、人脉或建议。提醒原有的董事，董事会的规模需要控制在一定水平，公司也需要谋划IPO了（假设未来18个月内会进行IPO）。

一般来说，直接要求投资人董事下台是不太可能的。

2. 出钱买断。 大多数公司的变现周期是5~10年。担任董事期间，许多投资人都要从自己的有限合伙人（LP）那里获取更多资金，他们希望有投资回报可以展示，好让有限合伙人加大投资。这意味着你可以向风投董事提出，只要对方不当董事，就允许他出售其部分股权。他可以找人接盘（参见有关后期融资的章节），也可以在之后的某轮融资中这样做。如果投资人确实希望在完全变现（如IPO）之前出售股份，你可以这样解释为何出售股份要与卸任董事挂钩：

- 风投人出售股份的行为是向市场透露公司团队的信息，因此风投人应该下台。
- 董事会的构成是股权的反映，也就是说，当不当董事要看股份大小。如果风投人出售了其持有的一部分公司股票，他的股份就小了，因此不应再当董事。
- 公司已经退回了风投人的投资。持续监督投资的需求减弱了（出售股份已经摊薄了风险），风投人也应该让位了。

3. 要求风投公司撤掉目前的董事，另择一位合伙人。 只有当你的公司确实干得不错，风投公司想要与你，一家爆款公司的创始人长期保持良好关系时，这招一般才会成功。除非你想要踢掉的风投合伙人控制了整个公司，否则风投公司为了维护与你的关系，是有可能同意换董事的。（感谢里德·霍夫曼提出这点洞见。）

再说一句，谈话可能会很激烈，很情绪化。风投董事也是人，跻身于一家成功的公司会捆绑着许多情绪和自负心理。即便他们对公司的帮助只有资助而已（资助确实也是帮助），你的风投人可能还是会觉得自己为公司的成功做出了巨大贡献。当你解释为什么他们应该让位时，一定要镇定、平静、坚持。

> 一旦公司实现了产品市场契合，将重点放到了规模化上，对董事会成员技能、人脉和建议的需求也会转变。
>
> ——埃拉德·吉尔

开除独立董事

开除独立董事一般要比开除投资人董事容易。在一些情况下，独立董事的席位由你控制，你可以直接要求董事下台（见下文的"独立董事席位结构"）。最简单的办法就是向其解释你这样做的原因。不过，董事不愿意退下来显然有很多原因（自负、意见分歧、风投人的影响等等）。

独立董事有两类：一类的主要关系在你这一边，另一类的主要关系在风投人一边（而且主要忠实于风投人），他们是给你投资的风投人扶上去的。风投铁杆欠风投人的大概远远多于欠你的。此外，他们在投票或推动事务时也会有追随风投人的倾向。

这些风投铁杆独立董事可能不太好开除，因为投资人董事有抵制换人的动机。在某些情况下，你可能需要直接找风投人商量开除独立董事的事。或者，如果董事会人多的话，他们也能帮你挤掉表现不佳的独立董事。

独立董事席位结构

有几种方式可以替换独立董事（依据你的融资文件）。常见的方式包括：

- 董事会投票。每名董事都可以对替换董事投同意或反对票，每张票的权重相等。
- 转换后股份投票。按照这种投票方式，每一股普通股或优先股视为一票，全体加总后得出结果。
- 普通股东（即创始人）为一组，优先股东为一组，分组投票，达成共识后通过。两组都同意才可以换人。换言之，多数普通股东（通常只看创始人怎么投，因为创始人一般会控制大部分普通股）以及多数优先股东（例如，投资人）都同意才能换人。
- 普通股东提名，优先股东批准。"风投黑客"网站（Venture Hacks）上有一些关于董事会以及如何组建董事会的优秀内容。[1]

根据上述结构和创始人所占的股份，你可能有，也可能没有自行开除独立董事的能力。有的时候，你只需要多争取到一位董事或大优先股东就能撤换董事，但有的时候，你需要全体优先股东董事投你的票才行。如果是后一种情况，除非你拿出宝贝与风投人交换，否则不可能开除风投铁杆。

同意开除董事后，你要马上找律师起草相应的法律文件和董事会决议，把这件事正式定下来。

---

[1] 参见eladgil.com。（http://venturehacks.com/archives#board-of-directors）

董事会与CEO调整及若干重大治理议题
——里德·霍夫曼访谈录

2003年，里德·霍夫曼参与创建了全球最大的职场社交网络平台——领英。作为CEO，他是领英头四年的掌舵人，并带领领英实现了盈利。创办领英前，里德曾任贝宝公司执行副总裁，也是贝宝的创始董事会成员。

里德现为Greylock Partners（格雷洛克合伙）公司合伙人，同时在爱彼迎、Aurora（奥罗拉）、Coda（科达）、Convoy（康沃伊）、Entrepreneur First（创业者第一）、Gixo（吉可索）、微软、Nauto（瑙图）、Xapo（扎颇）和几家鲜为人知的早期阶段的创业公司担任董事。此外，他还是Kiva（基瓦）、Endeavor（恩第沃）、CZI Biohub（CZI生物枢纽）和Do Something（做事）等多家非营利组织的董事会成员。加入Greylock之前，他曾是脸书、Flickr（富力客）、Last.fm（Last电台）和Zynga（星佳）等众多互联网大厂的天使投资人。

里德硕士毕业于牛津大学哲学专业，并获该校马歇尔奖学金，本科以优异成绩毕业于斯坦福大学符号系统专业。

里德·霍夫曼是硅谷受尊重、关系广的投资人、创业者和顾问之一。里德写了两本畅销书[《至关重要的关系》（The Start-up of You）和《联盟》（The Alliance）]，以及一系列关于初创公司方方面面的文章，分享自己的一小部分经验教训，造福大众。里德最近的关注点是"闪电式扩张"（如何迅速实现公司的扩张），关于企业规模化的同名专著即将出版。他还在优兔上开设了斯坦福系列视频课，你也可以从中学习相关经验。

这次亲耳聆听霍夫曼阐述自身想法的机会让我兴奋不已，访谈主题为董事会与CEO调整，以及创始人和高管掌舵动荡不安的高增长公司所要面对的其他议题。

埃拉德·吉尔：你见识过不少董事会实务，你认为董事会的首要功能是什么？

里德·霍夫曼： 从根本上说，董事会是公司未来方针的深层操控者。现在，有些人说——也有一些道理——董事会唯一的职责就是聘用CEO、解聘CEO和确定CEO的薪酬，因为从本质上说是CEO将发展战略表达出来。董事会本身是不能运营公司的，因此运营靠的是选择CEO，与CEO达成共识，等等。但有些东西还是定死的。CEO不能决定说"好了，我要把公司给卖了"，或者"我要把这家公司买进来"，或者"我要把全部资金部署到X上"。CEO必须要跟董事会谈。

这种对董事会的认识是不全面的，部分原因在于，董事会不仅仅是法官和陪审团。董事会是你的合作者。董事会也是公司团队的延伸。董事会是一个与CEO——在初创公司里，CEO基本就是创始人——积极合作的团队。如果两名创始人聘了一名CEO，那么这名CEO实际上就是第三名创始人。事实上，你也看到了，我对聘用CEO的关键理念就是要把CEO看作后期阶段的联合创始人。①大部分人在聘用CEO的过程中都不会有这样的想法，其实这才是真正要紧的事。

与董事会共事，归根结底是一句话："好了，我们在玩什么游戏？"现在，所有初创公司玩的游戏都是"默认会死"。我的意思是，初创公司就好比自己跳下悬崖，然后一边坠落一边造飞机。换句话说，你默认自己是个死人。要想创造出一样有长久价值的东西，你必须孤注一掷。每个人在初期阶段都认同这一点。每个人都在说："没错，这就是我们做的事。我们都上了一条贼船。"

情况复杂起来的时候——甚至还没到上市呢——是你已经下注了，有一点资产的时候。资产可能是团队，可能是市场地位，可能是现金流业务。一旦你有了资产，游戏就不一样了。一边是管理资产，避免贬值，一边是冒着极大的潜在风险花掉资产，追求更好的东西，孰轻孰重？这就开始变了。

等到你上市，股市投资者本质上认为你的职责是让资产保值。这就是上市公司转型举步维艰的部分原因，比如当年玛丽莎推动的雅虎转型。大多数人甚至不会接这个活，因为要想试一试能不能行，他们必须先押上大笔资产。但如果每个人都说"你用不着这样。只要守住，保住目前的资产就可以了"，那么又要转型，又要高增长就太难了。

思考董事会的时候，你需要考虑一件事：你在光谱的什么位置？你是愿意将实实在在的资产，可能是全部资产都押上，赌一个高回报的赌徒吗？或者你更看重资产保护——你会追求尽可能高的增长，但第一

---

① 参见里德的博文《创始人是否应该聘用专业CEO，为什么聘用，如何聘用》。（http://www.reidhoffman.org/if-why-and-how-founders-should-hire-a-professional-ceo/）

要务是在稳住目前的资产价值的同时有所增长？或者是两者折中，与团队方面一起承担一定的真实风险？

埃拉德：在你的经验中，董事会应该如何最有效地管理与CEO的关系？你有没有发现一些常见的问题？

里德： 许多董事会成员都会犯一个错误。我有一套红灯、黄灯、绿灯的框架来描述董事会与CEO的关系。大体来说，绿灯是"你是CEO。你说了算。我们是顾问"。我们可能会说，遇到特别重大的事，比如卖掉公司，你在干之前应该跟我们谈谈。如果谈了，我们觉得不好，可能就不是绿灯了。但是，一个典型的年少无知的董事会成员会说："好了，我有技术，我有建议，给你。你应该做X、Y、Z。"但董事会成员的正确思维是：你是CEO。你说了算。我们是顾问。

红灯也很简单。一旦亮了红灯，CEO——多说一句，现在可能还在位子上——将来就不是CEO了。董事会知道他们需要新CEO了。CEO可能知道，也可能不知道。显然，配合是最好的。但实际情况可能是我们说服了CEO，他认可我们正在找下一任CEO，也可能是"鲍勃，来跟苏见个面。苏是CEO，今天上岗"。根据公司、CEO的具体状况以及CEO与董事会关系的不同，什么事都可能发生。

黄灯的意思是，"对CEO，我有一个问题。我们还要不要亮绿灯？"缺乏经验或能力的董事会无限期地给CEO亮黄灯。他们会说："哎呀，我也不确定……"亮黄灯的要点是：（1）董事会要一致同意亮黄灯；（2）董事会要就退出条件达成共识。亮黄灯是考虑要回到绿灯还是改成红灯的时候，这段有限的时间到底是多长？我们应该怎样做，才能避免在长期亮黄灯的状态下运营呢？因为亮黄灯本质上是对CEO的工作和公司运行的妨碍。董事会有义务把问题想清楚。

董事会是一个与CEO积极合作的团队。

——里德·霍夫曼

接下来,当你将董事会设想为一个团队而非一群法官时,董事们就会问:"那好,我们要怎么增加公司的价值呢?"优秀的董事会做的一件事是参加每一次董事会会议,然后思考:"我能怎样添砖加瓦呢?"因为董事会是治理机关,有一群有技术、有能力、有人脉的人,这些资源是雇人也雇不来的,对早期阶段的公司来说更是如此。于是,董事面临的一个大问题应该是:"我要如何为公司带来价值?"

有些事可能很简单:我会和公司的人一起坐下来,他们给我一套东西——比方说,这是我们的工作、战略、任务、运营方案等等——然后我给他们反馈。我可能会说:"好,我把你介绍给某某。"这当然是你应该做的。但那就相当于说,"我当主管就是去露个面,开会时你拿东西给我看,我给你答复。"正如我们对高管的预期不止于此,董事会成员的职责也应该更加积极。好董事的一个表现是,他会说:"参加董事会会议之前,我在哪些事情上能带来最大

> 作为一名董事，我应该说："参加董事会会议之前，我在哪些事情上能带来最大的帮助？"
>
> ——里德·霍夫曼

的帮助？"你甚至可以更频繁一些，不仅限于董事会会议，而是每周这样问自己一次。公司让我当董事的一部分原因正是董事身份外的各种资源。我有深厚的行业经验，我有人脉网络，我有自己的脑回路。我出场时要怎样才能说"我考虑过这件事了，这是我能拿得出来的最好的东西"。

现在，身为董事的你可能会说"我认为你应该开发X产品"，或者"你应该开发Y功能"，或者"你应该采取Z战略"。你说的有可能是对的。但你永远应该用问句来表达。例如，你可以说："你知道的，我一直在用心思考你们采取的战略，接下来这件事我觉得有风险。你觉得有没有风险？我想到了一个衡量或者缓解的办法。你觉得呢？"这样做就是对话。

如果团队确实优秀，你就很少能发现什么东西对他们来说是全新的。他们可能会答道："我们已经想到了，我们还考虑了X、Y和Z。"你会说："好呀，太好了。我把我最好的东西拿出来了，结果你们已经想到前头去了。我来帮你们干吧。"这样的过程也是好的。

另一种情况是，由于你经验丰富、人脉广泛等等，团队可能会说："等等，我们确实没这么想过，这一点很重要。"

当然，接下来又是优先级问题。比方说，当我在董事会会议上提出一个想法时，我经常会说："你们看吧，我也不知道。你们完全可以说，'这个挺有意思，但目前不急着做。'"作为董事，你一定要谨慎，因为你真的很容易打乱公司做事的优先次序。你的立场必须是"不搞破坏"。

埃拉德：但是，如果董事会不再信任团队，或者更具体地说，不再信任CEO了，他们的交互方式会有什么变化？

里德： 董事会要做的一件事是决定何时宣布CEO不称职。CEO可能自己会有一个判断，觉得自己不称职。但是，你要何时决定宣布这个CEO不称职呢？这在初创公司里通常是灾难性的。董事会做出CEO不称职的决定基本就意味着"我们做出了一个糟糕的投资决策"。

话虽如此，初创公司要想成功，有一个有责任心，得人心，有决心，有"我一定要干成"这股劲头的人真的很重要。外聘专业人士通常是一着臭棋，因为他们往往缺乏这些关键特质。

埃拉德：关于CEO交接，还有创始人如何功成身退的问题，你写过一些很好的文章。①但是，如果你的公司还比较幼小，然后你意识到创始人是不称职的CEO，或者创始人觉得"我不是称职的CEO"，这时公司往往没有多少替补。从外面找人替代他的角色很难。即便公司正在高速增长，那也可能还是太早了。你对此有什么看法，如何补救？

里德：关键的过程——这个过程超级难——是我通过领导领英学到的：你其实是在找联合创始人。你在找一名联合创始人，他所具有的技能或许不同于最早的"家人"或"兄弟"。本质上，你是在找一名联合创始人。

考验联合创始人有各种方式。比如，"如果我们只给你一半的薪资，你会因为真的投入这项事业而接受吗？"这不是说你应该把薪资砍掉一半，但你想要的是一个真的想做这件事的人。如果有人过来说，"我给你比现在多一倍的钱"，他们会说："不，谢谢了。我就是想做这件事。"

有这种觉悟的人也会愿意承担更多风险。因为所有初创公司都会走过"暗影幽谷"，那时每一个人都在说："唉，真是完蛋了，搞砸了，太蠢了。"那个人会不会说"好吧，反正也不是我的主意"？这就是职业经理人。创始人会说："不，我知道事情能成。我会把事情干成。我会承担额外的风险、额外的困难，我会承受汗水和批评。我会坚持到底。"这才是你需要的特质。

---

① 参见里德的博文《创始人是否应该聘用专业CEO，为什么聘用，如何聘用》。（http://www.reidhoffman.org/if-why-and-how-founders-should-hire-a-professional-ceo/）

关于招募新CEO，人们经常说："我招的就是一套技能。"技能是重要的——你处于什么水平，你做成事情的能力。你之所以招新的CEO，就是因为有一些新的技能特别重要。但如果一个人不具备创始人的心态，那他骨子里最多不过是在做资产管理罢了。他们会确保公司正常运转，按照一定的轨迹发展。但改变轨迹曲线意味着承担创始人才会承担的风险。人心威望是必要的，但内心意愿也是必要的，包括冒着听到别人说"你真的完蛋了，你做得太差劲了"的风险。要想成大事，你必须愿意经历这一切。

> **埃拉德：** 你之前提到，增加董事就是壮大团队。那么，你对如何选择董事是怎么看的？方法是什么，目标是什么？

里德： 与所处阶段有一点关系，但有几个关键点。首先，你必须将整个董事会看作一个团队。董事会有一种失灵是这样的，即便你有一个好手，也架不住别人往别的方向拉，往里掺沙子，结果团队就崩溃了。

到了某个点，你完全可以说："那个人需要被换掉或撤掉。"我有时候观察一家初创公司，发现一个麻烦精董事，我就知道下一位董事的首要角色——如果麻烦精换不掉的话——就是催化剂。你在一篇文章里讲过如何把风投人请出董事会，但那往往很难做到。

> **埃拉德：** 是啊，是很难。

里德： 我通常建议的方法是，找一个能够以健康的方式改变动力机制的人。通常是另一位风险投资人，一个很有威严的人，一个会让人说"啊，那是个精明强干的人"的人。当他开始说"我们就要这么干"时，其他董事也会随之转向。我通常会这样解决问题。这就是一个要点：你要时刻想着团队动力学。

团队动力学的第二个部分是，董事会必须对CEO起到强催化剂的作用。我会看一名候选董事能不能真正拓展CEO的能力。董事与CEO是否有良好的伙伴关系？大略来说，我考验CEO的一个办法是问他，你愿不愿意每周拿出一两个小时来与这个人共事？你可能拿不出一两个小时，但你愿不愿意拿出这段时间来反复讨论最大的难题呢？如果CEO愿意，而且董事确实能给CEO许多助益，那么董事有没有比方说支付或组织方面的专业技能其实都不要紧。当好CEO的放大器，这才要紧。

CEO有时会说，"我不懂银行业，现在又要管银行的事。我需要每周花一两个小时跟一个真正懂银行的人交流"，或者"我知道我们公司是面向企业的，所以我们需要进行对公销售。我确实不太懂对公销售，所以我需要一个人帮助我进步，把对公销售搞好"。另外还有一些重要的特质。但关键是董事与CEO的伙伴关系，接着再延伸到高管团队。

接下来你要找的是：有哪些关键技能领域、人脉网络、思维方式能够为公司带来最大的价值，同时你又不能通过雇人解决？因为如果雇人就能解决，那是再好不过，雇就完了。将它加入到公司的基因里。但有些人，比如我，或者彼得·彻宁，你是雇不来的。你做不到。在这种情况下，你就得走董事会这条路了。

组建董事会时，你要注意的问题是：什么人能真正为公司、为CEO带来助益？不只是资产管理，更要促进成长。促进成长就是帮助CEO和高管团队把游戏玩好。

为使表述清晰，访谈录对原文进行了编辑和提炼。

CEO的角色：管理董事会

对董事会的有效管理能帮助你和/或你的公司：

- 获得关键领域的战略和运营反馈。
- 发掘和圈定候选雇员，特别是高管。
- 进行持续的人才评估。
- 顺利融资，并确保董事会成员同心协力帮你拉投资。（情况不总是这样！）
- 学习如何做CEO。
- 确保CEO是适当人选。

董事会会议结构

董事会会议结构①可能会随着你的公司从努力实现产品市场契合的年轻公司②壮大为一家更成熟的、准备上市的企业而发生变化。在早期阶段，董事会会议可能主要是回顾若干关键指标（例如，"资金紧张吗？""产品能不能行？"）、宏观战略观点、组织方面的建议，以及聘请CEO和高管团队。到了后期，董事会会议往往会延伸到进阶战略问题上（例如，并购和其他对话）。

---

① 马克·苏斯特有一篇讲如何开好董事会会议的好文章。参见eladgil.com。（https://bothsidesofthetable.com/why-you-re-not-getting-the-most-out-of-your-board-abf9e8b891d9）
② 马克·安德森称之为"唯一的要紧事"。参见eladgil.com。（https://pmarchive.com/guide_to_startups_part4.html）

董事会越庞大，就越难管理，越难同时保持聚焦和效率。正如团队从10人扩大到10,000人会改变你对团队的沟通和管理方式，扩大董事会也会改变你在董事会层面的交谈与沟通风格。难点是确保会议能一直为公司带来实效和实利。

要记住，董事会存在的意义，一是帮助公司，二是为各类股东实施合宜的公司治理措施。

为确保董事会会议的效率，CEO应在会前做以下几件事：

1. 至少提前48~72小时发出会议PPT和其他材料。大家最好提前看一遍。①

2.（如果创始人以外的董事达到或超过3人）提前找每名董事做一对一交流，时间为30~60分钟。这样可以让董事在会前提供一些信息（有时还有吹风）。

3.（如果董事较多）会前一天请董事吃晚饭，或者会后请董事吃午饭或晚饭。尽管饭局并非必要，但它却是董事在会前/会后彼此联络感情的机会，还可能巩固董事和你以及你的团队之间的关系。饭局效果最好的情况是董事来自外地，需要飞过来，否则他们可能没有时间或兴趣来聚会。

董事会会议议程

会议可能会涉及以下项目：②

1. 董事会事务。这个环节应该简短，迅速完成。

---

① eladgil.com上有一些董事会会议PPT的好范例。（https://www.sequoiacap.com/article/preparing-a-board-deck 和 http://resources.iaventures.com/#board）

② 红杉资本的布莱恩·施莱尔有一篇关于做董事会会议PPT的实用文章。参见eladgil.com。（https://www.sequoiacap.com/article/preparing-a-board-deck/）

你之所以招新的CEO，就是因为有一些新的技能特别重要。但如果一个人不具备创始人的心态，那他骨子里最多不过是在做资产管理罢了。

——里德·霍夫曼

2. 宏观概况。对公司现状的简短宏观概述。

3. 快速回顾并讨论关键指标。你应该特别关注影响公司战略的指标。这些指标应该都包含在会前48~72小时发出的PPT里。

4. 前次事项跟进。这一部分也可以放到战略讨论之后进行。一定要有大块时间专注于战略问题。

5. 讨论2~3个关键战略议题。议题及相关背景应该包含在会前48~72小时发出的PPT里。

你应该把大部分时间放在第五个环节。董事会成员应该预先审阅过材料。如果董事会人员较多，你应该在会前找每名董事简短地讨论或者过一遍战略议题，以免占用大量讨论时间复述指标和背景。

你可以让各位高管参加第二到第四个环节或其中的一部分。但要小心行事：邀请高管参加董事会会议可能会带有政治意味，还会变成高管之间地位高低的信号。要想清楚邀请谁参加，为什么邀请。

董事会观察员和闲杂人等

有些风投公司会要求让自家投资团队中资历较浅的成员一同列席董事会会议。如果你的公司干得不错，那么风投公司可能会派比较资深的合伙人来。绝不能容忍闲杂人等来会场。董事会会议不能向随便什么风投公司塞进来的人开放。如果风投公司想要加人，比如能帮你跟进会议事项的初级合伙人（和其他偶尔能派上大用场的人），那么你要与你的风投合伙人约法三章。出席会议的初级合伙人的预期角色是什么？董事会观察员有权发言吗？他具体能帮什么忙？

马克·苏斯特有一篇讲董事会观察员的好文章。[1]

与董事的其他互动

根据你与董事的关系或董事自身的倾向，他们在会议外也能为你提供各种帮助。你可以请一名董事为一名团队成员多费些时间，或者请他配合某个关键职能部门的工作，以帮助该部门顺畅运行。例如，一名有带领公司上市，或者作为CFO管理上市公司等重要经验的董事，就能协助培训你

---

[1] 参见eladgil.com。（https://bothsidesofthetable.com/rethinking-board-observers-the-role-of-the-silent-observer-eee4ccecac7d）

的CFO或财务团队。董事在与你或你的高管一对一交流重大战略问题、运营管理或其他事项时，也会提供价值。董事还能协助面试或招聘重要高管。①

---

① 关于董事会会议，详见eladgil.com。（http://www.bothsidesofthetable.com/2013/12/09/why-youre-not-getting-the-most-out-of-your-board/，http://www.joangarry.com/executive-session/，http://venturehacks.com/archives#board-of-directors，https://www.sequoiacap.com/article/preparing-a-board-deck/）

管理董事会
——纳瓦尔·拉维坎特访谈录（上）

纳瓦尔·拉维坎特现为AngelList（天使名单）的主席和联合创始人，之前曾联合创办Epinions（伊皮尼恩斯）网站（后来作为Shopping.com的一部分上市）和Vast.com。他是一名活跃的天使投资人，投资过推特、优步、Yammer（雅莫）、Stack Overflow（栈溢出）等数十家公司。

作为硅谷受尊重的天使投资人与创业者之一，纳瓦尔多年来亲身参与了一些重大的硅谷初创公司成功传奇，也投资过许多其他公司，对初创公司有着独到的宽广视野。

与纳瓦尔的访谈分为两部分，下面是上半部分，主题是管理董事会涉及的种种复杂而微妙的问题。

埃拉德·吉尔：在董事会方面，灵感是不是只会来自不愿意当董事的人？另外，你对以踢掉前期董事为条件进行后期融资的做法怎么看？

纳瓦尔·拉维坎特：公司是个怪东西。公司的宗旨就是尽可能高效，把事情做成。纵观人类历史，当你想要避免一个实体权力太大时，你就会通过设立委员会或团体来稀释大权。回去看看古罗马，他们有元老院，做决策必须全票通过。但到了需要效率的战时，他们就会选出一名独裁官。独裁官接管一切权力，然后出征沙场。结局往往是独裁官后来接管了整个罗马，算是反噬吧。但是，罗马人知道这种模式和其中的权衡。

在公司里，顶上有一个独裁者，也就是CEO或创始人。接着，它一下子变回了蝴蝶式网络，你现在要向董事会——一群人——汇报了。创始人独裁者骨子里就是非常愿意冒险的。他们有很多愿景，干劲十足，知道自己的事业目标。他们喜欢采取高风险的行动，喜欢赌博，喜欢辗转腾挪。

但董事会不喜欢那样。董事会不喜欢被拖着走。董事会是一群人，是集体思维，是委员会思维。从来没有委员会创造过壮举，也从来没有董事会创造过壮举，道理是相通的。董事会可以带来助益，可备咨询，但你不会想让董事会运营公司。而且董事会越大，你越会发现自己把时间都用来确保他们了解动态信息了。

我知道有人相信风投人能为董事会带来很大的价值。他们确实能——在极其特殊的条件和境况下。他们是融资专家，他们是了解外部市场的专家，而且对于你可能遇到的某件事，他们或许具有深厚的相关领域专业技能。

但总体来看，一名风投董事平均在十家公司当董事，因此他们每一两个月要参加十场不同的董事会会议。此外，他们有一半的时间要用来考察新公司。他们还要管理自己的投资人和有限合伙人。面对现实吧，干过风投的人都知道风投算不上真正的全职工作。也许最优秀的风投人会是全职，但从平均水平看，风投人的工作时间不如创业者长。风投人一般是退休的创业者，创业者一般不是退休的风投人。所以，他们的时间根本没那么多。你要花大部分时间确保他们跟上进度，然后希望从他们的专业技能和多年经验中吸取一些智慧，获得一些价值。

董事会太大不是好事。董事会越大，越不能成事。每个有经验的董事都会告诉你，他们喜欢五六个人或者更小的私人公司董事会。

有多种方法可以控制董事会的规模。第一，每轮融资最多给一个董事席位。我在创业者身上发现的最常见的错误就是：他们想拉两个投资人，就来了一轮双风投融资，于是一轮融资就增加了两个董事席位。人加起来真的很快，因为等到C轮、D轮、E轮融资的时候，董事会一下子就会增加到六、七、八个人。

第二，你可以在早期阶段的投资条款清单中写明，投资人在新董事加入后应退出董事会。我觉得First Round Capital（首轮资本）公司就是这样做出名的，到下一轮融资时，他们通常就会退场。

埃拉德：没错，但他们是专攻种子轮的，所以才愿意这样做。传统的A轮、B轮、C轮投资人怎么办？

纳瓦尔： 事实上，聪明的投资人——弗雷德·威尔逊就这么干过——在公司临近上市时就会退出。你也可以尽早跟对方谈，或者后面融资时加上这一条。比方说，你要做5000万美元的高增长轮融资。你可以找A轮投资人说："你好，你现在有一个放下董事责任，收回时间成本的机会。我们会跟你谈一个保护性条款，你不会有任何损失。我会把你留在邮件列表里，董事会会议PPT也会发给你，这样你远程也能了解动态。但你不用每个月都参加电话会议了，不用再来参加董事会会议了。"

埃拉德：就我所见，投资人愿意接受的条件基本就是部分买断，这样就有台阶下了。因为我觉得如果公司干得确实不错，那么许多早期投资人是希望与公司保持关联的，一是为了个人品牌，二是方便他们从自己投资的其他干得不那么好的公司买到别的东西。

纳瓦尔： 说得没错。这是信誉问题，所以总是很麻烦。但可悲的是，我见过太多后期创业者实打实有一半的时间不干别的，就是管理董事会。

你还可以做一件事，就是拉大董事会会议的间隔，比如三个月开一次，然后每个月举行一次电话会议，通报近况。电话会议一定要短。我创业的时候，对自己的公司其实挺浑蛋的，因为我很早很早就设定

> 每个有经验的董事都会告诉你，他们喜欢五六个人或者更小的私人公司董事会。
>
> ——纳瓦尔·拉维坎特

了一个预期：我不会做花里胡哨的PPT。我只会写一张纸，上面有要点，还有很大的数字，然后我们就坐到一起谈。

作为创始人兼CEO，管理董事会特别重要。因为如果你不管，那么强势仅次于你的董事就会插手，填补空白。不要让自己陷入整天就是回应他们，或者回答他们的问题的境地。你要引导董事会，引导公司。

埃拉德：你见没见过通过主席来协调董事之间关系的情况？还是说，这种情况在上市公司里比较多？

纳瓦尔：没错，是上市公司比较多。一般来说——我考虑的是创始人兼CEO模式，这在硅谷是最成功的模式——要设主席的话，可以是其他创始人，也可以是已经离开或退休的创始人。但是，非创始人主席是有点怪。

我见过太多后期创业者实打实有一半的时间不干别的，就是管理董事会。

——纳瓦尔·拉维坎特

埃拉德：如何摆脱一个开始在董事层面搞破坏的人？就像你说的，噩梦就是你第一次开公司，漫无目的地找人，结果找到一个特别好的A轮投资人，后来你的公司做起来了，你也扳不动那个人了。你应该怎么办？

纳瓦尔：这种情况很可怕，特别难对付。结局往往是付出超出其价值的代价买断，认倒霉。其他董事常常真的能帮到你，在其位则谋其政。一般来说，董事会里资历最深，最好共事的人能指望得上。

埃拉德：对风投公司本身有什么办法？你可以去那里诉苦吗？可以要求换合伙人吗？

纳瓦尔：这是最后一招。事情会闹大。只有当找你麻烦的那个人资历很浅，而且你赌那个人在风投公司内部已经被曝光了时，这招才会奏效。但反作用也很大。那就好比找到一个人的老公，说你不喜欢他老婆，或者找到一个人的老婆，说你不喜欢她老公。风投合伙人就像夫妻一样，有十年、几十年的交情，关系错综复杂。所以，我不会尝试这招，除非董事会里有一个人说，"对了，我认识风投公司的老板某某，我们关系很好，我可以去反馈意见"，然后愿意替你去。

埃拉德：到了这个关头，你必须找风投公司的老板。你不能找另一个初级合伙人。你一定要找最上头的人。

纳瓦尔： 是这样的。

埃拉德：我猜想，这也取决于风投公司的结构。因为如果有多名高级合伙人，权力就是分散的，情况会变得很诡异。

纳瓦尔： 是啊，我真的见过有公司是这么凉的。对风投圈子来说，我解决大部分董事会问题的办法是很难被接受的，但我们就是从来不给永久性的董事席位。我们永远不会设一个踢不掉的董事席位。我在AngelList和现在的公司都是这么干的。我只设可以撤销的董事席位，没有永久席位。

埃拉德：听起来好像从第一轮融资就应该开始谈。

纳瓦尔： 有经验的创业者会这样做的，否则就是离不了婚的婚姻。

在我的公司架构里，每个人都可以被开掉，包括我。我的道德观是非常连贯的，我可以说："伙计们，我要是干得不好，你们也可以把我踢掉。"没有人是安稳的，每个人都必须好好干。

第三章

招募、聘用和管理人才

高 增 长 手 册

High
Growth
Handbook

公司规模化阶段面临的挑战之一就是革新招聘与雇员培训流程。推特买下我的初创公司时，只有90人。两年半后我离职时，推特已经扩张到了近1500人，93%的雇员都是新员工。

为了每年增加500人，你需要调整管理和扩大招聘团队的方式，你需要深入思考员工入职管理的问题，你还需要保持和发展企业文化。除了这些问题，本章还会探讨招聘和管理人才所需的其他转变。

招聘最佳实践

随着公司从一年进10个人发展到一周进10个人，有几种招聘方法对维持高水准和快速获得重要员工很有帮助。

每个岗位都要有岗位描述

许多公司起步是靠私人关系招人，岗位也不多，比如工程师和设计师。随着公司在扩大，不再只是几件事有几个人分别在干，让招聘人员明白招来的人有何重要性就很重要了。举个例子，你第一次招商务拓展人员

（参见"如何招募优秀的商务拓展人员"一节），你对这个人和这个岗位应该有什么要求呢？面试组里的工程师可能就不知道商务拓展和销售的区别。明确技能和角色很重要，以便大家找的是同一类候选人。

你应该给每个岗位写一份岗位描述，解释其职责以及所需背景经验。你也可以列出你不需要，或者认为不太重要的特质。岗位描述应该传给面试人员，并简短说明要招人的经理需要什么，看重什么。如果团队之后对招聘人选有疑问，你可以回溯最初的岗位描述，纠正错误认识。

问所有候选人同样的问题

面试一个岗位的候选人时，要问所有候选人相同或类似的问题。这样可以让你用相同的准绳来衡量候选人。

在面试前给面试官交代关注点

面试候选人时，你的目标常常是岗位的特定方面。例如，你面试产品经理时，可能会看候选人的产品洞见、过往成绩、文化契合度等等。你可以在面试前给三名或四名面试官各自安排一个重点关注的方面，而不是面试每名候选人都面面俱到，千篇一律。这样一来，你就能对候选人的各个方面有深入的认识，而不是对所有方面有浅薄的认识。

另外，如果候选人进了第二轮面试，你可以更加聚焦地问你关心的方面。

成果面试

对某些岗位而言，评估候选人的最好方式（除了对老同事的亲身了

> 候选人转化的决定因素之一就是面试推进和发要约邀请的速度。
>
> ——埃拉德·吉尔

解）就是让他们出个成果，作为面试的一部分。可以现场做，也可以回家做。例如，你可以让工程师写一段程序，让设计师马上出一组线框图或者一个假想产品的工作流，让营销人员写一份假想产品的营销方案。一般来说，最好不要让候选人为公司目前的产品做事或出成果，免得对方以为是白干。

给候选人打分

每名面试官面试完后，最好先提交对候选人的反馈，然后再与其他面试官交流。这样能避免互相干扰，还能逼着每名面试官以书面形式写下对候选人的态度。可以用数值打分（比如最低1分，最高5分），也可以是简单的"同意"或"不同意"。关键是标准一致，而且要给面试官界定清楚打分的含义是什么。标准一致的分数能让你快速决定要拒绝还是通过一名候选人。一般来说，打分的方式不应该让面试官用"中立"混过去。因此，"同意"和"不同意"之外不能有"不确定"的选项。

行动要迅速

我供职或合作过的每一家公司都意识到，候选人转化的决定因素之一就是面试推进和发要约邀请的速度。除了转化率以外，另一个应该追踪的关键指标是候选人每轮面试所用的时间。你应该努力缩短面试间隔，尽快发出要约邀请。

背景调查

做背景调查往往是最能看清楚候选人的方式。对所有人都要做背景调查。对商务人士要小心，他们通常会找供职机构里的朋友当推荐人，一般也能从朋友那里拿到天花乱坠的推荐信。我发现，工程开发部和其他部门的人给朋友的推荐信会更直率坦诚。为了弥补这个缺陷，对商务人士做背景调查时，要尽量听听其他部门的人对他的看法，确保你对其技能和有待提升的方面有清楚的认识。

候选人多样化

确保员工基础和面试流程的多样化（性别、种族或族裔背景、性取向、社会阶层和背景等）是许多书籍和博文的主题。乔乐·艾默生的"范式战略"专注于多样化招聘实践，是一个很好的资源。[1]本书后面还有一篇对乔乐的采访。

---

[1] 参见https://www.paradigmiq.com/blog。

实现员工多样化有许多微妙的细节，这里有几个关键点：

1. 确保每个岗位都有多样化的候选人。 若不能保证招聘漏斗中的候选人的多样性，那就永远不会有多样化的员工基础。打造多样化漏斗不仅意味着扩大候选人的发掘范围，更要想清楚岗位描述的用语，员工在公司网站上所表现的形象，以及其他会影响应聘者的因素。

2. 重点消除面试流程所包含的偏向。 标准面试流程包含许多偏向。一个简单的例子是：筛简历环节是否会隐去候选人的姓名和性别。

3. 提供满足代表性不足群体员工需求的福利。 带薪育婴假就是一个简单的例子。要考虑到更广阔的潜在员工池，以及何种福利能让他们更专注地工作。

若想做更深入的了解，我推荐你阅读Paradigm（范式）公司编写的一份白皮书。[1]

扩大招聘团队

在初创公司的生命周期中，招聘人员的作用会发生巨大的变化。

在小型初创公司（比方说，只有3~10个人）中，专设招聘人员往往不如依靠创始人或员工的关系，或者使用领英等工具。与此相对，在我供职于推特期间，公司在两年半的时间里从90人左右扩大到了1500人左右。随着公司发展到百人、千人的规模，你就要引入招聘专员、猎头、校招经理等人员了，可以是内部员工，也可以利用预付费的外部招聘机构来搜寻高管。

---

[1] 参见eladgil.com上的链接。（https://paradigmiq.app.box.com/s/bpk3v4umfbj8dkakepwvqpqt79y87tyt）

创业初期:团队兼职做招聘

在早期阶段,最好的招聘方式就是发动团队人员介绍自己认识的人。同理,许多创始人和早期员工在初期(比如从3人扩大到15人)有30%~50%的时间都用来拉人。没有捷径,你需要一点一点考察过许多人(通过别人介绍、领英、朋友引荐等等),才能找到几个愿意加入团队的人。

我知道一些初创公司成功雇到了身兼办公室经理、社交媒体经理、招聘协调员等数职的人。这个人通常会花大量时间安排跟推荐来的候选人见面,以及通过电子邮件和领英主动联系被动候选人。一旦候选人表现出有兴趣,他就把候选人推给创始人或招聘负责人。

扩张起步:内部招聘专员

只要公司达到了一定规模且扩张速度足够快(每年增加15~20人或以上),雇用内部招聘专员就很有意义了。招聘专员在初期要扮演多个角色,而在大公司,这些角色会被分开,包括:

- 发掘人才。
- 执行招聘流程(安排时间,整理反馈,与招聘负责人协调,等等)。
- 有时还要发要约邀请(不过,我认为招聘负责人或创始人通常可以自己做这事)。

根据招聘专员的能力(以及公司对候选人的号召力,这一点也很重要),招聘专员每个月能够招来1~4名工程师。这会随着公司规模的扩大与职责的分化(见下文)而变化。

这意味着如果你每年招进的工程师不足15人,那么让一个人兼职或兼管招聘事务,通过介绍来实现自然增长,或者找外部招聘机构,可能会更

> 招聘负责人和参与招聘的其他高管的重要性如何强调都不为过。
>
> ——埃拉德·吉尔

适合你。

对于非开发岗位（例如销售），一名招聘专员每个月能招来的人可能会更多。部分原因是销售招聘本身就很依赖介绍，另一部分原因是销售、营销、商务拓展人员能去的高增长公司比较少。相比而言，每一家初创公司都在努力招工程师和设计师。

影响招聘专员工作成效的因素包括：

- 公司对候选人的号召力。
- 招聘负责人和参与招聘的高管团队的能力。如果他们积极投入的话，那么招聘会进行得更顺畅，发掘和圈定候选人也会更顺利。
- 公司员工的人脉广度。

不论你的招聘团队有多厉害，招聘负责人和参与招聘（通过非正式交流、发出要约邀请、共进午餐等方式）的其他高管的重要性如何强调都不为过。候选人总是希望能与公司里的大人物见面的（脸书的马克·扎克伯格以陪中层候选人"散步"而闻名）。

高增长阶段：招聘团队细化

当公司在飞速扩张时，招聘团队中的各个角色会开始分化，你也需要开始推动招聘团队的专业化了。

1. 发掘专员。发掘专员要做调研，要给陌生人打电话、发邮件，或者用其他方式建立与被动候选人的接触渠道。在某些情况下，他们接下来会把候选人推给招聘专员，由后者统筹安排面试。有些发掘专员会安排一次线下面试来做布置，但很少越过这条界限。

2. 招聘专员。招聘专员负责候选人的统筹安排，他们会安排各种面试（电话筛选、线下面试、主管面试等等），然后与团队或招聘负责人共同确定要不要发要约邀请。有些公司是招聘专员发要约邀请，有些是招聘负责人发。

你的最初的几名内部招聘专员也应该有发掘人才的经验，好处如下：

- 对于发掘和招聘专业开发岗位人员，这种招聘专员可能会更有效。
- 在团队内能少经几趟手（比如发掘专员、招聘专员、招聘负责人等等），这意味着与候选人的摩擦会小一些，可能出岔子的人也会少一些。

当你要招聘大量特定类型的人员时，将发掘专员和招聘专员分开的效果是最好的。比方说，如果你需要招50名后端工程师、30名前端工程师和20名项目经理，那么分开招聘职责会有很大的意义。

3. 候选人研究员。这些人会把领英上所有谷歌的工程师都刷一遍，排好优先级，放到一个电子表格里，然后交给发掘专员，由后者去实际联系/游说候选人参加面试。

通常只有团队规模要从百人跃进到千人，而且你要招许多同一岗位的人员时，你才会把候选人研究员真正纳入团队。

4. 招聘宣传。这些人会制作营销材料、发布广告、组织招聘会和黑客马拉松、管理网站内容等等，目的是建立一条让候选人主动上门的管道。在初创公司中，这项工作通常是需要哪个岗位，就让哪个岗位的人去推动（例如，工程部主管负责工程部的候选人）。另一种方法是由初创公司的营销部负责，将这项工作纳入整体营销活动。只有当公司扩大到几百人甚至更多人时，才可能单独设岗统管招聘宣传工作。

5. 校招。考虑到应届生和实习生招聘的特殊时间点和节奏，有些公司会设专门统筹招募应届生的发掘专员和招聘专员。在你的初创公司还不大的时候，你可以不招专门的校招人员，而是派现有的招聘人员在校招季的几个月里转岗负责这一块工作。

高管招聘：预付费猎头

对于高管招聘，找预付费猎头可能会有不错的效果。尽管你可以继续从投资人和员工那里挖人，但专业猎头公司掌握的关系网专门就是为了补齐法务总监、CFO或其他不在创始人人脉范围内的岗位。

预付费猎头需要你先付给猎头一笔钱，也就是预付费，然后他帮你找候选人。一般来说，这种做法最适合招募高管，而不适合招募独立贡献者。一个原因是你的核心关系网里根本没有高管人选，另外高管也可能更愿意和大牌事务所的猎头谈，而不愿意和无名初创公司的人谈。

大牌猎头事务所有不少，你可以找天使投资人、风投人或顾问帮你搭线。[1]

---

[1] 感谢阿尔迪·达耶和克里斯·肖对本文的评论和反馈。

员工入职管理

许多公司都犯了一个错误,那就是花费几个月的时间建立招募顶尖人才的管道,之后却只花很少的时间做入职管理,确保人才发光发热。

下面是几个引导新员工入职的小点子,供办公室经理或人力主管参考。

发出欢迎函

给新员工发欢迎函,并抄送给所有会与新员工有紧密工作关系的团队。欢迎函会介绍新人、新人的职务、上司和当季目标,如果新人愿意的话,也可以分享自己的一件趣事。宗旨是确保新人有明确的角色和职责,并知会组织里的其他人。分享趣事能起到破冰的作用,让新员工和同事有一个谈话的契机。

新人礼包

拉一张单子,列出每名新员工第一天上班会收到的东西。礼包不应该仅仅包括笔记本电脑和电子邮箱地址等实用的内容,还可以有一本公司引以为榜样的经管书,一件T恤衫或连帽衫,如果新员工家里刚生了孩子,给一件连体衣也不错。此外,你还可以送一张手写(或签名)卡片,欢迎新员工来到公司。

伙伴制度

高增长公司常常有自己的一套行话、内部工具和各种独有的流程。

给新员工配一名"伙伴"——和新员工不在一条指挥链上，可以带他吃午饭、把他介绍给别人、回答任何他可能提出的"蠢"问题的人，最后一点很重要。伙伴关系通常会持续一到三个月。

主人翁精神

影响员工入职幸福度的较大阻碍往往是恶劣的上下级关系，以及对工作领域缺乏主人翁精神。为了拿到已完成工作的功劳，项目前负责人可能会不必要地恋栈盘桓。合理的做法是认可其工作，但尽快把他拿掉，好让新员工能放开手脚。如果窗口期较短（再过两周就发布产品了），你可以让原负责人发布产品或继续工作。如果时间比较长（两个月），你就应该让他办交接了。

设定目标

管理者可以给新员工设定30天、60天和90天的目标，赋予新员工方向感、整体感和层次感，还能突出重点任务和个人优先次序。

老人综合征和早期员工

高增长公司的一些较有价值的长期员工是早期就加入公司了。这些员工往往赢得了创始人和CEO的赞赏和信任，而且他们脑子里装着公司的文化氛围和长期使命，借此能够在高增长初创公司中创下不凡的功业。例子包括苏珊·沃西基（谷歌的第16名员工，最后当上了优兔的CEO）和克里斯·考克斯（2005年作为工程师加入脸书，现任脸书首席产品官）。

可惜，随着公司的扩张，也会有德不配位，赖着不走的老员工。他们可能是钱赚得太多，失去了饥饿感，也可能单纯是能力和思维跟不上公司的发展。有些人执迷于过去每天与CEO共进午餐，参与每项公司决策的时光。

与时俱进的早期员工

能够与时俱进，在公司内承担更大责任的早期员工都是无价之宝。他们能够传达创始人/CEO的精神（并因此迅速得到团队的认可），拥有高管团队和平级员工的信任，理解内部流程和术语，而且对公司的运营程序和文化有深刻的认识。"老人"身份让他们可以挑战惯例（或者介绍惯例的背景），从而重塑或革除陈规旧俗。

尽管许多早期员工可能没有深厚的职能水平或行业知识，但凭借CEO的信任，他们可以聘用、管理和请教经验更丰富的行业高管。虚心的早期员工会意识到自己能够从新鲜血液身上学到东西，他们会随着公司成长，公司也会成为他们学习新知和发挥影响的平台。有些早期员工会坚持在一家异军突起的公司干几十年，他们的个人成长历程正反映了公司的发展曲线。这些员工会如饥似渴地向其他员工学习，他们明白公司、自身的角色、公司的文化必然会不断变化，他们面对变化的心态是开放的。

有前途的老员工最终都会接受一点：随着团队的扩大，他们在公司的作用和影响力在短期到中期会减弱，但随着自己不断地学习和公司的继续扩大，他们的作用和影响力会逐渐增长。

应该放手的老人

相对与时俱进的早期员工，也有一批老人大概应该调岗、主动退出或者被迫离职。公司常常会面临一种诱惑，那就是不断给早期员工机会，或

> 虚心的早期员工会意识到自己能够从新鲜血液身上学到东西，他们会随着公司成长，公司也会成为他们学习新知和发挥影响的平台。
>
> ——埃拉德·吉尔

者把他们转到"不那么重要"的闲职上。这通常暗示着员工与公司存在错配。对员工来说，离开公司往往是更快乐的选择，但出于对创始人或公司的忠诚，他感觉有必要留下来。

应对不能与时俱进的早期员工时，你可以采取以下步骤：

1. 发现问题，确定是否能解决。潜在的问题可能包括：

- **不能跟随公司前进的脚步**。有些早期员工会抗拒公司在文化、组织、产品或其他方面的变化。他们可能会抗拒招募销售团队、员工专业化，或者某种越来越失去意义的产品或战略的日薄西山。

- **要求获得无法承担的岗位**。早期员工往往是所属职能部门的首位或唯一成员。你的第一位营销职员未必适合长期做营销副总裁，你的第一位工程师也未必适合当CTO。他们可能欠缺某些岗位所需的技能、经验或成熟度。鉴于他们的资历，他们可能还是会索要超出其能力范围的岗位。创始人CEO往往会容忍不能与时俱进，但与创始人有老交情，深得其信任的糟糕职员或团队带头人。

- **感觉受到冷落。** 当公司只有12个人时，早期员工每天与创始人一起吃午饭，而且有机会在所有公司的重大决策上发表看法。随着公司的扩大，大部分早期员工的话语权和影响力都不如以前了。有些人可能会开始闹腾，阻挠新项目，或者拉来尚有来往的创始人，不恰当地让他给自己撑腰。

- **滥用权力。** 有些早期员工或创始人可能头衔很高，但那是历史遗留产物，其实际影响力很小。一个人在公司只有10个人时是CTO，当公司发展到1000人时，他可能还是CTO，尽管他已经不再管事，也没有实际职责了。联合创始人更是这样，不管实际管不管事，他们在公司里仍然有着巨大的影响力。有些联合创始人或者顶着高头衔的人可能会游说或鼓动公司的一部分人去做他们想做的事，即使他们不应该这样做。其他员工往往并未意识到这位联合创始人或"大佬"的做法与其他高管并不合拍。

- **暴富。** 通过转卖股份和要约收购，部分变现是有可能的。有些员工可能兑出来几千万美元的现金，心思转移到了旅游、买房、买车和其他事情上。

2. 把感情放在一边，想清楚这是否构成麻烦。 作为创始人CEO，你会因为老员工早期的功劳和忠心而觉得亏欠他们。众人可能会来找你告一个人的状，而你要么置之不理，要么拖延搪塞。这会造成一种对所有人——包括早期员工——都不好的环境。最好认清局势，然后快速果断地行动。

3. 迎头解决问题。 第一步，你应该找早期员工谈一谈。有时问题是可以解决的，坦诚的对话能够扭转局面。如果早期员工目前的岗位与能力存在根本性的错配，那么最好将其转移到合适的位置上。这可能会导致员工的降职和离职。把话说开，解释你为什么要做出这样的变动，聊一聊他们对此是否满意，日子好不好过，这都是可以的。作为早期员工，对方可能在公司里有一大笔股份，应该配合你实现股权价值的最大化。CEO往往会给早期员工安排一个他们干不成坏事的岗位，而不是一个他们能干成好事的岗位。如果你发现自己有这样的想法，那么在99%的情况下，正确的答案是与早期员工分道扬镳。你可以让他们体面地离开，他们可能也会松一口气，可以自由地做点新的事情了。

CEO成长中的疼痛
——萨姆·奥尔特曼访谈录

萨姆·奥尔特曼是Y Combinator（Y组合器）公司的经营者。他曾联合创办Loopt（卢普特）公司并担任CEO，Loopt于2005年获得Y Combinator注资，2012年被Green Dot（绿点）公司收购。他曾任Green Dot的CTO，现为其董事会成员。萨姆还创办了Hydrazine Capital（联氨资本）公司。在斯坦福大学攻读计算机专业期间，他曾在该校的人工智能实验室工作。

过去10年间，风投行业最大的新气象或许就是Y Combinator及其引发的早期革命。2005年以来，YC投资了1000多家初创公司，包括爱彼迎、Dropbox（多宝箱）、Gusto、Instacart、Reddit（红迪）、Stripe、Zenefits（泽尼菲特斯）等。

自从萨姆·奥尔特曼于2004年接任YC总裁以来，YC发起了一个针对增长阶段的基金，扩大了YC投资的公司类型，并设立了一个非营利研究实验室。与此同时，凭借创办Loopt（2005年获得YC注资，后被Green Dot收购）并担任其CEO的经验，以及作为投资人与多家高增长初创公司共事的经历，萨姆做过硅谷众多聪明的高增长CEO的导师和教练。

萨姆与我探讨了一个他深入思考过的领域：CEO的角色，以及高增长初创公司的领导者经常遇到的各种阻碍。

埃拉德·吉尔：你提到，CEO如何保持专注——怎样区分看似重要，其实不重要的事情，以及看似不重要，其实重要的事情——是你最近关注的头等大事。你认为CEO的角色是什么，你又注意到了哪些常见的错误？

萨姆·奥尔特曼：CEO的角色基本就是明辨和决断公司应该做什么，然后确保公司去做了。许多CEO试图把这个角色外包出去。他们有时想招一个产品副总裁或者COO，然后把所有事都交给那个人去做。但CEO必须把握公司的总体方向。还有几件事是只有CEO能做，或者CEO至少必须深度参与的，比如招聘、向新员工宣传公司理念、维护大客户、寻找投资人等等。而且，在有些事务上，别人只想跟CEO谈。融资就是一个很好的例子。

但是，放之四海而皆准的CEO岗位描述只有一条：确保公司成功。决定公司要做什么，然后确保做成，这就是CEO最关键的职责。

埃拉德：打开来看，这句话包含很多我们经常听到的部分：确保不把钱花光，确保资源分配得当，确保大家走在正确的方向上。

你必须真的学会说"不"。

——萨姆·奥尔特曼

萨姆：难的地方是，大部分人只想干前一半，也就是搞清楚公司应该做什么。而在实践中，如果用时间来衡量的话，这一半只占5%，95%是确保事情做成。许多CEO烦的是，确保把事情做成是一项重复性特别强的工作。你要与员工、媒体、客户翻来覆去地谈同样的东西。你必须不厌其烦地说，"我们正在做某某事，原因是某某，我们在这样这样做"。这个部分——沟通和宣传公司的目标与愿景——占了CEO时间的大头。

埃拉德：随着公司的扩大，我见过一些CEO背了许多日常工作。公司越大，在程序上花的时间就越多：制定销售薪资方案和薪酬结构，参与客户服务和特例处理的某些事务，如此等等。许多CEO开始跟不上宏观局势了，不知道公司该往何处去。为了让CEO避开整日忙于战术层面的事务，忘记了要退后一步的陷阱，你有哪些关键思路？

萨姆：每个人都想听这样的回答："战术性的东西，你一点都不应该做。"但实际上，许多战术层面的事情至关重要。难点——大部分第一次当CEO的人都要过一阵子才能明白——是分辨。哪些战术性事务看起来是浪费时间，其实是要紧事；哪些看起来重要，其实是浪费时间?

比方说,我认为制定薪酬结构确实重要,CEO应该投入时间去做。大部分CEO都没有去做。你在制定公司的衡量指标和销售人员的薪酬依据。有些方面在直觉上看起来不重要,而我认为确实很重要,这就是其中之一。

高效的诀窍就是,你必须真的学会说"不",说不干就不干。许多事情紧急,但不重要。当好CEO的难点在于,你必须愿意放任不管某些事。你没有足够的时间把每一件事都干好。在现实中,这意味着有些急事你不要去管。习惯这一点要花很长时间,很难。

埃拉德:能否举几个例子,你认为哪些事常常是急事,但未必需要你投入时间,如果你正处于疯狂扩张期,只求其他方面不出岔子的话?

萨姆:我刚刚见过一个疯狂的例子。那是YC投资的公司的一位创始人,公司情况不太好。我跟他谈公司发展怎么不顺利,他说自己犯的错误之一就是他有74个投资人。但他其实挺自豪的,因为他回应了74个投资人中的每一个人提出的年度审计要求。投资人告诉他,立即回应的CEO只有那么几个,他算一个。他真的以此为荣。然后我说:"你看,这是疯子才干的事。你的公司危险了。你做成了一件无关紧要的小事,但同时你的公司办得并不好,你还觉得怪不错的。不管他们怎么跟你讲,比起回应每年的审计要求,高回报都会让你的所有投资人高兴得多。"他当时有点明白了。但是,别人告诉他这件事真的重要,他一定要做。他做了,他就感觉良好,尽管其他重要的事情全都没有做,比如,你知道的,获取用户,赚取收入。

获取用户和赚取收入的难处是,那意味着你要把时间用来开发产品,与用户交流，而且隐含着你不应该去做其他事的意思。当然，这话也不全对，因为有些事——我们刚刚就提到过，比如员工薪酬结构——确实也重要。但也有各种看似重要，但你不能去做的事，比如回应投资者的审计要求。

埃拉德：听起来你好像已经回答了问题，但我要再问一遍：在公司扩张期，你认为CEO应该对哪些事保持关注？

萨姆：CEO与产品脱离通常是坏事，而处在扩张期的公司或多或少会有这样的情况。许多CEO说："我要把全部时间都用来思考战略。我实在厌倦管人了。"因为管人是苦差事。于是，许多CEO尝试采取这样的结构：招一名COO（这是个好主意），然后再也不参加高管团队的会议了（这是个很坏的主意）。

埃拉德：你提到了与产品脱离。你认为这与创始团队有多大关系？你觉得由更大的领导团队，而不是CEO一个人来全权推动公司发展，或者负主要责任会怎么样？

萨姆：团队里有多名强势创始人各管一摊，这种例子有很多。我确实认为那样行得通。重点是要知道谁在做什么，而且要明晰。但我认为，多人分担职责的做法确实行得通。

埃拉德：你认为在经济衰退期，或者只是公司状况不佳的时候，CEO的角色以及CEO应该关注的地方会有什么变化？

萨姆：总体来说，另一件CEO不应该忽视的事情是：他们是在做生意。到了某个点，他们必须有回报和盈利。人们总是说CEO的职责是不要把钱花光，他们通常指的是融资。但还有另一个方法，赢利。因此，我认为如果公司状况不佳或者大环境确实恶劣，那么赢利对CEO的紧迫程度就会大大提高——他们真的应该全天关注这件事。当然，他们在任何时候都不应该忽视公司的财务状况和现金流。

> **埃拉德：在董事会管理和沟通方面，CEO最重要的角色是什么？**

萨姆： 我认为最重要的一点是，董事会讨厌意外。董事会讨厌一种感觉：你在试图隐藏坏消息。为保险起见，你宁肯与董事会过度沟通。如果你有坏消息的话，那么你一定要在董事会会议之前告诉他们。

作为一条普遍的运营原则，我也不认为这样的做法很管用——大部分情况下不管用，偶尔也有管用的时候：走进董事会会议就说，"大家好，这个想法真的让我很纠结。我们该怎么办？"不仅是因为董事们会不高兴（一般都不会高兴，他们想要自信的领导者），还因为在董事会会议上，风投人往往会努力给彼此留下好印象，他们有各种诡异的互动关系。当你确实需要开放的头脑风暴时，提前单独谈话其实会好得多。你可能会得到更好的结果。

> **埃拉德：你还见过哪些经常让CEO分心的事情？比如，我注意到许多创始人将媒体报道等同于成功。于是你看到这些CEO追着媒体屁股跑，而许多情况下，那并不是他们应该做的最重要的事情。除非是推特这种很早就以媒体为客户获取机制的产品。**

萨姆： 是的，我认为那几乎总是一个巨大的错误。推特是一个疯狂的例子，就我所知，推特最优质的用户仍然是记者。如果你的客户就是媒体，那没问题，去找媒体吧。但大多数时候，媒体报道带给你的是虚荣，而非实利。例外也是有的，我有点说大了。如果你做的事有意思，那么联系媒体通常也容易。但我认为大多数创始人——事实上，我可以肯定地说，几乎所有创始人——都高估了媒体的重要性。所以，你应该去找媒体。报道当然有好处，这显然是有价值的。但你会发现，犯了全公司围着媒体转这个错误的初创公司，要远远多于犯了对媒体关注不够这个小得多的错误的公司。

埃拉德：活动发言也是这样。大家最后好像都是四处发言，顺便旅游去了，而不是坐在办公室里专心经营，或者与客户见面。

萨姆：是啊，许多创始人染上了发言癖。发言没什么难度，你去旅游，公司掏钱。你还会觉得自己了不起。我一直讲，少发言很重要，少就是多。看看最成功的创始人，他们不会四处赶场。

埃拉德：你认为公司扩张期的最大挑战是什么？CEO的角色要做哪些相应的调整？

萨姆：我认为，在他们没能做出的变化中，最大的一点是：到了某个点，你的主要职责就不是自己干活，而是雇人并与他们共同把你想做的事做成。在扩张期，CEO最大的失败就是没有做到这项转变。你自己要有意识，你要明白到了某个点，与其所有事都自己干，倒不如雇人并与其密切合作，更能大大提升你的时间效率。对许多CEO来说，这是一个艰难的转变。

埃拉德：CEO要如何走好这段路，或者说你有哪些实用建议？

萨姆：没有人第一次就能做好。没有人天生擅长对自己特别关心的事物释怀。所以，我认为你必须允许自己在一段时间内做不好。你可以将放权和授权是很重要的这个想法内化，但头几次你不会做好。继续尝试，努力完善就好。

埃拉德：相关的是，我认为CEO经常忘记同样的事情也发生在早期加入的团队成员身上，他们可能刚毕业就加入团队了，现在是第一次当管理者。他们也需要学习这项技能。而且如你所见，公司扩大到一定程度，有的团队成员在效率上就不行了。这时公司就成了瘸腿公司，直到CEO想清楚要如何培训那个人，或者如何引入更有经验的人。

萨姆：没错，这确实是初创公司犯的一个系统性错误——在老员工提升方面，做得好的公司凤毛麟角。显然，我认为这件事确实重要。他们都跟了你很长时间，而且很可能特别有才华——事业成功的人往往有一批非常优秀的早期员工。一是我认为对员工来说，这是正确的做法；二是我认为他们对公司的认识是其他任何人都不具备的。努力留住他们确实是值得的。

埃拉德：但是，当这些早期员工没有达到你希望的高度时，你要怎么办？你会给他们一个独立贡献者的岗位吗？你会给他们一个偏影响者的角色，但不直接管人的岗位吗，比如CTO？你会让他们去接受培训吗？

萨姆：我认为没有普适性的答案。我只是跟别人讲，对早期员工投入比你通常对其他员工更多的精力，把问题想清楚，确实是值得的。

埃拉德：你对试图扩大经营，但忙得没有时间好好招募所需人员的CEO有什么建议？他们真的只能后退一大步，留着某些事不做吗？

萨姆：我是逐渐确信这一点的。这条建议不好开口讲，也不顺耳，但我不知道还有什么别的可行方法。

到了这种失控点，我认为大多数CEO都会去找一名正式或非正式的

人们总是说CEO的职责是不要把钱花光，他们通常指的是融资。但还有另一个方法，赢利。

——萨姆·奥尔特曼

导师，通常是董事会成员。我的导师就是公司董事，我们每个月一起吃一顿晚餐。我会找他聊，他对自己的时间一点也不吝啬。他是一名非常成功的前CEO。我基本就是说，"情况失去控制了，再这样可不妙。你能教我怎么当CEO吗？"他就教了。我觉得大多数创始人都会找人进行类似的互动。

埃拉德：我认为许多人还应该主动找导师，或者去接触经验丰富且愿意投入时间的人。你的态度一定要非常积极，想清楚你从导师身上想获得什么。

萨姆：一个难点是，随着投资行业格局的变化，真正愿意在一家公司砸时间的投资人越来越少。从这一点来看，是很不利的。

埃拉德： 我们在Color Genomics的应对办法是寻找手头天使投资项目不多，但从头创办过公司的人。外面这种人其实挺多的，但大家传统上不会找他们当投资人。大家全都盯着硅谷这一个池塘。

萨姆： 没错，我认为这个做法特别好，真的好。不到情况失控时，创始人就意识不到那有多重要。于是，他们都去找大牌投资人，或者要价最高的投资人。过了一两年，公司到处都在着火，他们才悔不当初。

为使表述清晰，访谈录对原文进行了编辑和提炼。

第四章

打造高管团队

高增长手册

High
Growth
Handbook

招聘高管

新手创始人或CEO通常会觉得首次招募高管进入团队是一件难事。作为创始人——往往并没有深厚的工作经验——你完成了不可思议的任务，创造了一款许多人想要使用或付费的产品或服务。没有来自谷歌或脸书、拿着高工资、依赖流程的大主管，你也做到了。

但到了某个点，你会注意到很多问题开始出现了。公司内部沟通不畅。各产品团队开始步调不一致。你没有时间做到今日事今日毕，而且你确实越来越没有思考的时间了。招聘流程一团糟，你要花几周时间跟进候选人。销售管线基本是靠你自己和几个没有经验的独立贡献者开拓——进展一下子就停了。你可以试着提拔现有员工（他们之前也没有经验）负责各个方面，但大多数情况下会失败或者起不到实效。

突然，你意识到团队真的需要更有经验的人了。

对创始人来说，第一次招聘高管会比较麻烦。但是，一旦你聘到了第一位干得不错的老练高管，你就会感恩有他。各种事情就那么干成了，像魔法一样。人招进来了，交易敲定了，流程紧凑了。这有可能是奇迹般的体验。你会骂自己怎么不早一点招一名有经验、有能力的高管。

可惜，情况也有可能变糟。高管与企业文化不契合，或者浅池装不下大鱼，高管来了无事可干。错配造成了时间浪费和进展不利。更糟糕的是，一些优秀的团队被不适合的上司管着，于是决定出走。

为公司找到优秀高管是一次挑战，但那是值得的。你可以采取下列步骤来增加成功的机会。

打好12~18个月的提前量

如果说你现在有10个工程师，未来12个月会扩充到30人，那么你用不着从Salesforce公司聘一个能管1500人的资深副总裁。活太少，他会感到厌倦的，也有可能只是空转。他太资深了。

聘请高管时，要找经验和背景适合未来12~18个月发展的人。提前量打少了，公司扩张——相对招聘高管耗费的时间——就会受到限制。提前量打多了，聘用的人层次太高，同样是岗位错配。

高管的必备特质

不论是什么职位，高管都应该具备以下关键技能和特质：

1. 职能领域专业能力
- 他是否了解其负责职能中的主要议题和常见问题？
- 供职机构中的人是否尊重他的意见，感觉能从他身上学到东西？
- 是否与公司目前的规模和未来轨迹匹配？他有可能落后于公司所处的阶段，也有可能过于超前。比方说，你的公司只有10个人，尚未产生营收，那么你真的需要聘Alphabet（字母表）公司的CFO露丝·波拉特来管财务吗？

2. 组建和管理职能团队的能力

- 能否聘来杰出人才？能否在自己的团队内建立一种用人文化？
- 是否知道如何激励本部门的员工？适合销售人员与适合产品经理的激励可不一样。
- 能否有效管理本部门的员工？举个例子，管理设计团队与管理客服团队的方法就不一样。
- 能否按照需要在部门内建立分层架构？他过去管理过最多有多少个层级的部门，是否匹配你目前的需求（再说一遍，要打好12~18个月的提前量）？

3. 协作能力

- 能否与平级高管顺畅合作？
- 能否在整个公司和本部门营造出高效协作、相互支持的环境？
- 行事时是否为公司利益着想，哪怕与自身利益相违背？
- 与公司文化是否匹配？每种文化都是独特的，有的高管适应，有的不适应，这一点与所有员工是一样的。

4. 沟通能力

- 是否擅长全公司层面的沟通？
- 能否在团队调整、人员晋升、部门路线图和目标等方面获得其他高管以及CEO（或创始人）的一贯认可？（高管如何与创始人沟通是一门独特的学问，这要看创始人的内向或固执程度了。）
- 能否理解本团队中隐藏的问题并进行沟通？是否具备与董事会、外部合伙人或客户以及其他重要利益相关方沟通的能力？
- 是否具备"跨部门同理心"，以便与工作关系密切的其他职能部门进行顺利的合作与沟通？①

5. 主人翁精神

- 对本部门是否有责任心，确保部门运转高效且流畅？
- 是否具有对问题负责的态度和解决问题的能力？能否对本部门进行"黑箱"抽象，让CEO既能把握部门情况，又无须深入其日常事务？
- 是否明白高管身份意味着要有主人翁思维？②

6. 灵活思维与战略思维

- 能否从战略全局的高度思考本部门的问题？很多人没有意识到，几乎所有职能部门的行为都可能具有战略意义。CEO有一个不错的锻炼方式，那就是问问自己："一个具有战略意义的X部门是什么样子？"（X可以是人力资源、运营、产品等等。）
- 是否会思考如何让本部门成为公司的竞争优势？大多数公司只擅长做一两件事，这往往就足以取得成功了。但是，不只能做好一件事的公司往往能出乎其类（比方说，苹果的硬件设计、供应链和营销都很强）。③
- 是否具有第一性原理思维？能否将专业知识应用到公司、团队和产品的语境中？还是只会照搬自己在前一个岗位上的做法？

界定角色并约见业界精英

大多数时候，创始人并不清楚要招的职能部门负责人应该具备什么特

---

① 感谢马克·威廉森对"跨部门同理心"这一点的贡献。
② 理想状态下，全体员工都应该有主人翁思维。但高管是为整个部门设定基调的人，尤其要有主人翁思维。
③ 原文在eladgil.com上。（http://blog.eladgil.com/2014/02/6-traits-for-hiring-executives.html）感谢阿里·罗格哈尼对本章内容的早期反馈。

> 一旦你聘到了第一位干得不错的老练高管,你就会感恩有他。各种事情就那么干成了,像魔法一样。人招进来了,交易敲定了,流程紧凑了。这有可能是奇迹般的体验。
>
> ——埃拉德·吉尔

质。CFO、法务总监乃至销售副总裁每天到底在做什么?如何发现各个岗位的杰出人才?不同类型的副总裁应该有哪些不同的特质?比方说,工程开发副总裁与销售副总裁甚或CFO有什么不同?

  如果你想要了解优秀的CFO或工程开发副总裁都做些什么,最好的办法就是联系业界精英并向其寻求建议。投资人或导师或许能为你推荐拥有各职能部门最优秀人才的公司。比方说你要招一名CFO,那么你可以去联系发展阶段比你领先几年的公司,或者谷歌和Netflix这样的以财务能力闻名的大型上市公司，从中找三四名CFO见见面。这些公司把CFO招来要做什么？看重哪些特质？审查一名候选人时，他们会用什么面试问题、工作项目、考察手段、背景调查问题，或是其他什么方式？针对公司规模和未来18个月的发展路线图，你应该在候选人身上寻找什么呢？

要想联系上财务、销售、开发等部门的优秀负责人，你可以请投资人或顾问介绍，也可以找比你多干了几年的创始人，请他们让自己的CFO或产品副总裁给你提点建议，或许还能给你推荐候选人。

想清楚岗位要求后要写下来，然后分享给面试组成员，所有成员都应该对加分项和减分项形成共识。这也可以是一次重新审视候选人必备文化特质的机会。讲清楚你要招的是什么样的人，这在收集团队反馈和讨论人选时会有很大的意义，还能避免因为目标不统一而招来不合适的人（或者将优秀的候选人拒之门外）。

认识到自己会失败一两次

有些公司以整个撤换掉第一个（甚至第二个）高管团队而闻名。例如，脸书很早就开除了第一个高管团队，接着又经历了几轮高管大换血，直到谢丽尔·桑德伯格等人上台。

尽管你应该设定好聘用流程以确保高成功率，但你也需要意识到自己会犯错误。犯错误没什么，只要你吸取教训，迭代改进流程。我见过太多创始人在招聘时因为害怕出错而耽误时间。作为创始人，你需要允许自己在招人时犯错误，只要你有尽快改正的意愿。当然，你犯的错误不能太多，但偶尔出错是可以纠正的，说实话也是可以预见的。

如何招聘、管理和开除高管
——基思·拉博伊斯访谈录（上）

基思·拉博伊斯是Khosla Ventures（科斯拉风险投资）公司的投资合伙人。自2000年以来，他在五家初创公司从初期阶段发展到IPO的过程中发挥了关键作用，同时担任贝宝、领英和Square的高管以及Yelp（耶尔普）和Xoom（祖姆）的董事会成员。

在Khosla Ventures，拉博伊斯担纲了对DoorDash（多尔达什）、Stripe、Thoughtspot（思想点）、Affirm（阿弗姆）、Even Financial（平均金融）和Piazza（皮亚扎）等众多初创公司的投资。做风投之余，他同时参与创办了房地产初创公司Opendoor。

我与基思·拉博伊斯探讨了如何推动高增长公司进入下一个阶段的若干基本问题：何时（以及为何）进行IPO，如何发现星级高管，以及为何许多创始人需要削减自己直接负责的事务。

埃拉德·吉尔：我认为许多创始人招聘第一个CFO、第一个法务总监，甚至第一个工程开发副总裁时都很犯难。他们可能不熟悉这些领域，也没有相关人脉。我觉得招聘的头一件事就是要知道一个岗位或职能里的"好"是什么意思。对于一件从来没做过的事，创始人怎么知道什么是好呢？

基思·拉博伊斯：在自身工作经验以外的领域招人确实是一大挑战。一名优秀的设计师往往知道怎么招设计总监。一名优秀的工程师或许会知道怎么招工程开发副总裁。但是，他们可能连CFO是干什么的都不知道，更不用说什么是称职的CFO，什么是优秀的CFO，什么是杰出的CFO了。

我从爱彼迎的布莱恩·切斯基那里学到了一招：找到硅谷做某件事非常厉害的五个人，然后约他们喝一次咖啡，边喝边聊。聊着聊着，你就会区分A+和B+了，等你与新候选人——实际候选人——见面时，你就能根据之前见过的顶尖人才的情况来衡量他们了。因此，你应该把董事、投资人以及你所有的关系都用起来，让他们把你引见给五个厉害的人，然后投入时间去做。

> 你永远应该问的一个问题是:"如果这个人来了我们公司,你也来吗?"
>
> ——基思·拉博伊斯

其次,如果你有优秀的投资人或董事的话,他们肯定会有招聘高管的经验。你要把他们拉来当面试官,赶早不赶晚,这会对你有很大帮助。

但这是有挑战性的。你或许能找到一个朋友、同事或者与你情况相似的创始人,他与你有着不同的成长背景,你能够信任他,请他帮你做面试。我不是搞技术出身,当年离开贝宝自己创业时,最大的挑战就是聘请工程副总裁。于是,入围名单敲定后,我就去找马克斯·列夫琴面试一两名入围者并给我反馈,他在技术这方面特别强。显然,我不能占用马克斯的全部时间,也不能一直让他当面试官。但是,当我把选择范围缩小到了一两个人,而且那个职位确实重要的时候,我会请他给我一些反馈。

埃拉德:除了靠董事和风投人以外,还有什么发掘高管的途径?你会找猎头吗?

基思：我会的。找猎头对招募资深高管很有好处，我指的是首席某某官或者副总以上的人。猎头确实懂发现候选人的门道。他们不懂怎么找部门总监或者中低级经理人。但如果你的目标确实是寻找高端人才，那么我觉得猎头很有用处，原因有两个：第一，他们有人脉。他们知道市场里有哪些人，都有谁在四处寻找新的机会。他们也了解声誉好坏。他们大概提前就对这些人做过背景调查，省得你自己做了。

第二，他们会设置一套流程。单单是每周开会这条纪律就能加快搜寻过程。所以，我觉得这是个很好的主意。要招资深高管，我会极力推荐你去找猎头。从大局来看，这笔钱不贵。你大概要花10万美元，如果能招到厉害的CFO或工程副总裁，那是完全值得的。

很多风投公司——你可能与他们有合作——内部也有负责高管招聘和人才发掘的合伙人，他们本身就是，或者曾经是顶级高管猎头。于是，你可以免费利用他们。比方说，有公司在考虑转型，我们就去找公司的资深高管见面，了解他们的标准和能力，然后试着重新包装一下，把他们安排到我们投资的公司里。这种办法又快又不花钱，以此为起步是不错的。

另外，现在也可以利用推特这样的社交媒体。你知道的，要是你的公司确实干得不错，那就发个CFO招募帖吧。你永远不知道会有哪些你连联系都不敢联系的人回复你，我就见过我们投资的几家公司在推特上发了"机会难得，诚聘××"的帖子，结果相当成功。发挥创造力的空间也特别大。不过，我觉得最基本的猎头就能行。

对了，找猎头也有一些值得强调的劣势。猎头要的是敲定人选，你招到人了，他们才拿钱。所以，他们想要你招到人。如果猎头的素质不过硬的话，他们可能会偏向于容易敲定的人选。典型的激励一致性问题。他们会去找容易拿下的候选人，而不是你梦想的候选人。作为CEO，你的职责是招到你梦想的候选人，这有时可能要耗费一年的时间。因此，这里还是有一点激励不一致的问题值得你关注。

不管你用什么方法发掘候选人，挑选任何高管都有一条关键标准：能够吸引人才，成为人才磁石。因此，当你做背景调查时，你真的要了解候选人有没有一个人才库，而且这些人才愿意加入公司。他们能不能立即带领全公司的人员上一个台阶，因为其他聪明人会真心愿意与这些才华横溢的人共事。

你通过背景调查就能得到答案。你应该对高管进行全面的背景调查，不能有死角。对于独立贡献者，有时会有不做彻底背景调查的理由。但对于高管，可以不做全面背景调查就招进来的理由是不存在的。

因此，当你与这个人的同事们交谈时，你永远应该问的一个问题是："如果这个人来了我们公司，你也来吗？"没错，他们可能会说"我已经退休了"或者"我现在是风投人"，有各种各样的理由。但根本上来说，你应该在他们的声音里听到"肯定来"的意思，至少是在一部分情况下，未必要所有时候都听到，但你应该听到。如果你听不到，那么这里面大概就有一些确实值得探究的情况了。

埃拉德：我经常跟创始人讲的一件事是，他们应该允许自己招聘高管时犯错误，因为我觉得恐惧真的会妨碍或阻止人们迎头实干。你认为一名高管干得好或者干得不好有什么迹象，你要多久才能看出来？

基思：就高管来说，通常30天就清楚了，60天肯定能知道。这确实要看公司的复杂程度。有些公司特别复杂，比方说Opendoor，就算是全世界最优秀的高管，也要花一点时间摸清各个部分的联系。但高管一般都特别机灵。凭借在职业生涯中养成的模式识别能力，他们可以迅速切入关键。如果你发现他们刚来就不顺利，那么这往往就是重大不利信号。

话虽如此，但身为CEO或创始人，你的职责就是帮助他们干好。我觉得你的一部分角色就是亲自负起责任，尽自己的能力帮助新高管干好。有些创始人不这么做。他们只是假定，"我聘了这个人，这个人会立即上手，开始做事"。但我认为，拿出10%、15%、20%的时间来协助新高管实在是一项特别好的投资，红利是很丰厚的。

因为这是有成本的。如果你看错人了，那么换人肯定会带来一些疼痛和摩擦。话虽如此，但致命的情况很罕见。许多公司和许多创始人都在高管方面犯过错误，然后进行了换代。以马克·扎克伯格为例，他从2007年开始基本把整个管理层都换掉了。2007年的脸书已经是一家成功的公司和平台了，但2007年的高管现在真的一个都不在了。

所以，你显然可以一直寻求改进。你不需要一下子就找到神奇的答案。追求零缺点招聘有点像做零缺点决策：你很可能太保守了。我信奉一个观点，我们也是这么教大家的：发起行动或招聘高管时，有七成把握就去做。不足五成把握是鲁莽，但追求百分之百的把握，等待时间就太长了，你很可能会失去候选人。假阳性概率可能是低了，但假阴性的概率也会很糟糕。许多负责招聘的人根本不看假阴性的概率，也就是他们应该拿下，却没有拿下的人。

埃拉德：不合适的人有没有早期迹象呢？

基思： 有，一般是他们不觉得决策是自己的事。CEO和创始人也可以推动一下。有时授权给他们是需要直率地谈一次的。他们可能有点太紧张了，怕翻船。这是一个迹象，过于消极。

另一个是大家有问题不找他们，回头来找你。这可能代表着两种情况：一是高管做得不好；二是你改变了公司的政治格局，而这本来就不容易理顺。显然，如果你对领导层进行了大变动，那么会有人更喜欢在旧体制下工作。你可能还会看到有些人直接跑到你的办公桌前来告状。但明明应该由高管负责的问题，大家还是来找你解决，这往往也是高管不称职的信号。

最后，我做评定的方法是相当微妙的。你可以经常环顾办公室，尤其是开放的办公室，看一看都是谁去谁的办公桌前。做得好的人——不管是什么层级——往往随时都有人来找。因为这通常意味着他在帮别人的忙，因为大家相信这个人能帮上忙。如果经常有人来找这位高管，甚至他负责的部门以外的人也来找他，找他做事，跟他见面，那么这些都是积极的信号。

布莱恩·切斯基还教会了我一条——这是考虑何时更换高管的一种方法：真正优秀的高管应该超前6~12个月。他们已经在谋划未来6~12个月的重要事情，并开始行动了。称职的高管会拿捏时机，从今天看到未来1~3个月的形势。

因此，你可以开始这样来衡量高管了。他们有没有看到下一步需要做什么事？因为有些事不是一夜间就能改变的。比方说，你还需要50名工程师。你没办法明天就招来50名工程师。但是，优秀的工程副总裁或层级更高的人会意识到，根据公司战略，我们还需要50名工程师，等到需要时再招是来不及的。于是，他们会提前一年招聘。如此种种。

埃拉德：他们确实会想到前面。但硬币的另一面是超前了5年的高管。

基思： 没错，那样不行，所以我才认为超前6~12个月比较合适。超前1~3个月的人，你现在可以留着，但大概不是理想人选。超前6~12个月就非常好了。

情况看起来可能完美无缺。你真的必须确切地掌握事态。主管在部门的许多人眼里可能是完美无缺的，因为他们有问必答。一部分原因是他们设想到了6~12个月以后的情况。他们知道哪里会有漏洞，他们知道修补需要时间。于是，等部门开始浮现出问题时，他们可以说："好了，我们如此这般做就可以了。"

如果公司是软件，那么他们就是优秀的架构师。当规模化的各种问题出现时，他们已经准备好锦囊妙计了。他们已经想透彻了，"如果我们今天上奥普拉的节目，并发流量增加10倍，我们会做什么事？那我把这件事先做了吧。我要上内容分发网络（CDN），然后再做某某事，硬件就搭好了。服务器延时长，所以我必须做某某事"。这些事全都在他们的脑海深处。

经营公司也是同理。在未来3~12个月的最好或最坏预测情境下，各项事务的相关前置时间都是多长？于是，等到我需要某些工具时，它们已经在手边了，打个响指就能变出来。

埃拉德：你能容忍高管招聘中出现几次失误？每个岗位或者每年有一个定数吗？

基思： 我觉得大概是一次吧。你要招的高管就那么些。大多数公司大概会在短时间内增加1~3名高管。如果出现了多次失误，你的流程可能就有问题。一次是完全正常的，自然的。但如果轮番出错，我就会想："我哪里做错了呢？"

埃拉德：你说的"多次"指的是一段时间内吗？因为许多公司每隔12~18个月就必须升级一次团队，如果扩张速度非常快的话。有些高管能随着公司成长，但有些就会落后。

基思： 这样界定吧，18个月或两年内出现一次明显的失误。失误和落后是有区别的，我会分成两类。失误是，"天哪，我真是需要换人了，决策做得不对头"。这是那种你只想做一次的事。

至于公司的复杂度和团队规模上了一个新台阶，面临着不同以往的新问题，于是有人跟不上队，这就是另一码事了——未必是失误。假如你当初拥有和现在一样的信息，你可能还是会做出相同的决定。而失误呢，如果你当初有同样的信息，你就不会做出相同的决定。所以，你肯定希望将失误限制在一个以内，如果你做得到的话。

规模与升级是以公司增长率为自变量的函数。所以，公司增长得越快，变化率也会越高。高管的学习曲线可能会落在变化率曲线下面，这时你或许就不得不换人了。

埃拉德：比方说，现在你作为CEO已经建好了高管团队。公司从20人或50人发展到上百人的过程中，CEO管理团队的方式会发生巨大的转变。你认为CEO应该对团队有怎样的通盘考虑？谁应该向CEO负责，谁不应该向CEO负责？

基思： 好问题。我认为没有一个适用于所有公司的标准答案，这取决于公司的具体业务和所处"接缝"，"接缝"是我的一个叫法。

做得好的人——不管是什么层级——往往随时都有人来找。

——基思·拉博伊斯

从哪些类型的决策涉及取舍来看，你可不希望这些有取舍性质的决策要经常由CEO去做。你可不想每天甚至每周都必须裁决。每个月或者每个季度裁决一次部门之间的纠纷，这是可以的。但如果比这更频繁的话，你就需要让一个人统合各个部门了。这是我要看的一样东西。

另一样是技能。高管各有长处和短处。有时，就算你纸面上的组织架构图完美无缺，但就是有一名高管缺少某项技能，却擅长做其他的事情。因此，为了反映各人的长处，你可能要在组织设计中做出一些妥协。

比方说，我有一个做产品总监的朋友，他正好也很懂商务拓展和伙伴关系。这确实是很罕见的组合。所以，如果他是资深高管的话，我会让他去负责伙伴关系、与音乐工作室的复杂谈判之类的事情，尽管这不是标准的设计。他只是不同寻常地擅长这方面而已。所以，有时你可以这样做。

这需要给公司诊脉。公司面临的关键风险是什么？极重要的两三件事是什么？汇报给CEO的应该是第一、第二、第三大事。从根本上讲，决定公司成败存亡的事应该汇报给CEO。因为归根结底，CEO是要对所有事负责的。那么，在从目前状况发展到巨大成功之间，如果你已经对需要做的事情做了高低排序，那么有哪两三件事是关键？这两三个关键应该由你牢牢掌握。

埃拉德：你认为应该有几个人向CEO汇报？当然这要因地制宜，而且会随着技能水平等因素变化。我只是好奇，你觉得大体怎样合适？

基思： 出自高产出管理——你知道的，这是安迪·格鲁夫在1982年提出来的——的传统观点是最多7个人。或者5个人。5人或7人。原因是你每周能做的一对一沟通是有限的，每天大约只做一次，于是就得出了5个、7个之类的数字。我觉得如果能再少一点，3~5人，那就最好了。如果你非要4~7人，当然也可以。只要在这个范围内就可以。

埃拉德：就我现在看到的许多高管团队的情况来说，向CEO汇报工作的有十几个人。

基思： 疯了，那完全是疯了。话虽如此，但在你招人来统管各部门期间，你可能不得不应付这种情况一段时间。

比方说，我在Square有一阵子要接受11~13个人的汇报。你知道的，杰克很生气，董事会也很生气。我完全能意识到，这不是长久之计。但与其表面上裱糊到一起，我宁愿找一个人开始统管原本直接由我负责的一部分事情。最后我也找到了。但我发现，与其所托非人，让别人对某个不能创造价值的人汇报工作，我宁愿暂时自己做。但我也会紧锣密鼓地招人。

所以，我觉得你可以在一段时间内——几个月可以，几年就不行了——违反规则。但这时你的头等要务就变成了不要违反其他规则。

埃拉德：我觉得创始人在充实团队时最怕的就是跑人。他们觉得如果在上面加一个人，或者引入另外一个人，员工们就会离开。你认为缓解这个问题的最好办法是什么？你认为这是不是一个真问题，还是说人跑了也没关系？

基思：确实会有这种担忧，我觉得许多创始人拖着，这就是最大的原因。我过去学到，现在教给别人的标准是，除非你在上面加的人明显比底下的人水平高，否则就不要加。

如果直接向你汇报工作的人太多，一种做法是让某个人向公司里原有的另一个人汇报。问题是，除非他们有明显的差距，否则根本行不通。这样做不公平，而且会带来离职风险。但是，如果有明显的差距，水平明显不在一个档次上——既要考虑你的衡量标准，也要考虑其他人对两位高管的看法——那么我认为这可能是明智的做法，也不会有引入新高管所带来的器官移植问题。所以，这种办法不是不行，但水平上必须有显著的差距。哪怕有差距，但是差距有争议的空间，这就不是个好主意。

如果要从外面雇人，那么为了留住表现不错，而且你确实想留下的人，我认为通常的办法是聘请能让人学到东西的人。如果你做到了，那么许多有追求的人会留下来。如果他们看不到能从新高管身上学到什么，那么从心理健康和职业发展来看，更好的做法或许就是另寻去处，再次攀登陡峭的学习曲线。所以，确实是要看情况。但我不认为这是回避招聘的理由。

> 留住表现不错，而且你确实想留下的人的办法是聘请能让人学到东西的人。
>
> ——基思·拉博伊斯

归根结底，如果11~12位高管中有一位对你特别有价值，那么你可以做两件事。一件事是为他提供培训，试着教他加快成长的脚步，以便承担更大的职责。但这件事能不能做，要看公司的发展速度。另外，你要认识一批能帮忙的导师，而且不能同时送好几位高管去培训。所以，如果我手下有一个潜力广阔的财务副总裁，而且我确实想把他调教成CFO，那么这件事是有可能做成的，未必要在他头上安排一个CFO。但这会耗费很大精力。我不能同时调教产品总监、工程开发主管和财务副总裁。

埃拉德：CEO应该怎么开高管会议？

基思： 好问题。我认为到了某个点，每个CEO都会对此感到挫败。我学到的一个教训是，高管团队会议不一定只是为CEO开的。事实上，它往往对参会的高管更重要，更有价值。他们与其他高管坐到了一起，了解公司内同时在发生什么，以便做出更好的、更明智的决策。

高管会议对你未必有特别的启发，因为你与所有高管和职能部门都有一对一交流。会上提出来的内容你可能都知道，你大概也应该知道。但会议的建设性意义在于争辩、对话或信息的横向分享。

我认为许多CEO感到挫败的原因是，会议没有给他们带来额外的价值。但他们忘了，会议给在场的其他三个人、四个人或五个人带来了价值。如果你拿出自己的一两个小时就能让高管们做得更好的话，那完全是值得的。这是典型的一本万利。

埃拉德：你认为好的会议议程是什么样的？

基思：我认为议题应该限制在三个左右。会上会做信息分享，但接下来会讨论和辩论可行的议题。如果同时做太多场辩论的话，我觉得大家的注意力会减弱。

有些公司会拿出一整天做这件事，而且辩论得非常深入。我不确定这是一个好主意。这取决于你的公司需要有多密切的配合才能正常运转。我倾向于认为一到三个小时就绰绰有余了，尤其是在你部署了工具——指标、KPI（关键绩效指标）、仪表盘——的情况下，这样大家甚至在开会前就能了解公司的情况。

在这种情况下，我喜欢在前一天晚上把材料发下去。材料可以是分点式的，围绕3P——计划（plan）、进度（progress）和问题（problem）——展开，会前分发，好让大家先琢磨琢磨公司的近况。之后还可以讨论两个影响公司的议题，也可以是CEO确实不知道正确答案，于是希望集思广益的问题。

> **埃拉德**：我还注意到一件事。在公司的初期阶段，一场高管团队会议有许多议题。后来，这些议题就分散了。有一个单独的营收团队和指标会议，有一部分高管参加。还有一个关于公司进展的扩大会议，议题可能不同于高管会议中的一些战略议题。

基思：没错，你有时会将争议性的战略议题，或者未必有正确答案，而是一个取舍问题的议题分开讨论。这与运营状况回顾不同，后者是：目前的KPI怎么样？经营状况是否良好？发展速度怎么样？我们应该做哪些不同的事？有时是CEO先主持一场会议，然后由COO或同等级的领导再开一场会议。

为使表述清晰，访谈录对原文进行了编辑和提炼。

你需要COO吗

十年前，如果你是一家高增长公司的创始人，那么投资人很有可能希望引入一名"监护人"CEO来打理你的公司。近年来，随着谢丽尔·桑德伯格在脸书树立了成功的榜样，COO的行情看涨。现在，一家爆发性高增长公司更有可能请一名COO来协助创始人，而非请一名CEO来代替创始人。[1]

Box（博克斯）、脸书、Stripe、Square、推特和Yelp都在某个时点聘请了COO来辅弼创始人，而没有让一个"白头发的专业运营者"接

---

[1] 如果你的公司不是真正的爆发性公司，那么要招到一名与CEO同等水准的COO可能会有困难。也就是说，有一些优秀高管人才还是只愿意当CEO，而不接受其他任何岗位。

任CEO。[1]

为什么要COO

聘请COO不是在组织架构图里加一个头衔，而是要找到你所需的背景和经验。理想情况下，你要的是一个人来补足、运作和执行你作为创始人的愿景。许多技术向或产品向的创始人想要（也应该）将关注点一直放在产品和总体市场战略上。同时，COO会组建和管理创始人不感兴趣、缺少经验或者单纯管不过来的职能部门。

作为举例，COO的职责可能包括：

1．增大高管带宽。COO可以成为技术向或产品向创始人的商业合伙人。

2．实现公司扩张。高增长公司在扩大规模和实施简单流程方面有特殊需求（例如，招聘基础设施、公司治理等等）。

3．搭建高管团队和组织脚手架。COO通常负责创始人不太懂的方面（比如财务、会计和销售）的高管和团队，也能协助筛选和招聘产品、工程、营销方面的高管。

4．接手创始人没有时间管、不适合管或不想用心管的方面。一般来说，COO会承担"商务方面"（企业拓展/并购、商务拓展、销售、人力资源、招聘等等）的日常运作，而创始人继续专注于产品、设计和工程（例如，马克·扎克伯格在脸书就是主抓产品）。相反的例子也是有的，CEO要专攻销售，于是聘了一名产品向的COO。

5．塑造适合公司下一阶段的企业文化。谢丽尔·桑德伯格影响了整个

---

[1]　另外两个有趣的早期例子是微软（在20世纪80年代，比尔·盖茨手下有多名老练的"总裁"）和甲骨文（拉里·埃里森多年来聘请过各色COO）。当然，直到微软赢利后，盖茨才引入风投，因此他对公司有足够的掌控力，不用担心被换下去。

脸书的运作方式。例如，她带来了人才发展和卓越管理的文化。

为什么不要COO

所有扩张中的公司都需要组建高管团队，建设规模化能力。这可以通过外聘或提拔一批人来实现，他们会共同补足创始人的短板，让公司得以高速、高效扩张。团队里未必要有一个人顶着COO的头衔。例如，在被雅虎收购之前，Polyvore（波利沃尔）公司的CFO就负责多项超出传统财务范围的工作。

此外，COO的头衔设定了极高的基准线。① 招了一个副总裁，之后你可以再聘层级比他高的人，但招了COO，你就不能这样做了，于是——打个比方——公司在从100人发展到5000人的过程中就会损失一些组织架构升级方面的灵活性。如果COO跟不上公司发展了，他往往不能接受被降职为副总裁，而会选择离开。②

如何选择COO

理想的COO应该具备CEO的能力，至少要有担任总经理或关键部门主管的经验。谢丽尔·桑德伯格在同意成为脸书的COO之前就参加过几家其他公司的CEO面试。

类似的，Box的COO丹·莱文在加入Box之前当过两家公司的CEO或总裁，还在Intuit做过总经理。你要找的人应该对公司的愿景和机遇感到兴

---

① 有些公司会先招"总经理"，之后再将其转为COO，这样可以在委以COO重任前确认其匹配度和能力。
② 当然，另一个选择是接替你的CEO职位。里德·霍夫曼有一篇很好的相关文章，参见eladgil.com上的链接。（http://www.reidhoffman.org/if-why-and-how-founders-should-hire-a-professional-ceo/）

奋，以至于愿意放弃在其他公司当总经理或CEO会带来的看得见的好处。

其他标准包括：

1. 成熟谦虚。 经验丰富，同时能压抑本人的自我意识来配合执行创始人的愿景。

2. 与创始人和CEO来电。 如果COO不能与创始人心往一处想，那么冲突和坏结局就不远了。

3. 有实现公司或机构扩张的经验。 管理1000人的团队和带领团队从20人发展到1000人是很不一样的。如果你需要快速扩张（而不只是组建职能部门）方面的帮助，那么你就要找之前应对过高速增长过程的人。在为Stripe扩张运营和商务团队之前，克莱尔·休斯·约翰逊在谷歌就做过同样的事。

4. 创业者思维。 理想状况下，你要找既有扩张期运营经验，又有初创公司工作经验（或者曾从头带领一家公司发展成大企业）的人。

5. 职能专长。 这个人之前应该负责过相当一部分职能工作，这些工作包括在你希望COO被招进来后最初负责的各项职能工作中。

6. 招聘能力。 这个人是要为公司搭建基干组织架构的，应该具备招聘和管理高管的能力。

7. 你能从他身上学到东西。 作为新手上路的创始人或管理者，你要的是一名能教你管理或其他方面知识的COO。比尔·盖茨有一句名言，说他聘请资深高管的原因往往是方便自己向他们学习。

8. 关注流程。 理想的COO候选人能够从其他公司带来轻量级流程或最佳实践，而且精于为你的公司开发新的流程。

最后，你在聘请COO时应该清楚地知道哪些职责是你作为创始人想要保留的（比如设计、产品、营销、工程开发），哪些职责是你真正愿意分权的（比如商务拓展、销售、企业拓展、财务、人力资源、运营等）。这你要的是一个人来补足、运作和执行你作为创始人的愿景。

——埃拉德·吉尔

一点不清楚，你可能会从一开始就给自己埋下祸根。你还应该记住，COO未必需要管所有你不管的事。以微软为例，盖茨负责产品，史蒂夫·鲍尔默负责销售，COO鲍勃·赫博尔德负责财务、人力资源、营销、公关和其他领域。①

我不认为每家公司都需要COO，有一个全面完善的高管或领导团队，你或许就用不着COO了。但是，如果你做出了决定，认为自己需要COO级别候选人的管理能力和经验，那你就去招聘吧，要小心谨慎。②

---

① 参见《与比尔·盖茨共事的秘诀》一文。链接在eladgil.com上。（https://www.americanexpress.com/us/small-business/openforum/articles/the-secrets-of-working-with-bill-gates/）
② 感谢亚伦·利维、杰斯·李和基思·拉博伊斯审读本文初稿并给出反馈。原文在eladgil.com上。（http://blog.eladgil.com/2013/02/should-you-hire-coo.html）

聘请COO
——亚伦·利维访谈录

亚伦·利维现任Box的CEO、联合创始人兼董事会主席。2005年，他与联合创始人兼CFO迪伦·史密斯共同创办了Box。他是Box产品与平台战略背后的愿景家。许多创始人都曾向他咨询过规模化过程中的各种问题。亚伦于2003年至2005年间就读于南加州大学，之后退学创办了Box。

我与亚伦·利维谈过COO问题：要不要（以及何时）将一名COO加入自己的高管团队。2010年，Box成立五年后，亚伦和迪伦聘请了丹·莱文担任COO，于是我迫不及待地来向他更深入地了解这一转变的过程。

利维特别支持将COO加入领导团队，所以我请他仔细谈谈聘请COO的好处，并分享一下这个决策在Box起到了怎样的效果。

埃拉德·吉尔： 你是2010年Box聘请COO背后的推手。从你自己的角度来看，你为什么做出了这个决定？创始人需要反思自己对COO问题的看法吗？

亚伦·利维： 许多时候，一场董事会级别的对话会这样开始："我们的CEO合适吗？"你也会问自己这个问题，特别是早期创始人："我会成为一名好CEO吗？我能够带领公司走向壮大吗？"但当你问这种问题时，你对CEO的界定就太严苛了，不必要的严苛。而实际上，CEO最重要的角色就是确保公司取得成功。因此，如果你有一整块工作不擅长做，那么你未必要亲自做好这些事，才能当好CEO。要想当好CEO，你必须确保的是公司能做好这些事。

我们当初要搞规模化的时候，Box有二三十名员工，那时就遇到了这个问题。我问自己："我看起来像是那些带领公司发展壮大的CEO吗？"很多时候我都觉得自己不像，我关注的是另一套很不一样的东西，我真的不喜欢做他们喜欢做的那些事。但最后我明白了，我的职责其实只是确保所有问题都得到解决，而不是亲自全部解决。

我看到许多公司都犯了这个错误——显然，与20世纪90年代和21世纪初相比，现在犯这个错误的人要少得多了：把创始人踢掉，换上有经验的CEO。设想一下，假如这些公司真的让创始人专注于自己擅长的事，然后找一个对位的人帮助他们搭建业务，那会有多么好的结果呀。

埃拉德：所以，你认为COO是CEO的对位者。领导层应该如何具体界定COO的角色呢？

亚伦：我认为COO大概是内容最广泛的岗位，但归根结底，又是最因个人和公司的具体状况而异的岗位。与CMO（首席营销官）、产品主管等职责范围基本确知的岗位不同，COO的变动性很大。你找五家有COO的公司，每一家对COO的岗位描述或职责范围界定都会不一样。谢丽尔·桑德伯格在脸书的运营方式可能与Yelp的COO不同，与Box的COO又不同。于是，我一开始就会破除COO是特定岗位或者有特定职能的看法。

我最后招了一名COO，因为我想要一个在扩大公司和组织规模方面有深厚经验，而且有丰富的大型机构工作经验的人，他将成为我们发展公司过程中的对位者。公司是我和一名大学好友联合创办的，我们都没有真正的大公司工作经历。因此，通过引进一名管理过上千人乃至几千人的机构，曾为巨型企业管理过上亿美元营收的COO，我们引入了各种所需领域的经验。

具体到我们自己，我们聘请的COO之前是Intuit的大部门总经理，再往前还做过CEO。因此，他对负责一家机构的各大职能部门都有许多经验。他对人才发展、组织设计、组织规模化特别感兴趣，所以是一个非常以人为本的COO。

总体来说，我们创造了一个这样的架构：这个人真的是扩大公司规模和组建各个团队的负责人。于是，我的工作就是专注于战略和长远方向。我一直对产品和产品战略一类的事情高度重视。

埃拉德：很有道理。现在好像有许多人在讲，COO管销售，CEO管产品和开发。但反例太多了。这真的呼应了你说的话：每一家公司都是不同的。

亚伦：没错，我对聘请COO的理由和时机的最好描述是：如果你作为CEO在几个方面特别强，又想要补充或者补足其他方面——如果你需要填补空缺的话——那就考虑请COO吧。

不管怎么样，你的公司都需要有一套运转流畅的部门。如果你对管理这些部门缺少兴趣，或者没有相应的带宽，那你就需要某种对位的人来帮你。

如果你是一名销售向的创始人，那你可能就要找人强化产品侧。如果你是产品向的创始人，那你可能就要找人强化销售侧。如果你是一名销售、产品两手抓的创始人，你可能就要找人强化纯粹的运营基础设施。个中含义可谓多种多样。大多数情况下，理解COO的角色与理解并明确CEO的角色同等重要。

埃拉德：在你看来，大家应该多早就考虑聘请COO？Stripe聘请COO比利·阿尔瓦拉多的时候，我猜公司也就8~10个人吧。但是，我知道很多公司等到发展到100、200、300人时才有了COO。正确的时机是什么时候？

亚伦：我认为在增长出现拐点之前都不用招COO。基本想法是：不要

> 最后我明白了，我的职责其实只是确保所有问题都得到解决，而不是亲自全部解决。
>
> ——亚伦·利维

把全公司的各种杂活塞给COO。相反，你要考虑几条关键标准：公司的扩张速度是否达到了你将主要的个人时间用于纯粹的运营活动的程度，比如招聘、设立目标架构、绩效回顾、协理组织事务和流程？你是否因此不能再去管产品战略、产品设计、对接客户等工作？不管用哪一种方法，你必须将这些问题全部解决，而且到了发展曲线的某个点，请一名搭档帮你负责运营事务会更有意义。

在有些公司，那个点可能是你雇用第12名员工的时候。在有些公司，如果增长平稳而非蹿升的话，那个点可能是员工达到200人的时候。你未必很早就需要COO。因此，我认为这在很大程度上是看公司的变化速率。当变化速率达到某种逃逸速度时，你就应该增加一名COO了。

埃拉德：你对COO有什么背景要求？你提到说其他岗位的要求是很明确的，比如招产品副总裁的时候，你需要的就是某种非常特殊的经验。但对于COO，你会建议大家专门关注哪些方面呢？

亚伦： 还是那句话，你必须先问问自己：哪些事情是你不擅长的？或者问问自己：你将时间用到了哪些你不想投入时间的地方？而且，你必须确保有足够大的地盘给COO管。如果你只是发现自己陷入了许多不想参加的法务或财务会谈中，那么你其实应该请一名法务总监/法律顾问，或者一名CFO/财务总监。

因此，第一件事就是确定你在哪些领域需要一名搭档帮助你实现扩张。接着——为了做这件事，你应该到山上去，点亮蜡烛，实实在在地叩问内心——诚实地回答几个关键问题。你真正擅长什么？你想要提高哪些方面？有哪些事就算你本人擅长做，也不会构成竞争优势？因为你不可能事事精通。

埃拉德： 你列的单子是什么样的？你是如何开始搜寻人选的？

亚伦： 我的单子就是一堆泛泛的东西，例如管理、组织拓展、增加公司流程。这些是我特别不擅长的。我们刚发展到四五十人，下定决心要扩大规模时，就意识到我们需要一种我和我的联合创始人所没有的思维和心态。

在寻找COO的过程中，我们其实走了一点弯路。我们以为我们需要的可能是一名CRO（首席营收官），但后来我们再次意识到，许多运营事务都是围绕着一个比较宽泛的问题的。于是，我们最后起草了一份岗位描述，目标是找见识过几千人的大厂，见识过上亿美元营收的人。从岗位描述的角度看，就是：见过大世面，管过大机构，推动实现过数额极大的营收目标，在运营情况复杂，至少要多面开花的环境中工作过，包括销售、营销、客户成功、产品、工程开发等等。我们要的是一个通晓企业方方面面内容的人。

一旦我们找到了具备这些素质，而且契合公司文化的人，那么下一个问题就是：我在现实中能不能与他合得来？我们能够协同顺畅地分头出击吗？COO有时就是无名英雄，必须在一定程度上放下自我。所以，你必须确保你有一套高度协作性的架构，大家彼此非常尊重对方。你必须确保那是一个你希望与其长时间共事的人，因为你和他是同一个战壕的兄弟。

将上述因素都加总起来，情况就变成了这样：有一大群人，你对他们都打了一个大大的问号，接着可能会有一两个人让你觉得"好啊，这个人真合适"。你要等的就是真合适的那个人。

> **埃拉德：你怎么知道谁是对的人？你的招聘面试流程是什么？**

亚伦： 我们有一套很绕的办法，所以我不认为我的经验可以轻易复制。我们有一位董事介绍的顾问。通过与这位顾问合作，我也不知道，合作了十来次吧，我意识到外面还有一个我想象都想象不到的世界，也就是怎么经营和发展公司。因为我是一个特别注重产品的人。我觉得只要做好产品，一切就会自行就绪。而那位顾问所用的词汇，他传授给我的概念，让我觉得我就好像在学习一个全新的行业。我意识到，我们真的需要提高做这类事情的水平了。

于是，我们请这位顾问——丹·莱文加入了董事会，接着又开始寻找CRO/COO。在三四个月的时间里，我们见了许多人。每一次见面时，我们都意识到我与这些人都不如与丹合得来。

我最后花了两三个月的时间劝说他入伙。所以，从第一次见面到请动他做COO，大概花了六个多月的时间吧，也可能是九个月。但在那段时间里，我、其他高管、董事会和他之间进行了几百个小时的互动。

> 你必须确保那是一个你希望与其长时间共事的人，因为你和他是同一个战壕的兄弟。
>
> ——亚伦·利维

埃拉德：你认为有什么事是CEO永远不应该撒手的？比方说，在全体会议上，有没有什么事情只应该由CEO来讲？CEO应该一直主持董事会会议吗？

亚伦：和前面说的一样，这完全取决于CEO擅长什么，COO又擅长什么。就我所见，我不认为有任何定律。我们公司是COO主持高层会议。我觉得主持董事会会议的是我还是COO，抑或是CFO，大概都没有分别。

最重要的一点是明确谁负责什么。这里面有一整套学问：如何区分两者的角色和决策范围？如何向公司内尽可能多的人申明这一点，以免造成混淆？

我们基本上是这么说的："如果是与人员、组织、流程相关的问题，那你去找丹。"事实上，从职能汇报的角度看，除了我的联合创始人，大部分高管都是向丹汇报工作的。另一方面，如果是重大战略问题，或者是与产品或品牌相关的问题，那是归我负责，我会深度介入。

这就意味着作为Box的一名高管，你有的时候这件事要去找一个人，那件事就要去找另一个人。但这也意味着从你的工作角度来看，你不会有政出多头的体验。在丹比我擅长的事情上，他强得太多太多了，而我有相当长远的战略眼光，最后也有助益。

埃拉德：聘请丹担任COO时，你有没有感觉哪件具体的事很重要，或者希望当初哪件事能换一种做法去做？

亚伦： 那是好多年前了！但我要说一点普遍性的东西，几乎适用于每一位高管：你需要让COO尽快深度融入公司。入职30天内，他就应该约谈自己手下的每一位员工——哪些方面做得好，哪些做得不好，哪些需要改进，还有他们的工作方向。关键是前30~60天内就要高度融入公司文化，了解相关的人员。

开门红当然也有帮助。所以，在60~90天这段时间里，新任COO应该做几件漂亮事，让所有人都觉得，"这事做得好，确实有帮助。有了新流程，效果比以前好多了，也少走了一些弯路"。开门红能马上展示出COO的价值，也能让他了解公司和公司的文化，这在初期太重要了。

但话又说回来，泳道交叉是造成COO失败的第一大因素。关键是清楚每个人的职责，确保在出现冲突、重叠或灰色区域时，有一套解决问题的流程。因为灰色区域永远是存在的——做不到完美无缺。但刚开始就尽量把话说明白，这特别重要。

> **埃拉德**：结束前的最后一个问题。我们一直是从创始人愿意留任CEO的假设展开讨论的，但是，创始人何时应该承认自己不想继续干，或者不应该继续干了呢？

亚伦：我是这么看的，创始人油尽灯枯有两个原因——我的意思是，实际原因大概有上百个，但这里只说两个。一个原因是你累了。你只是对那个问题空间不再有那么多激情了，你想要离开去做一些完全不同的事情，或者给自己放个假。这是第一种情况，而且现实地讲，它很可能与第二种情况发生得一样频繁。

但它有时会与第二种情况混淆——你在做一些你已经不再喜欢做的事，又找不到方法摆脱。你找不到一条返回的路，可以让你专注于你特别感兴趣的事情。我要是90%的时间都在开绩效回顾会议、部门会议、薪酬方案决策会议，我也会油尽灯枯，说"这不是我想做的事"。

重点是不要将消磨激情的日常事务与宏图大志混为一谈。但是，如果你没有补足自身能力的办法，那么你往往不得不案牍劳形。

对于所有落入这种境况的人，我都建议他们试着请一名COO。看一看你之所以不想干了，到底是因为畏于日常事务，还是真的已经走到了人生的这一步。

高管头衔与实用主义

公司对待头衔问题有两条大的思路。一条是谷歌思路，给新加入的人小头衔，脸书也是这样做的。雅虎或易趣的副总裁来到谷歌只能当总监或经理，从小初创公司来的副总裁也许刚开始只是独立贡献者或初级经理。另一条思路是人人都给大头衔，以部分补偿加入早期阶段的公司的风险。两条思路没有对错，各有利弊，选择一条，然后一以贯之就好了。我的个人偏好是尽可能长时间地贯彻"小头衔"思路，因为我认为这样能精简层级，也免得大家重视副总裁的意见，轻视不是副总裁的人的意见。

招聘高管时，你会发现候选人可能愿意，也可能不愿意在头衔上让步。他们加入初创公司可能意味着少赚几百万美元，于是辩称头衔升级有助于补偿风险（例如，一名来自谷歌的总监希望以副总裁或COO、CMO等身份加入你的初创公司）。

一种应对方法是协商出一个模糊的头衔，例如用"销售负责人"代替"销售副总裁"，用"总经理"代替"COO"，或者将头衔推到以后再定。你也可以同意这样的方案：如果对方实际的职责与其想要的头衔层次相符，那么当你的团队扩大，要设置更高的头衔时，副总裁或COO的位子就会给对方。

最后要记住一条，招聘地位高于"首席某某官"的人是很难的。这就是说，你可以招高于销售副总裁的资深副总裁、执行副总裁或COO。但如果一个人本来应该当销售副总裁，结果你让他做COO，那么当你日后要招比他头衔还高的人时，你可能就不得不让他走人了（或者降职，这也可能会导致其离职）。同理，总监级别的岗位就比副总裁级别的岗位更好招人，尽管两者其实都行。

开除高管

开除人总是痛苦的。当你开除一位高管时，不仅你和高管团队会难受，他负责的整个部门也会受到影响。①不过，你可以采取一些步骤，以便尽量减少伴随着艰难抉择而来的不确定性和混乱状况。

在开除一名高管之前，你应该确保以下方面就位：

1. 与董事会讨论。 当你做出任何重要高管调整时，董事们都应该提前知情。也许有一名或多名董事曾是这位高管的共事者或推荐人。

你最好与每名董事做一对一交流，解释开除原因和开除方式（可能还要有过渡方案），如有需要，还要说明解雇补偿金的细节。一对一交流完成后，如果有必要进行积极讨论的话，你还可以召开一次跟进董事会会议。

2. 与被解雇的高管确定所有离职协议。 法务可以帮你处理。另外，你们应该提前敲定解雇补偿金和其他细节。

写一份讨论脚本有时会有帮助。不管你说什么，以下三点都很重要：

- 态度坚定。定了就是定了。
- 手段专业。
- 思路清晰。

如果你之前的员工管理工作做得好，那么他应该不会大呼意外。换句话说，你之前应该已经做过一系列关于契合度、岗位职责、工作协调等话题的谈话了。

3. 过渡方案。 原先向他汇报工作的人要由谁管理？不管是短期、中期还是长期转给一名新管理者，都一定要沟通清楚。

4. 沟通方案。 你应该对沟通的内容、时机和对象有一个清晰的认识。如果被解雇的高管（或者你的公司）名气特别大，你还要准备好回应通稿。或者，你和被解雇者可以通过协商或达成共识统一口径，在媒体或推特上发声说明。别小家子气，让高管完整地带着尊严和声誉离开吧。

比方说，你要开除营销副总裁鲍勃，沟通方案可以是下面这样的。这

---

① 参见本·霍洛维茨的相关文章。链接在eladgil.com上。（https://a16z.com/2011/08/24/preparing-to-fire-an-executive/）

是一份理想化的方案，你不应该预期情况总会如此顺利。

- 周二上午9时：与鲍勃见面，通知对方他要被开除了。讨论如何向公司的其他人交代并达成共识。
- 周二上午10时：向你的直属下属知会鲍勃已经被开除了，间接说明决策背景，并明确指示团队成员应该如何向自己的下属沟通，处理意外状况，等等。说明过渡方案，例如，由销售负责人萨拉兼管营销，且该变动长期有效。显然，你应该已经提前与萨拉讨论过了。
- 周二上午11时：偕萨拉与营销团队见面，并告知人事变动。
- 周二上午11时30分：给全公司的人发邮件告知人事变动，说明过渡方案和团队目标（如果有界定明确、一以贯之的目标的话）。

如果你担心换人会对营销团队的某些人造成影响，那么根据具体情况和人际关系，可以由你或萨拉出面进行个别沟通。

- 周五全体周例会：做好回答问题的准备，提前准备好FAQ（常见问题解答）。

如何招募优秀的商务拓展人员

优秀的商务拓展人员是难找的。你可能会碰到一个聪明、有魅力、机智，却一事无成的商务拓展人员，也可能会碰到一个很有人脉的人，你让他去谈生意，结果谈下来的细节和条款一塌糊涂，这才露馅。实际谈下来的合同与有利于产品成功的合同可能很难区分。

那么，招聘商务拓展人员时应该看什么呢？

好的商务拓展人员

最好的商务拓展人员有以下特征：

- 有闯劲的聪明人。聪明，富有创造力，头脑反应快。

- 机智/优秀的沟通者。要既擅长与内部团队（工程开发、公共关系、法务、高管）沟通，又擅长与客户或合作伙伴（可能包括对方的法务、工程开发和商务人员）沟通。

- 谈条件时胆子大，脑筋活。敢于探索可能性，愿意对客户或合作伙伴提出疯狂的要求。在开口问之前，你永远不知道对方会给你什么。

- 能干脏活累活。之前曾多次拿下条件不拘一格或超乎寻常的复杂合同。我在推特时，手下有一个人，他还在上学做兼职实习时就敲定了三四个合伙人。

- 有条理，能管好交易流程。人们低估了条理性对商务拓展人员的意义。你要的是一个能将交易的各个阶段（构思、推介、磋商、谈条件、签合同、实施）涉及的所有内外利益相关方梳理得井井有条的人。[1]你要的是一个开列备选者名单，设定积极的磋商框架，并在叫外人过来之前召开内部筹备会议的人。条理性差的商务拓展人员会因为没有与外人达成共识，或者缺乏磋商计划而在内部造成担忧心理。

- 注重细节。里德·霍夫曼告诉过我，他要求手下的商务拓展人员读完每一份合同的每一个字，包括所有法律术语，以便抓出预料不到的暗雷，想清楚合同文本的隐含意义。

- 半个律师。能够发现和领会重要的法律术语，哪怕没有多少法学背景。

- 契合公司文化，以公司为先。你希望商务拓展人员——与所有员工一样——把公司放在第一位。他们有很多损公利己的门路（详见下文）。

- 与部门同事协作良好。

- 实事求是，有大局观。认清关键，围绕关键展开工作（二八法则），

---

[1] 感谢马克·莱博维茨对交易的各个阶段的阐述和他提出的其他思想。

将交易搞定。不要纠结于无关紧要的小事，除非作为谈判策略。同理，有些交易不应该接受。优秀的商务拓展人员会退后一步，决定是否要走开，不会强求达成不应该敲定的交易。有些最好的"交易"就是没成的交易。

- 能够理解合作伙伴与市场需求。明白合作伙伴真正想要什么（而不是他们自己说想要什么），了解可能会对公司与合作伙伴的权衡和需求造成影响的市场趋势。
- 有耐心。达成交易可能会旷日持久并来回反复。糟糕的商务拓展人员会失去耐心，只想着"定下来就完了"，也可能会不必要地放弃大量利益。
- 不屈不挠。有时你需要敲好多次门才有人答应。
- 道德操守。与对所有员工的要求一样，你要的是哪怕不方便或违背自身利益，也要做正确的事的人。

坏的商务拓展人员

糟糕的商务拓展人员可能会表现出如下特征：

- 擅于推销，拙于跟进。有些商务拓展人员富有魅力，谈吐风趣，而且真的聪明。可惜，他们不擅长跟进，不能善始善终。为了解释自己为什么在一个对公司很重要的条件上让步，他们可能有一肚子空洞的借口。筛掉这种人的唯一办法就是做背景调查，因为他们擅长销售，却做不好实务。技术型创始人大大高估了天生魅力的重要性。不要因为一个人友善又有魅力，就被耍了。
- 缺乏条理。做事纯凭直觉，不发跟进信息，与内部沟通不畅。结果常常是导致无用的会面或内部的反感。
- 胳膊肘往外拐。经常过度考虑对方的"公平"。对对方到底看中什么想得太多，把很多条件白白让出。或者只想不惜一切代价拿下交易，而不是认真考虑怎样才真正对自己供职的公司好。

- 没有主人翁意识。坏的商务拓展人员不会像老板一样思考。他们不把公司的钱或资源当回事，会因为"不打紧"或者"才不到20%"之类的理由就在谈判中许给对方额外的好处。
- 忽视细节。见上文。
- 太依靠别人。坏的商务拓展人员会过于依赖公司的其他职能部门，比方说，不懂一个反复出现的法律术语，因为"那是法务的事"。对公司很重要的条款有时被当成法律暗语或"技术细节"掩藏了起来，而优秀的商务拓展人员是会发现这些问题的。
- 为自身和自身人脉，而非公司利益服务。作为对外接触的守门人，有些商务拓展人员可能会利用这一地位牟取私利。他们可能会开出过于宽大的条件，损害公司利益来讨好合作伙伴。他们也可能会不停地参与外部的杂事和活动，为自己赚名声，而不是真正干活。①
- 牛仔心态。有些商务拓展人员不经内部商议或批准就擅自敲定交易，或者对外人开出覆水难收的条件。当被质问时，他们可能会为自己辩护，觉得自己是在"把事干成"。
- 情绪化。达成交易的过程是跌宕起伏的，你需要把身子站稳。
- 在内部搞推销。向公司内部的老板、同事或高管团队提建议时，商务拓展人员需要"收敛"。你要雇的人不能在内部搞推销或者商务拓展那一套，即使对外推销有时是他们的职责所在。

如何筛选出优秀的商务拓展人员

- 过往成果。他们亲自谈成过哪些交易？交易条款的复杂程度如何？他们谈成过哪些公司上下没有人相信对方会接受的条件？他们巧妙地达成

---

① 有些对外发言或联络活动可能是对公司有益的。但商务拓展人员应该精选出少数真正要紧的活动参加，而且要有明确的目标，而不是声称"凡是曝光就是好事"。

过哪些艰难的交易？交易对公司造成了哪些实际影响？

- 推荐人。商务拓展人员往往有很多朋友，因为他们的工作就是对外的，而且他们可能是魅力型的人物。他们可能会给你列出一长串毫无意义的推荐人（例如他们在当前公司里的朋友，这些人其实不太了解他们的工作，只是觉得他们"厉害"）。要向在交易洽谈过程中与他们亲身合作过的人了解情况，秘密收集关于他们的更多信息。询问他们经手过哪些具体交易，他们有多顽强，脑筋有多灵活，他们达成的交易对公司造成了何种可见的影响。他们谈的条件最后成效如何，有没有造成反效果？有没有他们当初没想到，结果造成负面效果的不常见情况？他们是否坚持过回报丰厚的强硬立场？

- 贯彻性。他们在面试过程中是否表现出坚持做到最后的品质？他们有条理吗？他们在谈薪酬时是用何种方式？

- 文化。他们追求什么？头衔，股权，未来成长，还是其他东西？他们与你的公司文化是否契合？商务拓展人员与技术或产品人员会有许多方面的差异，但他们应该坚守你的核心文化理念。

优秀的商务拓展人员往往并非优秀的合作伙伴经理

不要指望擅长构思和执行交易的人也是优秀的合作伙伴经理（交易后管理）。归根结底，公司同时需要这两类人。[1]

---

[1] 感谢马克·莱博维茨、史宗玮和金·马隆·斯科特对本章初稿的反馈、启发和评论。原文在eladgil.com上。（http://blog.eladgil.com/2013/02/hiring-great-business-people-is-hard.html）

规模化不只是数字游戏
—— 玛丽亚姆·纳菲西访谈录

玛丽亚姆·纳菲西是Minted（敏特德）公司的创始人兼CEO。她创办Minted是为了创造一个永远保持新鲜的零售平台，利用众包和数据分析技术，以最快的速度将最好的设计推向市场。从1998年创办第一家线上美妆零售平台Eve.com（后以超过一亿美元的价格出售）以来，她一直在倡导消费互联网模式。玛丽亚姆现为Yelp和Every Mother Counts（每个母亲都重要）两家公司的董事会成员。她曾就读于斯坦福商学院和威廉姆斯学院。

玛丽亚姆·纳菲西对规模化是有一些见解的。自2008年上线以来，电子商务网站Minted.com的经营范围已经从定制文具拓展到了限量版艺术品、家庭用品、婚庆用品等等——全部由一个日益壮大的全球设计社区创作出品。

纳菲西近年来的事业在保持团队精干的同时实现了增长，因此我迫切地想要了解她的扩张化思路，以及她对初次经历高速增长的创业者会有什么样的教益。

在接下来的谈话中，她会分享方方面面的洞见，从如何招募新业务单元的总经理，到是否（以及何时）要偿还往往伴随着高速增长而产生的"技术债"。

> **埃拉德·吉尔：Minted创立9年来，已经发展到了多个业务门类，200名员工。对于其他致力于公司扩张的创业者，你会建议他们注意哪些方面？**

玛丽亚姆·纳菲西： 许多人谈到规模时，认为它好像是一个与公司大小，也就是人数多少相关的概念。但我认为其实还有另一个维度对规模化有重要影响，那就是公司的分化度或复杂度。

比方说，里德·霍夫曼往往会关注"公司像一个村庄时会发生什么，像一个城市时又会发生什么"——你知道的，他对公司大小的那套比喻。我见过一些公司的经营模式非常简单，也不经常变动，它们规模化起步时要容易一些。就我所见，真正让规模化复杂起来的事情是，比方说，一家公司进军新的业务门类。迈克尔·波特有一篇重量级的相关文章，题目叫《什么是战略》，真的特别好，一定要看一看。[①]文中谈了许多不同公司背后的不同活动图。

[①] 1996年发表于《哈佛商业评论》。链接见eladgil.com。（https://hbr.org/1996/11/what-is-strategy）

以Minted为例，我们今年整个梳理了一遍公司的战略，实实在在地问了问自己那个难题："我们到底有多少块业务？"因为我们有一些业务，其战略优势背后的活动图实在是不尽相同。

我的发现是：如果既要快速扩大，又要增加业务门类，那么规模化所需的能力就会复杂。在我所处的电子商务领域，有专攻一门业务的，也有摊大饼的，而且有些情况下摊得非常快。有一些电子商务公司，比如亚马逊，从一个门类入手，比如书籍，接着迅速增加音乐和其他商品，也取得了成功。

我是这么考虑规模化的：核心活动是什么？比方说，我正要获取一块客户，那么我最好已经有一个能够上规模，能够反复做好一件事的客户获取团队了。这个职能团队会越来越有经验，实实在在地推动规模化。如果你已经做到了这一点，而且公司各块业务之间的差别不大，那你就有一个更好的规模化模式了，对吧？

埃拉德： 所以，你谈的基本上就是可重复的规模化和不可重复的规模化，从你为特定活动发展出来的特定能力来看。典型的例子就是不断完善一个软件产品的公司。比方说你是谷歌，你要做的就是专心搜索分发，不断扩大自己在搜索市场的份额。但接下来，你突然开发了Gmail（谷歌邮箱），于是你就会想："我有这套技能吗？我有适合的员工吗？我知道如何为Gmail，而不是搜索引擎获取用户吗？"

玛丽亚姆： 不只是这样，还有"我有适合的创新基础设施吗？"。

埃拉德： 那么，你觉得最艰难的部分是什么？是寻找合适的人，是以公司为单位发展新技能，还是发现恰当的客户基础？你们是怎么想的？

玛丽亚姆： 当你进行这些扩张或拓展时——公司内的全新创业——你要努力寻找某些重叠点，让你的某种核心竞争力进一步发展或变现。比方说，Minted的设计社区就是我们开拓新业务时要利用的核心资产。还有我们的客户基础，希望吧，我们是这么希望的。我们会说，希望同一批客户会继续购买我们推出的其他产品。

有时你走着走着就意识到，这是好事，但确实有一些运营事务和以前大不相同，对新业务的成功又确实重要。也可能是客户获取或者实验方面需要某些非常不同的战略和非常不同的思维方式。

最重要的是，作为统领公司的创业者或CEO，你需要懂得应该采取何种战略。我的意思是——即便客户还是以前的客户，创作产品的设计师还是以前的设计师——获取艺术品的客户，我打个比方啊，可能就与获取文具的客户大不一样。就算是将现有客户迁移到新的业务门类，可能也需要好好创一番业。

这不是"我雇个人做这个事就行了"那么简单，而是必须将你的时间有效地分配到各个业务上面。所以，雇人来管理这些业务或做这些事情是非常难的，因为你要找的人必须是非常优秀的创业者。你需要找到有创造力的人，因为他们仍然处在草创事业的阶段。

但事情是这样的，如果你真的逐渐取得了成功——除非你有一套确实能不停扩张的业务引擎——那么许多成熟的大型公司会采取一套组合投资模式。你其实都知道，他们会说："我要拿出15%来做纯粹的探索，20%来做已经探索出门路，现在要试图商业化的东西。剩下的60%或者65%用于核心业务的渐进式拓展。"

> **埃拉德：**那么，你认为一家公司应该何时向初始产品或业务线以外延伸？谷歌是一个很好的例子，创立三四年或者五年后才开始做Gmail。即便是在那时，内部也还是有很大的争议。所以，你怎么知道时机到了，或者说你有足够的带宽开新产品线、新业务门类或者走向海外了？

玛丽亚姆：我认为你一定要看增长曲线，核心业务的逐年增长率，然后试着预测增长率何时会不可避免地开始下降。接下来，你要想清楚新业务要经过多少年才能真正贡献增长率。你可以建个模型，试图进行预测。

我知道这听起来好像是把一件非常复杂的事情简单化，但我们会尽力建模。有些公司必须更早着手。这取决于你的核心业务，第一项业务的实力有多强，站得有多稳，还有初期的客户获取模式是脆弱还是坚挺，源于自身的动力和生发能力有多强。所以，说实话，这就是努力预测核心业务及其未来状况的问题。

当然，这里的问题在于，第二项业务通常必须很早就开动。它可能是一项每年增长500%的业务，但如果它占总体的比例太低，那问题就在总体身上。如果你的核心业务增长过于缓慢，那么综合增长率依然会被拉得很低。

因此，总体来说，公司往往要花好几年时间才能完成新想法和新业务的拉新工作。这的确会指向效仿谷歌的做法，事实上谷歌动手的时间要比你以为的略早。这就是我目前得出的结论。

我真的为进军艺术品业务感到庆幸，因为它增长得特别快，足以为公司的综合增长率带来显著影响。但我们做艺术品业务已经是第四个年头了。小规模试水是在2012年，Minted创办是在2008年，让你感觉一下我们用了多少年才决定走多样化道路。这花了一段时间，因为我们对规模化问题有担忧。

新增的复杂度或困难度会显著影响公司的规模化，比单纯增加雇员人数要显著得多。对我来说，人数问题跟其他问题相比是简单的。

埃拉德：你如何看待权衡的问题，比如大事进军国际市场还是稳扎稳打？

玛丽亚姆：这听起来很简单，但具体到我们公司，我会担心从国际层面、文化层面看，照片贺卡这个产品在美国是一个样，在其他地方是另一个样。这是一个问题。

另一个问题是，我真的希望确保Minted的核心是设计，而不是文具。因此，我们在核心市场美国就需要确保自身定位朝着我希望的目标转向，也就是不能死守着文具，而要着眼于更广阔的设计市场。

我知道，如果我在文具这块做得太深太久，那就会有和Zappos（扎波斯）一样的问题。我很喜欢Zappos，但他们在我的认知里一直就是卖鞋，尽管他们试着卖配饰和其他产品已经有很长时间了。这么说吧，我对他们的认知跳不出鞋盒。我不想让同样的事情发生在Minted身上。于是，我必须早一些行动起来，拓宽品牌的形象。

还有一件事：我感觉走向海外实在是太复杂了。走向海外的问题在于，公司高管必须以一种非常非常耗神的方式分割时间，要出很多差，投入很多个小时，我感觉那样真的会把我们分开。相比于在海外开拓新业务，在美国做还是要容易一点。

埃拉德：当你决定开辟新业务时，你对募集初始团队是怎么想的？是单纯把内部人员调过去吗？你外聘员工了吗？

玛丽亚姆：从一开始，我们就努力在试水上少花钱。基本就是个最简可行产品。于是，我把它整合到了大家现有的工作中。商品部门本来是举办竞赛的，现在开始办艺术品挑战赛了。然后，供应链的人也开始考虑艺术品印刷和装裱了。他们把新业务见缝插针地加入到了日常职责中，看看试验到底能不能行。

接着，当测试开始运行时，我们招聘的第一名员工是刚刚从斯坦福毕业，初入职场的女生。她基本就是那种"包打全场"的创业者。因为当时这块业务的规模还不大，我们不能承受巨大损失。挺不可思议的：我们只雇了一个好员工，再加上占用了其他许多人的时间，我们就创造了几百万美元的营收。等这项业务发展到一定程度，显然就需要有自己的一套营销和战略班子了，于是我们聘请了一位艺术品营销总监。我们是矩阵式的组织，不是总经理式的组织。

我们目前在考虑尝试总经理式的组织模式。我们之前的顾虑是总经理架构有带来办公室政治的风险，会让新品牌与Minted的主品牌各自为战，不利于团结，因此需要谨慎行事。

我们已经发现，如果你考虑要聘总经理，那就要找天然倾向于共同解决问题，乐于合作的人，而不是想自己说了算的"岛主"——当你的业务需要有统一的客户形象，统一的品牌形象，统一的公司形象时，"岛主"会让事情难办得多。当各项内部业务的顶层领导都很善于合作的时候，事情就容易多了。

这其实有点人格测试的意思。我不得不仿照人格测试制定了一套面试

> 我认为其实还有另一个维度对规模化有重要影响，那就是公司的分化度或复杂度。
>
> ——玛丽亚姆·纳菲西

题，目的是发现哪些人会是好的总经理。那项品质真的真的重要：他是否真正愿意与CEO和其他总经理共同进行业务决策？

我是这么问的："你想从我——你的上司——这里得到什么？你希望我们用什么模式交流？"你可以从答案中看出这个人是不是真的想跟你共事，是不是认为你会对他有助益。

面试中，他一直在说这样的话："我与你的沟通仅限于确保你绝对不会收到意外的坏消息。"我不希望在我们的关系中，沟通只是因为你担心我收到意外的坏消息。首先，这不是我们的文化——因为意外的坏消息而处罚别人。那是大公司的那种回答。所以，我对自己得到的回答有些顾虑。

另一个问题是："你与上司是怎么沟通的？""你喜欢怎样沟通？书面沟通？非书面沟通？你与你现在的上司沟通得有多频繁？沟通风格

是怎样的，你如何与上司保持联系？"

埃拉德：我觉得这真是一个招聘高管时的好问题，有普遍性："你想从我这里得到什么？"

玛丽亚姆：单纯理解这个人的沟通风格真的很重要。但你从中能看出各种别的东西。你也可以问："你想从同侪那里得到什么？"这两个问题都能说明他是不是真心认为同侪或上司可以贡献价值，抑或纯粹是摆设。所以，你问他们想要什么，从中就能看出很多东西。

寻找总经理是困难的。找到优秀的总经理非常困难，因为他们必须是非常优秀的通才。许多时候，他们会想要自己开公司，或者已经在经营一家公司了。他们可能不会创办公司，却希望能经营公司。当你有好几个分部时，你会希望所有总经理都是同样的水准。另外，根据公司其余部分的架构，每名总经理的核心竞争力也会有差异。

比方说，我有一个总经理非常注重商品化，因为他就是出身于商品部。另一个总经理市场开拓能力很强，因为他本来是做市场的。还有一个人擅长产品营销，因为他出身于产品营销部。考虑到他们各自的强项和弱点，创造出一碗水端平的工作流程确实是一件难事。

我只想说，多业务经营一直是规模化过程中最复杂的部分。具体到每一种业务，以及你所处的阶段和竞争局势，情况真的不一样。

埃拉德：许多公司在规模化过程中遇到的另一个问题是技术债。工程基础设施的某些部分是需要公司逐渐重建或新建的。你是怎么处理技术债的？你们会用几周时间修整吗？你们有专门的特殊项目吗？

玛丽亚姆：我们做出了当年的增长路线图，然后把"还债"工作拿出来，摆到增长路线图上。所以，我们会按照增长路线图来选择做什么。

以产品详情页为例，也就是浏览具体产品的页面。我们之前放出了大约六个不同的版本，因为有好多不同的团队参与过页面制作。一下子，你就有了全部这些重复、冗余的代码。我们现在已经重写了代码，有一套基础代码，还有不同的模块可以替换。所以，这对我们显然是有很大好处的。但我们之所以做这件事，首要原因是它是增长路线图上的关键障碍之一。这就是我们安排事情轻重缓急的一个例子。

你还需要关注团队的生产力。一旦你发现工程师确实开始放慢速度，而且害怕去碰某些部分的代码，那么我认为你，作为一个负责任的人，就必须建立一个平衡记分卡。即便这与营收项目没有直接关联，你也总归能想出一种方式来度量合理战略所带来的影响。因此，只要有指标，我们就可以安心地布置路线图，想清楚如何还清技术债。

对我们来说，优先级主要是由增长路线图决定的，但有时候要看的是员工生产力。还有的时候是纯粹看乐不乐意。如果到了大家对某件事确实不满意的爆发点，那我们显然就要考虑考虑了。

资本环境——当时的资本是昂贵还是便宜——也会对记分卡造成巨大的影响。如果资本特别便宜，你就可以获得足以支撑很长时间的大量资本。于是，你就可以思考得很长远。你可以优先上马有长期回报的项目。如果资本特别昂贵，你就必须把视野拉近，寻找短期回报，这可能意味着你要做 β 值低的项目，当年就有回报的项目。于是，你可以追求的东西就卡得很紧了。要我说的话，12个月内产生回报是一个很高的要求。不是很多项目都符合条件。

> 找到优秀的总经理非常困难,因为他们必须是非常优秀的通才。许多时候,他们会想要自己开公司,或者已经在经营一家公司了。
>
> ——玛丽亚姆·纳菲西

我喜欢用平衡记分卡。一般来说,我也喜欢将营收增长摆到优先位置。营收增长大概是我第一看重的,不过我们的记分卡上也有品牌、客户满意度、社区满意度等其他重要的方面。但我们不喜欢做与任何商业计划无关的大型技术还债项目。

埃拉德:你是如何营造出那种文化的?因为我觉得,有时工程与商务之间存在天然的抵牾——工程部门希望实施或者是有意思,或者是能解决某些基础设施问题的项目。但在你看来,那些基础设施其实并无必要。

玛丽亚姆:我们下了大功夫让工程部和产品部的人见面讨论排序问

题，真正去共同审视公司的目标。在最高层，如果有人觉得自己对业务没有归属感，也不认同公司的目标，他们就会离开。他们会自己选择离开的。在面试过程中，我们就会做解释，比方说这是电子商务的一块业务，是一块令人兴奋的业务，原因有如下几条，然后我们正在打造一个设计社区和一个市场平台。而且，我们衡量成功的一个关键指标就是营收规模。最好是人进来的时候，你就把自己看重的东西告诉他，然后他会据此做出选择。我认为招聘流程是解决这个问题的关键。

但一般来说，我们会不厌其烦地沟通公司的整体战略和各个目标。财务人员会给工程师开课讲如何计算投资回报率。我们开了许多财务课程，基本上是面向工程师的，目的是让他们理解如何进行项目商业评估。

埃拉德：好主意，我认为应该有更多公司这样做。我好奇的是，你是怎么想到的？

玛丽亚姆： 我觉得是因为我一直在大谈投资回报率和相关方面的东西。最后，项目管理和工程开发部的负责人说："我认为我们应该告诉大家这些东西是什么意思。"事实上，是项目管理负责人提出来让财务副总裁上课就好了。

有意思的是，大家似乎很感兴趣。开完全体会议，许多工程师来找我，询问关于股票市场和他们追踪的股票的问题。我完全不是专家。但你知道的，"Minted会上市吗？"或者"我在TechCrunch（'科技发动'）[1]上看到说这些事情正在发生。为什么会发生呀？"一类的

---

[1] 美国的科技类博客。——编者注

问题很有意思。所以说，我们的员工确实是相当有趣的。

我还觉得我们公司里是有一套语言的。比方说，你登进了一个大家用来给项目排序的谷歌文档，你会看到各种财务术语，比如"投资回报率"或者"营收净现值"，因为我们会用很多这种语言。我认为这是有好处的。这是另一件已经深深嵌入公司文化，以至于我们甚至不会注意到的事情。我以前在投行工作，我的联合创始人梅利莎是从易趣的财务部出来的。所以，我们都很重视数字。

> **埃拉德：你觉得团队成员资历深浅与规模化，或者职能部门的"欠账"有什么关系？**

玛丽亚姆：这一点确实重要。我的看法是，头一个需要真正拓展的方面——我指的是资历水平方面的拓展——可能就属工程开发了。你永远不应该一上来就图便宜，组建一个全是新手工程师的团队。不过，对于其他一些部门，你或许可以那样做。

> **埃拉德：你能举个例子吗？**

玛丽亚姆：就是那种从表面上很容易看出来，一下子就清楚结果是好是坏的事情。比方说，设计。我认为你确实可以凭借一批非常年轻的设计新秀起步，因为设计作品的好坏都在表面上，你看得出来。至于藏得比较深，CEO难以辨明的事情，你或许就应该聘请更资深的人，比如工程师——架构师，关于公司各个系统的运行情况。

> **埃拉德：这是一个关于招聘资深员工还是年轻员工的好框架。在CEO分得清好坏的领域，招年轻员工就可以。在难以快速、轻易掌握的领域，你就应该招资深员工。我觉得你应该叫它"纳菲西框架"。**

> 如果资本特别便宜，你就可以获得足以支撑很长时间的大量资本。于是，你就可以思考得很长远。你可以优先上马有长期回报的项目。如果资本特别昂贵，你就必须把视野拉近，寻找短期回报。
>
> ——玛丽亚姆·纳菲西

玛丽亚姆：我就是这么操作的。所以，我在自己一览无余的设计部和商品部招了非常年轻的员工。

我认为工程师只有一个可能的短板，就是在营销/财务方面。我对此看得很多。制定合理的商业模式非常重要。正如做商务的分不清谁是优秀的工程师，我觉得有时工程师也分不清谁是优秀的商务人员。可惜啊，就是有这种不可思议的隔阂。真正兼通财务和工程的人没有多少。

我见过一些工程导向的创始人，他们在思考这些问题时有点犯难："让这个做工程的人去管公司的财务结构，或者营销/财务结构，或者客户获取，我能信任他吗？"有时情况真的会急转直下。要是不知道正确的指标是什么，你为客户获取花钱就会很不得法。所以，那就是你要用心雇人来干的事情。

这未必意味着你要找一名资深人士，但你确实需要一个优秀的人。而且，那个人很可能不是开价最低的人。

埃拉德：我对你的框架还有一点补充。某些专业岗位是关乎公司存亡的，你也应该聘请资深人士。比方说，当你手下还管着数据中心的时候，负责数据中心扩建的人一定要有经验。或者以 Color Genomics 为例，我们需要一个管理过临床实验室的人来管理我们的临床实验室。

玛丽亚姆：说得没错。你们必须要应付一些严肃的治理法规问题。我完全同意。法务是另一个我认为不能贪便宜，找新手的领域。要是没有经验丰富的人，法务方面会出大问题。我的意思是，这大概是显而易见的吧，我希望是这样。

为使表述清晰，访谈录对原文进行了编辑和提炼。

第五章

组织架构与高增长

高 增 长 手 册

High
Growth
Handbook

组织架构要实事求是

新手CEO和创业者经常找我讨论组织架构。常见的问题包括：我应不应该聘COO？营销副总裁应该向谁汇报工作？产品部和工程部应该分开吗？海外分部应该自组一套班子，还是与美国总部构成矩阵关系？

创业者脑子里往往有一种恐惧，觉得组织架构有一个"正确"答案，而且如果他"答错"了，结果就是灾难性的。这种看法不正确。大多数时候都不存在"正确"答案，组织架构其实就是一个实用、实践的问题。这就是说，根据公司可用的人力、需要追求的目标、公司未来12~18个月的投资期限，合适的公司架构是什么样的？

关于组织架构，下面给出一些你应该牢记的关键点。

高速增长的公司每隔6~12个月就会大变样

我加入谷歌时，它在三年半的时间里从1500人左右增长到了15,000人。当我创办的公司被推特收购后，推特用了不到3年就从90人发展到了1500人。一家公司扩张得这么快，实实在在是每过6个月就要大变样。这意味着每隔6~12个月，公司的组织架构就要变化。

为高增长初创公司选择组织架构时，你要专注于未来6~12个月。不要试图找到"长期"解决方案，因为从长期来看，你的公司会完全不一样，需求也会截然不同。你的高管团队最终会趋于稳定，但随着各部门规模的扩大，高管以下的团队会经历更频繁的重组。

没有"正确"答案

组织架构设计往往是没有一系列答案的，而是一系列权衡取舍。两种不同的架构可能同样"好"，也同样"坏"。不要太紧张——归根结底，犯错是痛苦的，但错误是可以弥补的。

要向团队说明，随着公司的快速扩张，情况会发生变化。要讲清楚变化是正常现象——是成功的信号，而且其他高速增长的公司也在做同样的事。

有时带宽比完美匹配更重要

高管带宽可能比传统的汇报链更重要。除了法务以外，能力卓越的推特前法务总监亚历克斯·麦吉利夫雷还曾在不同时期负责过用户支持、信任与安全、公司拓展/并购等领域。这些部门通常是不向法务总监汇报工作的，但在其他高管的带宽不足以支持这些方面时，亚历克斯有能力承担更多。随着公司外聘或提拔了新的高管，亚历克斯就把事情交出去了。

作为CEO，你应该观察自己的团队，分配职责时要在一定程度上基于谁有时间和能力专心投入，并使其负责的领域取得成功。这并不意味着被选定的高管要一直负责那个部门。要记住，无事必得永久。还有一些情况从裁决或技能的角度是说不通的。比方说，工程副总裁很可能不应该兼管销售。但如果有必要的话，工程副总裁或许可以在短期内，甚至长期（在合理的前提下）管理设计或产品团队。

组织架构常与裁决有关

汇报链归根结底是决策问题。比方说，工程与产品管理天然就有冲突，那么如果两方意见不统一，你希望大部分决策要在哪里做出？最终，同时接受双方汇报的人会承担起裁决部门间分歧的职责。思考组织架构问题时，这是一条应当牢记的优秀启示。

招聘高管要考虑未来12~18个月，而不是永远

作为一名精疲力竭的创始人/CEO，你会受到一种诱惑：试图聘请一名高管永远负责某个岗位。这会导致超前聘用，也就是聘用一个可能不适合公司目前规模的人。例如，当你只有20名工程师时，你就不需要请一名管理过万人大厂的工程副总裁，而应该请一个负责过50~100人的团队，并且能在未来12~18个月内将公司扩大到适当规模的人。这个人可能会随着团队一同成长，也可能你将来需要另请他人。本·霍洛维茨在《创业维艰》一书中提供了一个很好的视角。

当然，如果你聘的高管随着公司一同进步，那再好不过，一个稳定的高管团队是公司的重大利好。然而，即便高管团队逐渐有缓慢的进步，你也应该意识到你可能需要更快地调整组织架构。

没有完美的公司组织架构。公司是一个活生生的有机体，会随着时间变化——公司身上的组织脚手架也一样。作为CEO，你要关注公司未来6~12个月内的实际方案，而不是完美的一劳永逸方案。[1]

---

[1] 原文在eladgil.com上。（http://blog.eladgil.com/2015/10/organizational-structure-is-all-about.html）

重组行动

公司高速增长期间，你的团队平均每隔6~12个月就会扩大一倍。按照这个速率，20人的公司在2年内就能发展到300人左右，4年内就能达到500~1000人。你会迅速添加新的职能部门（财务、人力资源、法务），可能还会扩张到海外，同时你的产品路线图会拓展，公司会进军新领域或者收购其他领域的公司。

你相当于每过6~12个月就任职于或经营一家新公司，其中大部分员工都是过去12个月内加入的。我刚加入谷歌时，它有1500~2000人，而等我三年半后离开时，它差不多扩大了10倍，员工超过15,000人。推特收购我创办的公司时有90人上下，当我退出推特的全职工作时，它已经有了1000多名员工，其中90%的人仅仅在两年半之前还不在推特呢。

随着公司规模和复杂度的提升，你也需要改变公司的组织架构，以反映新的高管、新的职能部门、更多的员工，以及产品与市场契合度的变化。换句话说，公司重组将成为家常便饭。

早期的大量重组会发生在高管一级，之后会向下传导。随着职能部门的增加，高管的职责也会划分得更细。如果你新聘了一名CMO或其他首席某某官，那么某些高管的职责就会归到这个人手下。

公司层面和部门层面的重组

在初期，你可能会经常重组整个公司。但公司一旦达到了500~1000人，那么公司层面的重组应该会减少，而跨部门重组会大大增多。举个例子，一种是改变销售团队内的架构，另一种是所有团队同时变动。有些团队，比如销售团队，在规模化期间可能会频繁重组，而产品、工程等其他团队会比较稳定。这一部分与下述因素有关：随着公司从单纯以产品为中

> 你的高管团队最终会趋于稳定,但随着各部门规模的扩大,高管以下的团队会经历更频繁的重组。
>
> ——埃拉德·吉尔

心向偏重市场进入①转变,哪些部门的人数增长最快,最迫切需要改变?之后,公司规模化阶段最重大的全公司重组将发生在同时改变产品/工程/市场进入策略,增加新产品领域或收购新公司时,如果公司要从矩阵式架构转向业务单元式架构,或者从集权的国际化策略转向分权(或者从分权转向集权)的话。

在初期,你作为CEO需要精于重组。到了后期,随着重组主要转向职能部门层面,你需要确保领导团队了解如何进行重组。大多数公司和新手管理者会搞砸前一两次重组,为组织带来不必要的痛苦。下面是一份重组简明指南。

如何进行重组

1. 想清楚需要新的组织架构的原因。确定适宜的架构是什么,以及新

---

① 市场进入指的是将产品或服务推向市场。——编者注

架构优越于老架构的原因逻辑。你是需要调整焦点领域吗？是协作出了问题吗？是团队急剧膨胀，需要更多管理者吗？是市场发生了变化，于是意味着你需要调整职能优先级或者人员组合吗？首先对自己讲清楚为什么需要重组的逻辑，再考虑何种领导和组织架构效果最佳。

2．确定最符合实际的组织架构。领导团队里的哪些人不堪重负，哪些人还有带宽？谁在管理层建设中表现优秀？哪些领域配合得最好？有时不存在唯一的正确答案，你需要在管理带宽和事实逻辑之间找平衡。

在你确定适宜的职责分配和汇报结构时，要记住你想到的任何办法都不会是100%完美的，而且不完美并不是问题。

你应该设置打通产品和工程的跨职能机构，还是垂直的产品单元？国际化业务应该集权还是分权？这种问题在公司扩张中会不断出现，有些公司会在不同架构之间横跳（据说甲骨文公司每隔几年就会翻转一次国际业务架构）。

与此相关，汇报是一种裁决行为。这就是说，你应该让可能有分歧的人最终向同一个裁决者汇报工作（裁决者可能是CEO，也可能是某个低于CEO的人）。

3．实施前取得适当人选的支持。如有可能，你应该找几位其部门受重组影响大的高管进行商讨。关于重组对各自职能领域会产生何种影响，他们可能会有良好的反馈（例如，调整产品部门的架构可能会影响工程和设计部门的架构）。

重组绝不应该是与全公司（或全部门）开放地探讨新组织架构应采取何种形式，这样只会引发游说、政治内斗和抢夺地盘的行为，而且会延长痛苦。重组应该雷厉风行，尽可能减少动荡。

4．宣布重组并在24小时内实施完毕。一旦你对新的组织形式下了决心，你就要找向你汇报的人一对一交流。对于何时、如何与下属团队沟通架构调整，高管们应该有一个清晰的计划。如果有关键员工会受到深刻影响或可能有不满情绪，你或向你汇报的人之一可以在宣布前夕或随后跟他见面，听取其看法，并重新审视调整的逻辑。

重组既不能拖，也不能过早宣布。尽量不要这样宣布："产品部门将于本周重组，工程部门下个月重组。"如有可能，重组涉及的各个部分需要得到同步沟通和同步实施。如果你过早宣布了重组计划的一部分，那么受影响的团队在重组之前都会无所事事。你会招来会议室里满是八卦和揣测的窃窃私语，疯狂的造谣和传谣，还有高管之间的游说。

5. 领导团队的每一个人都应该被打过招呼，而且做好了回答下属团队提问的准备。 如果重组对公司的影响程度或范围达到了一定程度，你就应该提前跟高管们打好招呼。如有需要，你可以撰写并散发一份内部FAQ。

6. 消除模糊。 知道（基本上）100%的人的前途。重组不能偏颇。如果有可能的话，你在宣布时应该知道（基本上）100%的员工的前途。对人们来说，最糟的境遇就是不知道未来意味着什么。

列出大家对重组最可能感到不满的地方，并在宣布后马上去找他们，或者在重组前进行谈话，如果有必要的话。要确保之后能联系上他们，以便亲自解释重组思路。

7. 沟通要直接，清晰，有同情心。 实施重组时不要避重就轻。用清晰的语言解释重组的内容和原因。听取反馈，但立场要坚定。

总会有人对组织架构调整不悦。他们可能会感觉升迁无望或者被降职了，即便事实并非如此。认真倾听，看日后能否满足他们的要求。但要尽可能少改变想法。你做出这次改变是有原因的，如果谁闹得最凶，你就给谁开后门，那么这可能就会与重组的整个初衷背道而驰，还会向大家展示出你吃职场政治那一套。

与开除员工一样，重组可能是不愉快的。毫无疑问，有人会对新的岗位或职责削减感到失望。但如果实施得当，你的公司会更加高效和协调。为了公司的长远成功，重组势在必行。

引狼入室：创可贴与填空高管
——鲁奇·桑维访谈录

鲁奇·桑维曾任Dropbox的运营副总裁。入职Dropbox之前，桑维是Cove（科夫）公司的联合创始人兼CEO。Cove是一个面向机构和社区的协作、协调、沟通产品。桑维以身为脸书的第一位女性工程师而知名，而且在部署News Feed（动态消息）等重要功能的初版中发挥了关键作用。随后，她又担任Facebook Platform（脸书平台）和Facebook Connect（脸书连接）的产品管理和战略负责人。她还负责隐私、用户交互度等核心产品领域。她本科和研究生均毕业于卡内基梅隆大学电气计算机工程专业。

高增长公司的生命周期中有一个特别敏感的时刻：各项事业已经开始高速增长，但把握增长方向的高管基础设施尚未就位。到了这个时刻，许多公司就运用起各种"人体创可贴"——让值得信任的员工先顶上重要岗位，直到公司聘到可以长期负责该职能的人。

我与鲁奇·桑维坐下讨论这个现象以及她关于如何有效应对的看法。鲁奇是脸书的早期员工，后来又到Dropbox做运营副总裁，她从内外两方面都见识过创可贴——她在创可贴手下干过，自己也当过创可贴。（她在Dropbox甚至被叫作"狼"，这是向《低俗小说》中的著名拳击手致敬。）她会分享自己关于何时贴上创可贴，何时撕下创可贴，如何最大限度地利用创可贴的看法。

> 埃拉德·吉尔：你在Dropbox扮演了"填空者"的角色，或者按你的说法——"创可贴"。基本上，这种人的作用就是帮助高增长公司实现扩张，填补组织或职能上的空缺。那我们先谈谈你填空，或者当创可贴的经历可以吗？

鲁奇·桑维：我的创可贴初体验是在脸书获得的。承担这个角色的人是马特·科勒，基本想法就是哪个职能领域没有领导或经理，他就顶上去。或者有的团队需要扩大，他也会顶上去。我觉得这真是个有趣的角色，因为在短期或中期内，它对帮助公司扩大规模显然是有影响的。但这不是长久之计，不管是对个人还是对公司来说。

我本人在Dropbox有过类似的体验。当Dropbox收购Cove（我当时在Cove工作）时，我要踏入的岗位其实不是很明确。我做的第一件事是找大约50%的Dropbox团队成员做访谈。我会问他们"你哪些方面干得不错？你觉得自己能够如何加快公司的发展？你觉得需要马上解决的一两个迫切问题是什么？"之类的问题。

你跟Dropbox团队里的哪个人谈都没关系，不管是工程师还是做产品的人、做销售的人，最后全都归结到一点上：我们没有足够的资源开发产品、扩大规模、销售产品、营销产品，等等。

我的头衔是运营副总裁，但我做的第一件事实际上是管理招聘团队。我直接管，设定目标，思考如何实现目标。尽管我们有目标要冲，但搭建将新员工纳入公司的制度同样重要。这些制度有助于提高生产力，巩固既有的公司文化。

做完招聘，我就重点做营销。我们需要扩大营销团队，最后聘一位负责人。按照同样的方式，我还管过沟通、三分之一的产品、扩张和国际化。

当公司处于高速增长阶段时，你想要利用这股冲劲和增长力。在这个阶段，贴点创可贴是可以的。但关键要记住一点：你需要尽快招人，让真正能拿出方案实现增长的人把创可贴替下来。

埃拉德： 你所描述的和我们在推特的发现有一点像。我和阿里·罗格哈尼轮流当创可贴。CEO会给我们中的一位分配某项任务，然后我们就顶上去，扩张部门，协助招聘一名高管，然后去下一个部门。

你提到这类角色成功的一个关键就是分清轻重缓急，而且要优先招募最终会负责团队的高管。除此之外，填空者还有什么成功的关键？他们与CEO和其他高管需要有怎样的关系？他们在部门中应该如何发挥作用，对他们应该如何赋能？

鲁奇： 用倒推法大概要容易些。扮演填空角色的人处于一种独特的地位，他的任务是扩大团队，做出决策，以帮助团队前进。但与此同时，你不能在任何方向推进得太远，因为你希望聘到合适的高管，他会加入团队，带来自己的人马，设定发展轨迹，接管大权。这是一个微妙的平衡，你不能制定宏大的目标，带领团队全速前进，而要等待合适的高管到来，由他做那些事。

要想成功，你必须取得CEO与高管团队的信任和尊重。你不能凭自己管理团队和招聘流程。为了建设团队，你需要其他高管介入，把自己团队的人借调给你。同样重要的一点是设定预期——团队与公司的整体目标和优先级能达到多少契合度。最后，让其他高管认可填空者的贡献也是重要的。

第二件事——我知道我在Dropbox犯了错误，其他人在其他地方可能也见识过——是在寻找长期替换者/高管时，你需要关注当下，关注未来两年内的需要。否则，你追求的就是独角兽，也就是能够脚踏实地地建起一个团队，并在今后5年内管理100人的团队的人。可惜啊，独角兽是不存在的。

作为填空者，你需要说服CEO和其他高管，让他们相信在不同时点聘用经验有多有少、类型各有不同的人是可以的。这一点相当关键，因为身为填空者，你要发掘候选人，敲定面试名单，主持询问，说明你要引入的候选人类型。

埃拉德：就成功聘请到高管接手部门而言，你认为最失败的做法是什么？

鲁奇： 在初创阶段，公司不会重视沟通、人员管理、营销一类的部门。于是，这些初期的非核心职能往往就会由创可贴或填空者来负责。作为填空者，如果你干得不错，公司就会觉得不必急于招聘永久高管或为团队打好基础。他们不会优先找人，愿意花费比通常更长的时间来寻找正确的人。

最失败的做法就是设定不当的预期。不只是让CEO，也让最后要来管事的高管产生了错误的期待。填空者之所以能视事，是因为他在部门内建立了信任，而新主管的组织路线会有变化，也不明确。为避免双方形成预期错配，回答以下几个问题很重要：填空者的角色如何界定？职责范围是什么？需要有何种经验？要向CEO汇报工作吗？

埃拉德：按照你的观点，一个岗位没有高管负责的事实几乎确切地表明，它在一段时期内——不无合理地——或许并不是公司路线图上最重要的一环。你要努力做产品市场契合，做分销。接着，公司一下子做起来了，公司本身更多地成了一个产品。这时，你的部门不知道如何衡量自身的角色，或者即使知道，也不知道如何找到能胜任此角色的人选。所以，当好这座桥梁确实是有助益的。

CEO如何发挥最大的助益？他们应该在填空者身上寻找哪些特质？他们能做哪两三件关键的事情来支持填空者的工作？

鲁奇：这个人需要在公司内深受尊重，而且要有口碑，要被早期员工和现任高管团队认可。没有信誉和信任，他就难以与职能各异的不同团队协作，在文化上被接纳，而不被排斥。

说到支持，我只见过填空者在一种情况下取得了成功：他本身是高管团队的一员，而且直接向CEO或COO汇报工作。这样一来，他就可以挑明资源有限，要求支持，强调取得的成绩，等等。他可以影响聘用决策，也能推动聘用决策。

当公司处于高速增长阶段时，你想要利用这股冲劲和增长力。在这个阶段，贴点创可贴是可以的。

——鲁奇·桑维

埃拉德： 所以说，我举几个例子，向CEO汇报，定期与CEO一对一交流，如此等等。

鲁奇： 没错，或者向创始人汇报。

我还要补充一句，不要害怕让某个人扮演"狼"的角色。这是不可避免的。与其CEO自己干，不如委托别人干，因为这不是CEO最高效的时间用途。

埃拉德： 你怎么知道自己何时不再需要这个角色了呢？或者说，你何时不应该再需要这个角色了呢？是高管达到一定规模吗？是公司达到一定规模吗？让一个人承担这种职责多久算太久呢？

鲁奇： 如果有人扮演这个角色超过了两年或两年半，那就太久了。如果填空者做创可贴做得不错，那么将他换掉往往是困难的。这时就是次优状况了，因为你做的所有事都是局部最优，但并非全局最优。

埃拉德：你说两年或两年半，是因为你到那时应该已经建好一个覆盖所有方面的职能高管团队了吗？你提出这个时间框架是出于什么？

鲁奇：到了两年或两年半的时候，全覆盖的职能高管团队应该已经建起来了。你需要建设这些职能部门来支持商品开发、业务、招聘和公司规模化。

埃拉德：那么在你见过的各家公司里，创可贴经常负责的职能是什么？

鲁奇：招聘、人力资源、沟通、营销。有时有客户支持，偶尔有产品。产品副总裁真的好难招，因为它通常是由CEO亲自充任的。所以，找到合适的人通常要用比较长的时间。

埃拉德：接下来，随着公司开拓海外或其他业务，你认为高管是不是应该在自己的部门里聘一个能胜任新任务的人？或者你认为只要在顶层布置就好？

鲁奇：我认为只要在顶层布置就好。开设海外办事处的主要原因是打开销路。逐渐地，为了提高成本效益，你就要组建客户支持和其他职能部门。为了扩大运营能力，我认为你需要另外一批资源。

埃拉德：你认为每家公司都需要这个角色吗？或者说其实是看高管团队的经验？

鲁奇：我认为每一家达到——我讨厌用这些词——每一家达到指数级增长的公司都需要。迅速扩大的公司看起来好像万事顺遂，其实内部是混乱的，因为它增长得太快了。混乱状态下是不好做计划的，所以我才认为每家公司都需要这个角色。

埃拉德：你说到点子上了，许多人都不明白这一点。随着公司真正开始迅速扩大，外人看起来都觉得公司肯定是一帆风顺的，因为它增长得那么快。但内部通常是混乱的，或者是有一点条理的混乱。

那么在这个时刻，员工、中层管理者、独立贡献者、总监应该如何看待自己的角色？既然有这么多变化，这么多动荡，他们应该何去何从？

鲁奇： 当公司开始迅速扩张时，我观察到以下几点：

第一，所有人的工作负担都增加了2~5倍。每个人都忙着堵漏洞，做杂七杂八的事情。

第二，你开始快速招人。你以为这样就能解决问题，但你的负担反而加重了。因为你要应对的人更多了，而不是更少了。你在上马你根本做不来的事情。

第三，随着拥入的新人填充了部门，让部门达到了某种均衡，你的角色和职责突然就变窄了。我认为，这个时期对那些在指数级增长时期接管部门的早期员工来说是尤其难接受的。

能适应的人——能适应自身的角色变得更狭隘、更聚焦，而且能忠实地转变角色——就是随着公司成长的人。

埃拉德：换句话说，公司取得了成功，但其他早期员工更可能有怨言，因为他们没能很好地适应？

鲁奇： 没错。他们没有按照公司需要的方式发展。

埃拉德：我在这类公司给员工的一条建议是，别太紧张。因为如果你的公司每隔六个月就扩大一倍的话，那么到那时，公司就大不一样了。所以，如果现在和你平级的人突然成了你的上司，那么再过一年，你也可能突然成为他上司的上司。只要你脚踏实地，把工作做好，事情往往会好起来的。因为公司增长得很快，你作为早期员工一般会有不错的待遇。

鲁奇：我完全同意。公司每隔六个月就会更壮大，完全是另一番景象。不管你正在部署什么制度和流程，你都必须做好改变的心理准备。而且，还没等你琢磨出完美流程，你就必须推倒重来了。

埃拉德：有没有一些简单、具体，人们应该采用却常常没有采用的流程之类的东西呢，比方说从项目要素，从人力资源/招聘的角度看？还是说，一团乱麻只能自己解？

鲁奇：这本身就是一个很大的讨论题目。初期要谨慎，不要安排太多流程。但到了需要的时候，不要害怕上流程。

脸书刚成立的时候，我们聘了一批"成年人"，有一批小孩就想，"我们才不需要被管"，我绝对是其中之一。我对所有形式的流程一概抗拒。然后到了Dropbox，我成了那个进来部署流程的成年人。现在，两方面我都能理解。

所以，用不着的时候不要做过头，但用得着的时候也别害怕。要预见到变化，不要气馁。

埃拉德：如果你能回到过去，你会给还在脸书的自己什么建议？你是很早就加入的员工，在组织里很有影响力。你会给自己什么建议？

鲁奇：随着公司的成长和组织的扩大，你在组织内的角色会发生变化，会变得狭隘得多、聚焦得多，而大多数早期员工都会为此气馁。但那并不意味着你的影响力小了，你在某个更聚焦的领域很可能有了更大的影响力。所以，你说得没错，只要你脚踏实地，把工作做好，顺应公司的发展，你就会随着公司有很好的进步。

不要为一个岗位寻找未来十年的完美人选，那是独角兽。公司变化得太快了，你只知道自己现在需要什么。所以，你要找的是未来三年的合适人选。

埃拉德：最后，你对创可贴还有什么补充吗？

鲁奇：与所有创可贴一样，你最后总要撕掉公司的创可贴。大家会适应创可贴，而且如果他干得不错，公司可能会不愿意聘请长期的人来替代他。如果某个人代理产品负责人或沟通副总裁之类的岗位已经超过一年了，那么想要逼迫你自己和你的团队做出取舍，下定决心请人来永久性地代替他，唯一的办法就是把创可贴撕掉。换句话说，罢免填空者，或者叫"狼"——随便你怎么称呼——逼着自己走组织建设的正道。

我想你在推特也有同样的经历吧。

埃拉德：是的，推特的情况类似。按照你的观点，关键其实是搭建高管框架，以便填充人员。因为归根结底，关键的领导者不在位，组织就永远扩大不起来。我一直把这看成组织脚手架，你在它的基础上搭建团队的其余部分。创始人常常会忽视早搭脚手架这件事。于是等规模起来了，局面就开始失控了。

如果他们有经验，知道要想到6个月、12个月乃至18个月前头去，那么他们在开始招聘时就能意识到，找到一名好高管要花3~6个月。之后高管要花2个月时间建设团队，团队又要花2个月时间扩充。所以，在某种意义上，你真的必须提前一年开始建立未来所需的组织。时间确实是要花一点的。

看人当创可贴总是很有趣的。马特·科勒在脸书当过，你在Dropbox当过，我在推特当过，我们很可能是有一些重叠经历的。

鲁奇：我觉得大家管这个角色叫"狼"。你看过那部电影吗？

埃拉德：有趣。我看过，是《低俗小说》里的。

鲁奇：大家以前叫我"Dropbox之狼"。

埃拉德：我们一直是叫裱糊匠或填空者。不过，"狼"听起来厉害一点，我们也这么叫了。这次访谈应该叫"引狼入室"。

鲁奇：我之前提到过，这个人通常来自组织内部。外聘是很难的。如果你真的找到了一个你足够信任的人，那你应该让他去做COO。

> 在初创阶段，公司不会重视沟通、人员管理、营销一类的部门。于是，这些初期的非核心职能往往就会由创可贴或填空者来负责。
>
> ——鲁奇·桑维

> **埃拉德**：你需要一个在组织内有信任度和信誉度，与CEO和/或创始人关系很硬的人。所以，你要么找一个很早期的员工，要么外聘一个CEO或创始人的旧相识。否则基本不可能做成。

鲁奇：没错。

为使表述清晰，访谈录对原文进行了编辑和提炼。

公司文化及其进化

公司文化要随着公司规模的扩大而变化。你要更广泛地招聘职能人员，以及能在扩张期派上用场的善意高管，很可能还包括不太能接受风险，而更能忍受流程的人。与此同时，你的公司规模会十倍、百倍地增长，这意味着沟通、流程和为了IPO或其他原因而要遵循的内控措施都要增多。公司文化必然要随着其他各个方面进化。

作为创始人或CEO，你的责任是确定公司文化的哪些部分要保留，哪些要改造，哪些要彻底丢掉。你需要与资深员工沟通，告诉他们公司的文化需要改变，正如产品和团队需要一直迭代一样。塑造文化的重要手段是人员招聘、强调和奖励某些行为，以及开除员工。

永远不要妥协：招聘要看文化

尽管公司应该重视背景、族裔、性别、阶层和其他方面的员工多样性，但你也应该追求目标、意图与底线文化的统一性。公司文化是一套不成文的规矩和价值观，是员工行为与团结的驱动力，是其他一切事业的根基。

有团结力的文化复原力更强，能顶住冲击（激烈的市场竞争、负面的媒体报道、产品失败等等），而且特别能鼓舞人心，激发出员工最大的能力［例如，Palantir（帕兰提尔）公司的工程师坚信自己在为国家安全效力，于是经常在办公桌下睡觉；还有谷歌的"不作恶"精神］。

不良文化会带来痛苦

大部分公司在追求共同文化上都做得不好，或者招聘时为了"请来能人"或"填补需求"就愿意牺牲共同文化。这种做法通常在短期到中期内就会造成严重反噬。在我认识的创始人里，凡是招聘时牺牲了文化的人都因为公司大乱而后悔了：他们不得不开除表现差的人，工作环境一团糟，优秀人才离职，同事之间的信任被消磨，产品走上歧途，组织内部出现动机分歧，等等。

如何打造强有力的文化[①]

1. 设置强力的招聘筛选机制。 明确筛选出具有共同价值观的人。你要小心，别把多元化的候选人误筛掉了。共同的目标感和多元化的员工团队是可以兼得的。详见后续章节的内容和乔乐·艾默生访谈录。

2. 日常强调价值观。 反复强调价值观，讲到自己脸都绿了为止。在你真的烦透了翻来覆去地讲同一件事的那一秒，你就会发现大家开始反过来跟你来回讲了。

3. 绩效高要奖励，文化好也要奖励。 生产力高和践行公司价值观的人都应该被奖励（晋升、奖金等）。

4. 迅速摆脱文化不契合的员工。 快速开除不契合公司文化的员工，甚至要比开除绩效差的人还快。[②]

本章重点讲上述第一点：优化核心价值观与文化的招聘筛选机制。

招人要看文化与价值观

高增长公司是脆弱的。大家力不往一处使，或者将时间浪费在无意义的抽象辩论中，会带来致命的后果。在初期，你要招募有共同价值观和目

[①] 相关链接见eladgil.com。[http://www.au.af.mil/au/awc/awcgate/ndu/strat-ldr-dm/pt4ch15.html和https://en.wikipedia.org/wiki/Value_ethics]

[②] 参见eladgil.com上的《开除员工的时机与方式》。(http://blog.eladgil.com/2010/06/startups-when-how-to-fire-employee-at.html)

> 在我认识的创始人里，凡是招聘时牺牲了文化的人都因为公司大乱而后悔了。
>
> ——埃拉德·吉尔

标，朝着同一个方向努力的人。这并不意味着你追求的是克隆人或者团体迷思。你要的是向着共同目标通力协作的人。

1. 确定你追求的价值观和文化。问自己下列问题，并向广大员工获取反馈：

- 公司文化的基石是什么？你希望招来的员工具有何种价值观？
- 对什么事情你愿意妥协？什么事情不愿意妥协？（请注意：如果你愿意对一件事妥协，那么它对你就不重要。）
- 你准备在面试中如何筛选出这些价值观？为了看到候选人的价值观，你在面试的各个阶段准备问哪些问题？比方说，如果你想选出愿意积极主动地解决自身职责以外的问题的人，那就请他们举出之前工作中的事例。
- 你的价值观、面试问题和筛选机制如何确保你能引来和聘到多样化的候选人？

2. 注意红线。每家公司都有自己的价值观，因此也有自己的红线。常见的红线包括：

- 只看经济激励的人。尽管你要让员工从工作中获得丰厚的报酬，但你也想要关注公司的使命或影响力的人。贪财的人永远会投奔出价最高的人，或者为了经济利益而做出糟糕的短期决策。

- 骄傲自大。自信和自大之间有一条微妙的界限。当我面试工程人员时，最聪明的人会把问题写下来解算；自以为最聪明的人会试着心算，结果算错了。

- 可能会带坏团队氛围的人。这可能是因为他们缺乏精神或者看起来丧气，经常做不必要的争论，重抽象不重实务，或者其他问题。

如果有人看起来能力很强，但不契合公司文化，那么你应该把他拒绝掉。

3. 目光长远。每个创始人迟早都会受到一种诱惑：你有一个大坑要填，你一直在找合适的候选人，找了好久也找不到。更糟的是，你终于找到了适合那个岗位的人，但他与公司文化的契合度一般或者很差。

正确的策略是不要雇这个人。事实无数次证明"疑人不用"是真理。

文化不能假手于人
——帕特里克·克里森访谈录

帕特里克·克里森是Stripe的联合创始人兼CEO。Stripe是一家线上支付服务公司，正在成为互联网基础设施的核心组成部分。2010年，在亲身经历了开发者部署线上内容与商品支付渠道所面临的困难后，帕特里克与弟弟约翰共同创办了Stripe。帕特里克对初创公司的世界并不陌生。早在2007年，18岁的帕特里克就参与创办了拍卖与市场管理平台Auctomatic（奥克托马蒂克）。仅仅过了一年，加拿大公司Live Current Media（在线传媒）就以500万美元的价格收购了Auctomatic。

凭借基于API（应用程序编程接口）的简明线上业务设立和运营服务，创立于2010年的Stripe立即得到了开发者的追捧。联合创始人约翰·克里森与帕特里克·克里森发现了互联网线上支付基础设施的缺陷，于是决定修补这个问题。8年后，他们已经从早期的小圈子发展到了拥有一批令人瞩目的大小客户，市值达到90亿美元。

Stripe的CEO帕特里克对于公司的人力基础设施——员工超过1000名，办事处遍布世界各地——有一套清晰的思路，这或许并不令人意外。我与他探讨的话题包括文化建设、说明话的重要性，以及他从Stripe 8年来高速增长的过程中学到的教训。

> **埃拉德·吉尔：** 从规模扩大和吸引到志同道合的人建设互联网经济基础设施两方面看，Stripe 都取得了不可思议的成绩。我想听一听你对建设公司文化、实现文化发展的一些看法。
>
> 首先，你怎样看待公司文化与公司规模的协同发展，还有文化发展初期和后期的重点分别是什么？

帕特里克·克里森： 说到文化，我认为公司主要犯的错误是敝帚自珍，碰不得，动不得，而不是将文化当成一个动态的、可修正的东西。

通常来说，如果一家公司取得了一定的成功——如果你在开发自己想开发的产品和服务上有所进展，如果组织在成长，客户也有了——那么从实践角度看，你的公司文化肯定有好的地方。我经常看到公司犯的一个错误就是遮遮掩掩，不说具体。

比方说，你可能会坚信勤奋的重要性，或者坚信关注细节的重要性，以至于你愿意重做一样东西整整五遍。常见的情况是：公司会间接地提到这些事情，但说得暧昧不明。他们会说，"我们相信专注的重要性",但不肯具体地说,我们其实是想要能把几年的心血倾注到这件事上的人,而且我们希望这件事能成为你工作中唯一的关注点。

关注细节也是同理,话很容易讲得畏畏缩缩,就是不肯真正挑明,"如果你跟我们干,那你必须接受自己的成果被反复判定为不合格,必须重做几次才能过关"。这些条件不是人人都能接受的。而且,你必须接受有人会这样跟你谈,然后判定你不是他们的"菜"。

如果你不这样开诚布公地谈自己的文化,就会有三重问题:招不来合适的人;对被招来的人不公平,因为他们会对工作风格方面出现的摩擦和紧张感到意外。第三重问题可能不太明显:员工对公司是什么态度,其实是与他们对自身职责的感受挂钩的。如果他们感觉自己的职责就是承担一个无所不包的项目,而不是后来才惊讶地发现真相,那么他们的积极性就会高得多。因此,你只需要在开头讲清楚就能改变结果。

埃拉德:"开头"指的是面试期间吗?还是上岗后?

帕特里克: 录取之前。我觉得上岗后也可以,但最好是录取前。

一旦你明确了公司文化,另一种失败的做法是过分执着。这就有张力了:你需要讲清楚自己是谁,但也要愿意改变自己。在初创公司领导层必须要做的决断中,困难的决断之一就是要持续在这个张力两端找平衡。哪些不如人意或不尽如人意的结果是由大家不够遵守公司文化导致的,哪些又是因为文化本身的缺陷?是实施的问题,还是性质的问题?

这里涉及的自由度那么大,你实际掌握的数据那么少,混合与干涉的效应又那么强，你很难把这些问题都分离开。于是，最终还是归结到判断上，很有挑战性。

一种常见的误判是：一家公司或机构尝到了轻量级管理架构，或者干脆没有管理架构的甜头，于是要么错误地将初期的成就归功于这一特点，要么尽管正确地将初期的成就归功于这一特点，但不愿意承认旧的管理架构适合7个人的组织，而不适合40人或70人的组织。

> **埃拉德：**你指出了一种重要的文化失败模式，或者是难以修正早期的文化，或者是有一批老员工执着于早期的文化。你采用过哪些修正文化的策略？

帕特里克：头等大事就是要讲清楚，你要的不是维护文化，而是共同掌握正确的文化发展航向。听起来好像是个挺好的区分，但大家会谈论很多早期的文化。说到当年的美好时光，他们会泪眼婆娑。你真的必须加以抵制："从许多方面看，我们当年就是一群呆瓜。我们不知道自己到底在搞什么。即便我们干成了，在很多事情上，我们也毫无疑问花了不必要的时间，遭了不必要的罪。"

从早期成功中得出错误经验是太容易了。我真的认为你需要把话说开：挑战不在于维护文化，而在于合理进化。我要强调几件你在初期一定会做的蠢事。

第二点是，当你做某件涉及文化改变的事情时——可能是外聘领导，或者创立新的职能部门——要接纳并明确公司文化会有改变这一事实。举个例子，你要招一名新的销售负责人，大家担心此举会改变公司文化，这时你不应该说"没事，我们已经采取了一切预防措施，我们也要特别警惕一切变味的迹象"，而应该实话实说。聘请这个人的部分意义正在于改变文化。如果这个人对文化没有影响，那很可能就是失败的。你聘请一名资深销售负责人是为了带动公司销量，你希望公司有一种更擅长推销的文化。

我觉得大家思维深处是知道的，但表达方式往往是错误的。以Stripe为例，我们请了一名COO，她以前是谷歌销售部门的大领导，大家当时就担心她会改变公司的文化。[①]我们不得不把话说明白：她会。那是她的职责。而且我认为她带来的变化对公司来说是非常健康，非常有益的。

> **埃拉德：你怎么对付拒不接受的人？因为就算你选人很有先见之明，就算公司在讨论文化或发展方面做得很好，也还是会有人抗拒或者固执己见。**

帕特里克： 这也是一门找平衡的微妙艺术，因为人们会出于各种原因提出不同意见或者质疑。当有人质疑你时，那往往是真出了问题，合理的问题，你最好要解决的问题。他们是出于善意提出质疑的，你确实应该认真倾听，尽可能帮助解决问题。你往往不得不对大家强调解决问题通常不会很快，身在初创公司就必须适应这一点。但总体来说，你应该带着同情去倾听。

然而，有时人们表示不同意，或者提出异议，或者干脆拒不接受的原因是存在根本分歧。他们认为公司应该走X道路，或许公司以前走的就是X道路，但你现在决定走Y道路。在这种情况下，为了关系的健康有益，你有必要对有异议者挑明：他们需要做出决断，要么适应Y，并积极地为其努力，要么对他们来说，这里从长远来看或许不是一个有幸

---

① 即克莱尔·休斯·约翰逊。本书收录了她的访谈录。

福感和成就感的地方。

谈话可能是痛苦的，因为他们之所以拒不接受，往往是因为公司到底是什么对他们来说干系重大。但有的时候，他们关切的是公司曾经是什么。大多数人很善于随着公司进化，这在某些方面是一件困难的、不自然的事。但并非人人都是如此。这并不意味着他们是坏人，也不意味着他们不能为公司的一大部分组织做出卓越贡献，而仅仅意味着他们不再适合你当下所在的，而且要继续向前的这个组织。

还是那句话，我总能在公司里发现的一个错误就是，人们不能坦诚地对待这些谈话。双方会拖上一两年，到最后大家都不满意，工作做不好，闹得不欢而散。

我会努力把话说在前头。要保持平和，不带情绪，"看，我们要做Y了。你可不可以放下心里可能想做X的想法，一起来做Y？如果你不想做，我们也不会指摘你。"

埃拉德：在我见过的每一家迅猛扩张的公司里，都会有一部分早期员工离开。对员工队伍来说，这应该被认为是一件自然的事，事实上也是一件好事。许多伙计就是不想在大公司里干，或者有某些非常具体的追求，如果公司不再服务于那个目标，那么他们到别处会更快乐。

帕特里克：是啊。这就好比说有一个不开除任何人的组织。他们有可能出奇地擅长招聘，以至于不开除人是他们的正确选择。但从统计角度看，这也是出奇得不太可能，而且他们肯定要在面试方面取得世界上任何人都不曾做到的突破。

同理，如果五年过去了，你的每一名早期员工都还在，那么你可能确实有一支适应性特别强的队伍，以至于这对你的组织来说是正确的做法。但还是那句话，统计上的可能性很低。能留下的、真正适应力强的人越多越好。但你真的应该问一问，是不是每个人都的确如此。

埃拉德：你是怎么看对员工强化或提醒公司文化价值观的？你会把它加入绩效回顾会议和全员周例会吗？

帕特里克：关于很多文化上的问题，我认为要牢记的宗旨是：迅速扩大的人类组织是不自然的。我们经历过的绝大部分人类组织，不管是中小学、家庭、大学、社区还是教会等等，都不是真正迅速扩大的组织。于是，你从中习得的线索、教训和习惯未必足以让你应对你正在建设的那种人类组织——可能每年都要扩大一倍乃至更多。

因此，你会经常听人说在绩效回顾会议或全体周例会上明确谈文化价值观一类的事。于是你就想，"哎呀，我见过的其他组织大都不这样做啊"，这看起来好像有点矫揉造作。但这里是有区别的，你面临的挑战要严峻得多，你要在组织成员迅速变动的同时维持凝聚力。

所以，我特别认同你刚才提到的那些事情。我认为，大多数公司着手将自身原则或价值观写下来、说出来的时间都太晚了。公司只有几个人的时候，我会试着做一次书面的临时性修订。接着要持续更新，因为随着公司的发展，你肯定会意识到或者明白过来有些事情做错了。

但我会从正确的价值观起步，而且我肯定会把它整合到产品开发、集体沟通、整体决策中。比方说，你要选择A轮投资人，我认为理想情况是你有一套经营原则，内部有一套文化，可以引导你选择合适的投资人。

埃拉德：你对文化沙皇一类的事物怎么看，或者任命一位文化负责人？

帕特里克： 我认为这通常是一个坏主意，原因有两个，如果你指的文化沙皇不是CEO本人的话。首先，你想委以文化沙皇重任的人，往往对公司目前的状况投入了很多个人感情。而公司是需要改变的。还是那句话，你有很小的概率捡到宝——那个人能够驾驭公司文化所要求的所有发展与进步。但他做不到的概率更大。实际上，他对公司现状的炽热执念会妨碍公司文化应有的进化。

第二个原因是，CEO的职责说到底没有那么多，但我认为创造企业文化是其中之一，而且不能假手于人。简单地说，我认为CEO有五大首要责任：高管层的监护人与终极裁决人；首席战略师；公司的主要门面，至少是在初期；几乎是理所当然的首席产品官，尽管这种情况在公司壮大后可以改变；然后就是负责文化这一块。文化是公司的根基，假手于人确实会有麻烦。

埃拉德： 你认为增长有没有一个自然的天花板？因为让员工融入公司文化是费工的。换句话说，你什么时候会知道公司增长得过快了？是公司每年增长两倍，而不是一倍的时候吗？是新增员工达到一定数量的时候吗？你认为有没有一条自然定律，还是说每家公司都不一样？

帕特里克： 我认为这主要是看管理团队的经验和凝聚力。所以，如果你起先就有30名经验丰富的管理者和领导者，而且他们对战略有清晰的共识，那么我认为你就能够实现令人惊讶的扩张速度。至于形成凝聚力，选出并聘用这些人，等等——我不知道哪一家现实中的公司起先就有30人。

但我会主要从领导带宽的角度考虑。你甚至可以在特定部门内这样做。如果你的销售或人力资源负责人确实优秀，他的部门现在可能只有两三个人，但你发现它运转良好，团结一致等等，那么我认为你可

你要的不是维护文化，而是共同掌握正确的文化发展航向。

——帕特里克·克里森

以把这个部门从两三个人迅速扩大到30个人，效果很可能会不错。但另一方面，如果你的人力资源部有5个人，成绩不错，但没有合适的人领导，那么哪怕只是增加到10个人，都会吃力。

在现实中，组织每年扩张两倍以上，未必总会失败，但难度是特别大的。你需要有力地证明，你为什么就特殊，你为什么就不会遇到默认的结果，也就是真正的混乱。例子是存在的，但很罕见。从文化角度看，过去20年间在规模化方面做得最好的巨头企业就是脸书。脸书确实会注意将增长率控制在60%以下，而且是有意为之。这或许只是偶然关联或巧合，但我认为不是。

埃拉德： 你对海外办事处或分布式团队背景下的文化有何看法？

帕特里克： Stripe现在有几十个海外办事处，规模有大有小。我认为关键是要有合适的现场带头人和初始晶种。不是一个带头人的问题，要有2个、3个、4个人,围绕他们形成办事处的文化。

> **埃拉德:** 你会把之前在Stripe总部工作过的人派出去吗,还是单纯从当地招合适的人?

帕特里克: 我认为品种或者要先在总部完整地干一段时间,或者针对你的观点,之前在总部干过,但想要到别处生活或工作。新办事处成立后很长一段时期内,所有员工都应该先到总部工作至少几周,或者几个月。

以我们的都柏林办事处为例,现在有70个人,几乎每个人一开始都在旧金山总部干了至少两周。

> **埃拉德:** 面试是在当地进行,还是要通过总部?

帕特里克: 几乎每个人都在总部面试。到了某个点,这显然是要变的。但对员工来说,培养总部人脉和了解总部情况的长远价值是怎么说都不为过的。

还有一点要考虑——表面看起来是小事,但我认为其实是大事:沟通设备。要有完善的视频会议设备和联网的视频会议室。要使会议录制、会议播送、远程参与等等都非常便捷。

第二,重要会议的时间安排。从文化视角出发,将全体会议从人人都在喝啤酒的周五下午五点挪到周五上午、周四上午或其他对欧洲、亚洲员工比较友好的时段或许有点可惜。但如果你真的在意其他办事处,那么我认为这是必要之举。

第三,一旦公司达到了足够的规模——我觉得不会特别大,也许是

100~200人吧——你就该考虑设置独立的内部沟通部门了。和前面讲的一样，我觉得许多人抵触的原因是这看起来有大企业作风。但是，如果你确实认为让大家了解公司现状和优先事项是重要的，那么单纯依靠偶然，继续让它成为最不受重视，只占1%的任务，似乎就有点奇怪了。委派一个人全权负责公司整体的沟通事务，务必要清晰全面——只要比应该着手的时候稍晚一点执行，大家通常就会为这个人的价值感到惊讶。

埃拉德：你考察过公司文化建设的模式吗？你研究过你认为做得更好的其他组织吗？

帕特里克：我认为，人们应该小心地选择要效仿和学习的公司。你非常容易选择同时代的公司，或者你碰巧最先想到和注意到的公司。但总体来说，同时代的公司——尤其是它们的规模和你的公司差不多的情况下——有可能历练不足。我们的总部在旧金山，那里有一大堆出名的公司，你甚至在潜意识里就容易去效仿它们，但它们并不是好的范例。

所以，我会亲自花大量时间与人交流，也会读书了解硅谷历史上的成功者——英特尔，还有微软，尽管微软不在硅谷，还有谷歌的早年岁月，以及史蒂夫·乔布斯回归后的苹果。因为我们对后来发生的事和它们实际取得的成果都有完整的背景认知。

而在当下，同时代的公司还没有得到历史的判决。我个人的观点是，它们中有一些——绝不是全部，但肯定有一部分——正在文化或组织方面犯严重的错误，这些错误会大大阻碍它们实现自身的潜力，或者说曾经的潜力。因此，选择榜样时要小心谨慎。

> 我认为，人们应该小心地选择要效仿和学习的公司。

——帕特里克·克里森

埃拉德：没错，产品市场契合完全不同于文化实力和适应能力。如果看到一家公司干得不错，你就容易把两者混为一谈，哪怕它在组织方面做得很差。

帕特里克：你的讲法非常好。大多数初期拉新强势的优秀产品都没能持久，也没有发展出持久的组织。这恰恰强调了转型的艰难。大多数尝试者都失败了，所以你一定要找确实取得了成功的榜样。

埃拉德：今日硅谷似乎有了一些变化，几乎产生了一种理所应得的文化。人们拿到了优厚福利，然后就开始抱怨可能没那么重要的事情，比如园区内免费理发的次数。你是怎么处理的？福利越发越大，你要如何确保员工不要以为一切都是自己应得的？

帕特里克：我觉得，这是我们在当下历史时期的美国和湾区共有的一个挑战。前辈创造了如此之多的财富，让我们在短期内享受到了福利，而这很容易对企业文化造成溢出效应，让人偏离重点或者失去决心。

还是那句话，只要你读一点点讲述当年的书，最好再找当年的人聊一聊，你就会发现最早的半导体企业和早期的软件公司，一直到西雅图的早期的亚马逊和微软，它们根本没什么应得的。那时的看法是，软件公司是给硬件锦上添花的，无关紧要。它们被看不起，受制于严酷的发售周期，激进、保守、中庸的公司都纷纷破产，来自亚洲的竞争也引起了很多担忧。那时的市场是一个严酷的成长环境。当然，幸存者都活得不错。但当人们都盯着硅谷是一个多么成功的科技摇篮时，他们却不太关注——我认为他们也不太能意识到——硅谷的墓地里埋着多少家公司。

所以，尽管我认为优胜劣汰的压力对活下来的公司来说是好事，但这确实会打破我们关于实际建立一家能活下来的公司到底需要什么的直觉。你取得了早期的成功，或者完成了A轮融资，或者实现了初步拉新，这时你的头脑中很容易，甚至无意识地就会浮现出一连串剧情："脸书是在2005年拿到了A轮融资，之后在2008年或者2009年，反正有一年吧，市值达到了150亿美元。"如此等等。我就直言不讳了，这种想法的影响是极其有害的。与20年或30年前相比，在很多方面，建立一家有决心、有专注力、有纪律、不自满的组织都更难了。这是我们都要面对的结构性逆风。

硅谷正享受着许多天然优势和顺风，但我认为这恰恰是我们面临的一个挑战。如果硅谷被另一个地区取代了，甚至只是因为一般性扩散，地位被稀释了，那么我认为这会是首要原因。因为我们太富了，过去太成功了，因此失去了渴求心和竞争力。

只要与中国的软件大厂——京东、腾讯、阿里巴巴，现在还有新一代的初创公司——共事过的人，都会斩钉截铁地告诉你，那里没有理所应得，没有自鸣得意，却有真正追求成功的决心，在硅谷至少不是所有人都有这种决心。所以，我真的认为这应该是每一个人脑子里的头等大事。

为使表述清晰，访谈录对原文进行了编辑和提炼。

多样化招聘

共同的文化并不意味着"形象和举止与我完全相同的人"。建设有凝聚力的团队意味着聘用有共同的目的，有共同的使命，对公司范围内和语境中的重要事项有共同愿景的人。

在硅谷，一直有人号召提高公司的族裔和性别多样性。为了在招聘中突出多样性，你有一些工具和方法可以利用，包括：

1. 招聘

- 确保为岗位发掘和追求多样化的候选人。
- 与高管和招聘团队共同思考招聘过程中可能产生的偏误。[1]
- 利用Jopwell（乔普韦尔）和Triplebyte（三重字节）等专业招聘公司。

---

[1] 偏见不仅会影响招聘中的族裔和性别多样性，甚至会妨碍你招到其他类型的员工。比方说，我见过一些偏重后端的开发团队招不到前端工程师，因为他们的面试问题和风格过于偏向后端。

- 如果请了招聘公司，要说明性别和种族的重要性。
- 如果是校招，要确保到学生群体较为多样的校园招聘。
- 面试女性候选人时，面试组和聘用委员会里要有女性。有色人种同理。

2. 榜样

- 眼界要放开。你的投资人里有女性和代表性不足的少数群体吗？董事会和高管团队的多样性如何？
- 你能够为女性和代表性不足的少数群体提供辅导项目吗？
- 你是否为女性和代表性不足的少数群体提供了媒体露面或公开发言的机会？这可能有助于吸引其他候选人。

3. 福利

- 想一想你提供的福利。职场妈妈有产假福利吗？孩子小的父母有挤奶室等基础设施可用吗？有专门留出房间给初为人母的员工吗？

初创公司多样化招聘的最大难点是，初创公司倾向于从大型公司（比如谷歌、脸书等等）挖人。大公司发挥了为初创公司提供"肥料"的作用，这些初创公司正在寻找资深员工或者有大型组织管理经验的高管。这些大公司的员工多样化程度不高（特别是工程、产品和设计部门），这就给下游初创公司的多样化招聘造成了困难。作为初创公司，你需要从不那么常见的人才来源中发掘人才。在大量公司愈发关注多样性的当今环境下，获取背景多元化的候选人可能会面临比较激烈的竞争，耗费比较长的时间。[1]

---

[1] 关于多样化招聘到底是有"管道"问题，还是有固有偏见问题，过去一直有争论。这个复杂的问题不是非此即彼，而是兼而有之。不幸的是，现实中有两类问题：（1）公司需要调整自身行为，以确保寻找多样化的候选人，并接纳/支持多样化的员工。（2）整体行业本身就有多样性问题，特别是拥有成千上万名合格候选人的大中型企业，初创公司是想要从里面挖人的。

多样性并非可有可无
——乔乐·艾默生访谈录

乔乐·艾默生是Paradigm的创始人兼CEO，Paradigm与创新型公司的领导者合作，提供关于多样性和包容性战略的咨询建议。乔乐写过大量关于多样性、包容性、无意识偏误的文字，作品发表于《华尔街日报》《纽约客》《财富》《快公司》和"商业内幕"网站等媒体。

创办Paradigm之前，乔乐是一名职场女性权利律师。她曾接受世达律师事务所资助，为平权倡导组织工作，其间代表遭受性别歧视和性骚扰的女性员工出庭。她还推动地方、州和联邦制定政策，以确保同工同酬和其他职场女性保护措施。乔乐毕业于斯坦福大学法学院。

乔乐·艾默生是多样性话题的中心人物，曾为Slack（斯莱克）和爱彼迎等高增长大型公司提供战略制定与思维养成咨询服务，主题是如何招募并留住多样化团队。凭借调研扎实、数据驱动的手段，她的公司展示了多元视野对公司的益处，同时为初创公司提供发掘多样化团队的培训服务。

我有幸与她探讨包容性文化为何能切实提高产品质量，以及扩张中的科技初创公司能够如何利用先行者的经验教训。

埃拉德·吉尔：我们先谈基本问题。多样性为何重要？公司如何能尽早着手考虑？

乔乐·艾默生： 多样性有多方面的意义，而且每一家准备为其投入——投入时间、投入资源、投入精力——的公司都应该有明确的理由，这一点是很重要的。

第一个原因是，大量研究表明，多样化团队的分析能力与解决复杂问题的能力更强——基本上有利于创新的能力都会有所提高。也有研究表明，公司的多样性程度与财务成果存在正向关联。我一般会发现人们不太信服后者（因为很难确定谁是因，谁是果，有没有另外的因素），但有大量研究表明团队的多样性与解决难题的能力存在因果关系，人们对此是感兴趣的。

至于有困难问题要思考的小公司，它们的兴趣点是打造一个团队来帮助公司做到最好。而我们知道，当你将不同背景的人集合到一起——性别、族裔的研究都有，甚至有关于政治派别的研究，这一点有时会出乎人们的意料——当你将这些不同的视角聚合起来时，你就能打造出创新能力更强的团队。

接下来是多样性为何对某些公司有意义的第二个原因：如果你面向的客户/用户是多样化的，那么团队的多样化视角就能帮助你设计和开发出有针对性的产品或服务。

我特别喜欢的一个例子是，优兔在2012年推出了一款移动端产品，功能是让人们从手机上传视频。他们发现约有10%的上传视频是倒着的，最后他们发现这是因为左利手用户握持手机的方式不同。这款产品的产品或设计团队里没有左利手。我认为，产品设计团队的多样化视角会帮我们设计出适合更广泛用户的产品。

第三个原因是，人才池一般是很小的。公司普遍难以找到优秀人才。大家都明白，"是啊，找人不容易。如果我只依赖自己的人脉，也不考虑吸引不同背景的人，这就相当于从根子上限制了公司招人的能力"。我与两家确实重视这一点的公司合作过，它们努力要成为对最广泛的人群有最强大吸引力的公司，以此招募最优秀的人才。

第四个原因不容忽视——许多公司确实认为这是正确的事：将各种社群纳入技术开发与设计中，纳入打造产品的过程中，这些产品将会定义未来10年、20年、许多年后的世界面貌。他们认为，将群体从技术创造中排除出去是有问题的。

就与我共事过的公司来看，它们的主要动因就是以上四点。我认为它们都是好的理由。首先，你应该知道自己对哪一点产生了共鸣，以便根据你真正看重的东西来设计战略。

埃拉德：在你看来，公司发掘和招聘多样化员工的最大现实阻碍是什么？

乔乐： 分成两块来看比较好——发掘和招聘。

在发掘方面，一大阻碍是人脉网络同质化，特别是种族和族裔以及教育背景这两条线。我们的关系网里大部分是与我们类似的人，而你在创立公司之初会相当依赖自己的关系网。要想获得多样化的好处，公司就要愿意投入一些时间走出自己的关系网。

我承认，这样做要投入时间。因此，公司必须决定获取多样性的益处占有多高的优先级，还必须决定要多早做这件事，因为就在你等着何时开始招聘不同背景的人才时，引入第一名、第二名多样化员工的难度就会呈指数级增长。因为谁想要加入一家50个人都是一个样，只有自己不一样的公司呢？公司有5个、10个、15个人时就着手实施要容易得多。

发掘方面的第二个阻碍是无意识偏误，有意识的偏误或许也有，也就是关于哪种人适合哪个岗位的特定信念。在无意识偏误的作用下，大脑会自然而然地走上认知捷径，并进行模式匹配。于是，人们会回想自己见过哪些人承担过这个岗位，之后看人时就会戴上有色眼镜。

接下来是我所说的"天才文化"——我认为这确实是科技圈子里的一个不健康成分：信奉天生才华、内在能力、"天才"的神话、寻找"与生俱来"、摇滚巨星一类的词汇或特质。我们知道，一种是将能力、才华、智识视为固有的内在特质，一种是发展的眼光，将才华和能力视为可塑的，也就是人们可以锻炼提高的东西，前者导致我们凭借刻板印象指导决策的可能性要比后者大得多。以上就是我眼中在发掘方面的两大障碍。

在招聘方面，候选人走进房间后，早期阶段公司的聘用决策流程通常相当糟糕。这些流程往往是主观的、后设的，而且随着候选人的不同或面试官的不同而不同。我们知道，指导聘用决策的结构性越强，决策就越准确，无意识偏误等障碍偷偷潜入，影响结果的程度也就越小。

比方说，当公司根据"文化契合度"招聘时——甚至大公司也不例外，但20人、30人的公司尤其明显——我发现各家公司对"契合度"的定义是不一样的，制定的评估方法也不一样。有些人看的是，"谁是我愿意和他一起被困在机场12个小时的人？"这些评估人员能力，或者评估岗位契合度的办法真的很差劲。所以，我认为解决问题的关键就是流程结构化。要明确你想要的是什么，要用与岗位相关的工作样本，要实地考察人员的能力，然后设计出客观的结构化面试流程，以得出有相关意义的信息。

埃拉德：我们在Color真的动手定义了"文化契合度"，专门要将偏误排除——不只是从多样性的角度出发，还因为我们希望确保每个人对"文化契合度"都有真正协调的理解。要点是强调卓越、务实和各种我们要寻找的特质，尽管有时特别难领悟。

乔乐：好极了。我希望整个硅谷都少用"文化契合度"这个词。"契合度"几乎让我们先入为主地去想"与团队现有成员类似的人"，而不是我们考虑过的具体特质。

我其实希望公司更多地从价值观或工作风格的和谐度方面思考，也就是会按照我们公司的做事方式来做事的人。与我们合作过的公司也有叫它"文化补益度"的。"谁能带来我们最需要的东西？"，而不是"谁契合我们已有的东西？"。评估方式比叫法更重要，但语词确实是重要的，我们谈论这些事物的方式也会产生影响。

> 通常招到一两名关键员工就能带来实质性的重大影响。
>
> ——乔乐·艾默生

埃拉德：我在发掘方面还见过一个阻碍——不光是我的公司，还有许多我打过交道的公司——初创公司常常会从更大、更成功的科技公司挖人。而这些大型科技公司的团队本身就相当同质化，于是从源头上限制了你最终招到的人。因为数字从你刚起步时就对你不利。你对克服这种障碍有什么看法？或者说，初创公司应该将目光投向其他什么地方？你会如何着手考虑拓宽人脉，针对你先前的观点？

乔乐：当你考察有关系的、要从里面挖人的大公司时，要有多样性意识。有意识地寻找能提高多样性的人。不同的公司对多样性有不同的定义，可能是依据年龄、教育背景、族裔或性别。比方说，我们知道有些公司对外招聘，主动发掘人才的活动中，有90%或100%是专门针对代表性不足群体的候选人的。这些公司知道内部招聘的多样性不高，所以改变的唯一办法就是主动出击了。

埃拉德：能举几个例子吗？

乔乐：据我所知，Gusto公开谈论过这一点。他们承诺将——我觉得——100%的对外人才发掘用于发现来自代表性不足背景的候选人。

埃拉德： 我觉得你提出的一点真的很重要，关于你——作为一家公司——要如何处于一种能够为员工投资的状态。许多公司想做这件事，但当公司还比较小，只有50人，甚至有了100人的时候，哪怕是多招募年轻员工这样的事都会占用团队的大量带宽。所以，直到公司达到相当大的规模之前，为员工投资似乎都是很难的事。

乔乐： 我同意初期确实难做的观点。作为一家5人公司的老板，我知道那确实很难。但哪怕在你可以为员工投资之前，你也可以先做一些容易的事，像是发掘外部人才时专注于来自代表性不足群体的候选人，比如把岗位描述发到招聘网站上，与人员多样性强的机构合作。

当你真的刚起步时，没错，确实是难。但这也有好的一面：通常招到一两名关键员工就能带来实质性的重大影响。大幅改变格局所需的人数并不是那么多。所以，投资只是请来两名这样的员工而已。

我知道有来自代表性不足背景的候选人能满足早期阶段的公司的要求，如果公司花时间寻找他们的话。公司在壮大过程中会受益于这些员工的关系网，所以投资回报是很够本的。然后随着你的成长，没错，你讲到的员工发展啊，拓宽招聘目标人才的眼界啊一类的事情，它们全都会开始发挥作用。

埃拉德： 这一点讲得很好。因为如果你真的要尽早拓宽人脉，那你就应该有意识地问自己，你想要哪些人尽早进入自己的关系网，这样才能从他们开始拓展。真的要尽早把它作为根基，这很重要。

你对董事会层面的多样性怎么看？在某种意义上，我认为那完全是另一码事。

乔乐：是另一码事，事实上我们也没在这方面投入大量时间，主要是因为与我们合作的早期阶段的公司都是这样的，"我们一个董事也不加，就这样。我们不想要人多的董事会。我们希望董事会属于我们——创始人——和两名重要的投资人"。好吧，这是有意识的决策，你可以这样决策。如果你没有来自代表性不足群体的投资人，你的董事会又只有你自己和投资人，那么事情是难办。

但随着公司的扩大，你也在考虑增加具有特定方面能力的人，这时将多样性纳入考量就极其重要，而且我认为要想提高董事会的多样性，唯一的办法是：干就完了。你只要说，"我们相信，公司指导者的视角多样性很重要"。

许多研究——还是相关性研究——表明，多样性对财务有正面影响。当你有女性员工，尤其是女性董事时，会给公司造成重大经济损失的那一类决策就会少一些。所以，我认为你只需要说一句，"如果新增董事的话，我们就要这样做。我们现在的董事会就是这个样子，所以新增董事需要带来这些才能和技术，要增加多样性，这就是我们要考虑的"。

话说回来，这往往是加一个人的问题，所以你必须投入时间。高增长公司的难处在于，有许多这种事要你多花一点时间。我认为这是值得的。但因为当过董事的人以男性居多，所以如果你赶得急的话，找男董事要比找女董事容易多了。但如果你想要最好的人，想要打造最好的董事会，那你必须有坚守，别人给你塞候选人时不能动摇。

埃拉德：杰克·多尔西在这上面确实花了很多时间，以前为Square，现在为推特都是。所以我知道，这件事重点做是能做成的。针对你之前说的一点，我认识到多样化要从投资人开始。因为如果你没有来自代表性不足群体的投资人，那么初期基本就不会建立这种关系。我发现第一位独立董事往往是一位投资人，或者其他公司打过交道的顾问或朋友，可能是工作关系，也可能是私人关系。

乔乐：是的，我同意。总体来说，风投行业肩上有很大的责任——或者说，肩上应该有很大的责任——去做得更好。我认为，与风投人相比，科技公司对待多样性和包容性这种思维要严肃得多得多——或者说，已经开始严肃得多得多。这确实很难，因为帮助你搭建人脉的是风投人。他们会给你推候选人，给你推董事人选，如果他们没有多样化的人脉，那你要多样化就更是难上加难。所以，我希望随着科技公司开始对多样性提出更高的要求，风投人会给予回应。这就是我们开始看到的局面：科技公司要求投资人帮他们做这件事。然后，我们听到投资人讲："我们要如何帮他们做这件事？"这是好事，我希望趋势能延续下去。

埃拉德：就你所见，从申请或面试流程中消除无意识偏误的最好方法是什么？

乔乐：我认为，结构化面试是让你做到这一点，真正招到最优秀的人并提高多样性的关键。我想的是一套四步法。

第一步是厘清每一个岗位的相关要求，不管是专业方面还是非专业方面的要求（如果有非专业要求的话）。

第二步是为评估每项要求设计专门的问题。不仅要明确要求的意义是什么，也要明确如何判定某人是否符合要求，并确保每个人在针对各项能力的问题上达成一致。

第三步是限定每名面试官的评估范围。作为面试官，你不应该走进房间，然后拍板决定，"我们应不应该雇这个人？"你应该决定的是，"这个人是否满足我们的这两项需求？"因为我们知道，人在认知负担很重时最容易走捷径。试图从5个维度评估一个人对任何人来说都太难了，尤其是在30分钟、1小时的面试中。

接下来是第四步，也是关键的一步：制定评估标准，帮助面试官评价得到的回答或工作样本。评估标准可以很简单：好的回答要说到这三点，中等回答要说到两点，差的回答一点都没说到，或者只说到一点。评估标准确实能帮助面试官守住目标人才，也能限制已知会影响聘用决策的常见偏误，比如肯证偏误，也就是你有两个问题答得非常好，于是我在接下来的面试中就先入为主地有意寻找你好的地方。或者你的简历给我留下了深刻印象，于是我就先入为主地认为你确实很优秀，并关注你做得好的事情。守住评估标准，你就能更好地聚焦于回答，想清楚每个人给出的回答是不是真的好。所以，我认为这一点确实关键。

然后，如果你正在扩张，想一想你的岗位描述是什么样的：你如何吸引人才？你如何谈论自己的公司？你在哪里发布招聘信息？岗位描述的吸引力范围是不是比较狭窄，比方说因为你使用了性别歧视的语言？你是否在谈论固有能力，比如智力？

研究特别表明，如果岗位描述着眼于固有能力（比如天才），而没有发展的眼光（比如学习和成长），那么女性申请岗位的可能性就会更低。还有你在哪里发招聘信息？有没有在网站上发，在来自不同群体的人最可能看到的地方发？

埃拉德：先是把人引进来或者招进来，然后还有融入团队，提供辅导，创造各类人群都能成长的环境。你见过在这方面失败的公司吗？如果见过，它们可以如何避免？

乔乐：其实大部分公司都做得不好，甚至包括招聘做得很不错的公司。这是一件难事。但思考如何创造一种人人都有归属感的文化真的很重要，不是可有可无的。

许多研究表明，当员工怀疑自己是否是公司的一员时，他们的工作绩效会受损，敬业度会下降，离职的可能性也会提高——这些坏事都会发生。公司通常会营造一种适合主流群体，但不适合那些或许不同于既有员工的人的文化。

有一大批研究是关于"环境归属感"的。它指的是，我们从周遭环境中获得了哪些微小的信号，让我们知道自己是不是属于这里？这可以是很小的事情，比如墙上贴什么海报，举办什么类型的社交活动。你的联谊活动或团建活动是不是清一色的下班后去酒吧？如果是的话，这就对下班后有事要做或者不喝酒的人发出了一个强烈的信号。或者说，你还有一些活动能接纳来自不同背景，或者不能做你要做的事情的人？你的办公室设计是否能让所有人都感觉舒适？

我要说的是：我每周都会走进科技公司的办公室，其中有大约30%的时候，我还没跟任何人讲话，就想"哎呀，我不适合这里"。我单纯从办公室的设计布局、墙上的物件、无处不在的酒精饮料、乒乓球台就能看出来。有时我去看科技公司的网站，发现用来展示公司福利的图片都是男性照片。他们说公司有健身房，而"健身房"的图标是一个举铁的男人。这些事情都会给人发出信号。如果你来自被充分代表的群体，那你很容易注意不到，但它们的影响很大。所以，着手思考如何建设一种人人都能把工作干到最好的文化很重要。

我们发现，公司另一个做得不好的地方是对新管理者，或者说缺乏经验的管理者的培训。早期阶段公司的许多人以前没管过别人，或者管人经验不多。所以，他们不太擅长做基础的管理事务，比如给出反馈，给出好的反馈，关于流程的反馈——哪里出了错，哪里干得好，如何改进。

早期阶段的公司会说："哎呀，我们实在没办法提供管理培训。力有不逮。我们要怎么做呢？"你有能力做的一件确实简单的事是请外人来培训。要求管理者每个月参加一定数量的一对一培训，或者采用其他合理的手段，只要能让你感觉团队里的每一名管理者——哪怕你现在还不能提供培训——都能得到某些关于如何进行反馈的引导和指导。

你也可以创建一些样本工具或模板，展示好的反馈是什么样的。这些小东西有时会被忽视，但确实是有帮助的。

你也可以展示坏的反馈是什么样的。比如："你很会沟通。你那个项目做得不错。"与之相对的好反馈是："你的沟通技能不错，一直让大家及时了解你的项目状况，而且你自己在经历挑战的同时也乐于帮助同事。"

要向大家展示有助于员工成长进步的流程反馈是什么样子的。我认为培训项目和聘请外部讲师、教练超级有用，而且公司在任何阶段都可以用。

埃拉德：除了直接离职，有哪些警示信号或方式能让你做出判断，认为自己正在创造一种会逐渐将某些人赶走，或者不能帮助员工在公司里发挥全部潜能的环境？

乔乐： 当公司规模大了些，要我说的话是达到50人，你就可以做调查了。我认为调查真的有用，而且确实有很好的预测能力。有研究表明——说实话，你用不着研究就能知道——有研究表明预测一名员工是否要离职的最佳方式，就是看你在敬业度调查中问他未来一年是否计划继续在公司工作时，他的回答是要走还是不要走。所以，其实你通过询问员工就能开始判断他们对公司的感受如何。

随着公司的扩大，你也可以按照员工的群体特征进行调查，然后分组统计结果。你需要有一定的人数基础，而且要匿名，但一旦你完成了调查，你就会开始看到，"女性对婚姻质量等问题的看法是否与男性有一贯的差异？""公司内的非裔美国人工程师对升迁机会的感受是否与白人工程师不同？"

你必须有一定的规模才能这样做。但在你达到规模之前，你依然可以为员工提供定期与上层领导沟通，谈论自己对公司感受的机会。你可以定期举行午餐见面会，专门谈论文化和员工感受。你可以每月甚或每季度办一次公司领导聚在一起的活动，单纯是问员工感觉如何，不干别的事。你也可以设置开放时间，每个月空出两个小时，告诉大家"此举是专门为了打造包容的文化，所以如果你认为有些事可以做得更好，那就来找我聊聊吧"。这些事很容易做，哪怕在公司规模很小的时候。

另一件公司需要考虑的事——即便初期不准备干这件事——是如何着手进行绩效衡量与奖励。我认为公司通常会拖到太晚才设置绩效衡量

另一件公司需要考虑的事是如何着手进行绩效衡量与奖励。

——乔乐·艾默生

流程，原因往往是过去有糟糕经历，因为这种流程大部分都很差劲。但我们知道，如果你完全没有流程，就很难让结果公平，因为人们只会顺从偏误。人脑真的不擅长依据数据决策。

所以，你其实可以这样想："好吧，我们达到50人时就设立流程。在此之前，我们在做出关于公平、晋升、薪资的决策时也要有一些规矩。我们要问三个问题。"哪怕只设置少量的结构，然后做好何时出台新流程的计划，这样真的有好处。重要的一点是，结果不仅要公平，更要让大家感受到公平。在没有指导结果的流程时，人们会有很多质疑。所以，公司的决策目前是如何制定的，壮大后又要如何制定，这些问题讲清楚些很重要。

为使表述清晰，访谈录对原文进行了编辑和提炼。

下行期管理

与所有行业一样，科技行业是有周期的。[1] 在上行期，充足的资本让公司的规模迅速扩大（有些情况下，扩大规模成了主要关注点，单位经济效益却不高）。而在现金短缺的下行环境中，公司需要从根本上改变自身行为（扩大规模常常会牺牲赢利能力，尽管不总是如此）。

我经历过两次周期下行：2001~2002年的泡沫破裂和2008年的金融危机（后一次对科技业只有微小的影响，与2001年不可相提并论）。由于经济周期是在5~15年之间逐渐演进的，所以科技业的任何一个周期中都有一批新的当红创业者，而局势恶化时，人们在每个周期往往都会犯同样的错误。

如果你是一家早期阶段的公司（比如有成员5人，银行里有200万美元），那么你的首要任务就是寻找产品市场契合。除了不要乱花钱，你在下行期的运营方式没什么需要改变的。一些伟大的科技公司正是在下行期建立或获得融资的（惠普和思科就是两个例子）。[2] 谷歌和亚马逊真正崛起也是在整个科技行业大崩溃的2001年之后。

如果你的公司进入了中后期（比如有40~100人），你就应该好好琢磨公司的财务，提前做计划。

在科技业的下行周期中，你应该做以下这些事：

1. 以现金为焦点。进入后期阶段，公司倒闭的常见原因就是现金流断裂。查查现金头寸——根据预期，现金能撑多久？在下行期，一旦资本寒冬持续一两年，你可能就要做好熬三年的准备。增加流动资金的方式

---

[1] 经济周期：参见维基百科上的介绍，eladgil.com上有链接。（https://en.wikipedia.org/wiki/Business_cycle）
[2] 参见亚伦·哈里斯的《不要紧盯纳斯达克》，eladgil.com上有链接。（http://www.aaronkharris.com/dont-focus-on-the-nasdaq）

包括：

- 融资。目标是让银行里有足够支用三年或更久的现金。如有必要，可以报低估值进行一轮融资，不要狮子大开口。
- 盯紧支出。除非确实必要，否则不要花钱。如果需要扩大销售团队，那就去做吧。凡是能让公司成功的事情，你都要坚持做，但价钱要压低。小钱仔细，大钱挥霍，两者间的权衡要好好琢磨。比方说，不要砍了办公室的零食，然后毫不吝惜地给销售团队买头等舱的机票。
- 提高赢利能力。如何让现有的单子的利润率更高，或者收入越做越大？如果目前的单子的利润率是负的，你要如何解决？如果每单都在亏钱，那么重点就不要放在扩大规模上了——这只意味着加速烧钱。①
- 炒劣质客户或市场的鱿鱼。你可能有一批从他们身上赚不到钱的客户，别伺候他们了，或者少给他们花钱。
- 招聘计划。想清楚未来6~12个月的招聘需求。公司真正需要的是什么？如果融不到资，也拿不到更多赚钱的单子，那么你可能就要缩减团队了。如果你继续招人的话，真正优秀的人才很快就会另寻高枝了。你或许甚至可以将招聘门槛调得高一些。
- 地产：地产是无声的杀手。人员或其他开支可以砍，但下行期的地产会勒得你很难受。在繁荣期，你转租还可以赚点钱，但形势突然恶化时，许多人被锁死在了高价地产上。这意味着你没法转租，因为所有人都试图做同样的事情，整个市场就被抬上去了。如果你转租的公司不行了，你可能就会突然损失一个重要的现金流。不要签成百上千万美元的地产大单，也不要盖恢宏的新大楼，除非你有持续不断的资金来源或者正在

---

① 这里举两个反例：（1）你是一家网络效应驱动的消费品公司，估值主要依据用户增长，而不是现阶段变现。（请注意，这种状况不会永远持续下去，但消费品公司前几年应该都是这样。）（2）你手头现金充裕，可以逼竞争对手花更多的钱，把它们挤破产，从而消灭它们。

赢利。

2. 对团队坦率。 即便公司状况很好，团队成员仍然有可能担心公司会陷入麻烦。

- 不要管杂音，告诉团队也不要管。媒体和博客上会有很多杂音，讲整个世界都要如何如何完蛋了。这是正常的报道周期——6个月以前，失败还是没影的事，人人都有100亿美元的估值，到了下行期，即使是巨大的成功也会被质疑为6~12个月后的失败。

- 说明公司的财务状况。向团队展示公司一切正常，是纷纷扰扰中的一片平静绿洲的另一种方法是向团队介绍公司的财务、现金流和销售计划。

3. 思考如何利用下行期。 下行期会为初创公司带来机遇。竞争对手可能内无现金，外无援金：你应该如何挑起价格战？如果别家公司都在裁人，你就能招到了不起的人才：你应该去追求或重访哪些人？你可以学着强化财务纪律，重拾初创公司的朴素初心（如果你之前大手大脚的话）。

站到高处，盯紧现金，对团队坦率，不要惊慌失措。

第六章

营销与公关

高 增 长 手 册

High
Growth
Handbook

营销、公关、沟通、增长与品牌

过去20年间，高增长公司对营销和公关的看法有所转变。在20世纪八九十年代的许多公司里，产品管理被视为营销的一部分，增长营销还不存在。公关以前是写媒体通稿的。

世殊时异，但有一件事没变：一切营销和公关说到底都是为了打造品牌、公共形象，并获取客户。

下面我们会拆开谈营销和公关的各项职能。一般来说，如果你要全心投入的话，每项职能你都需要招不同的员工。

增长营销

增长营销以数据分析为主，囊括了营销的各个定量领域，包括线上广告、邮件营销（转化率可以严格测定）、搜索引擎优化/内容营销、病毒营销和漏斗优化。增长营销包括创造需求或开发潜在客户，但也要将来到网站的潜在客户转化为实际客户。

增长营销关注的是推动若干关键指标（如注册人数、登录人数、转化人数），类似于盯投资回报率。脸书以开创了众多增长策略而闻名，但这些策略其实是对宏观变迁的回应：基于投资回报率的广告（由谷歌带头）、电子邮件营销，以及更普遍的互联网营销的崛起。

在大多数科技公司里，社交媒体营销［推特、脸书、Instagram、Snapchat（色拉布）］通常会放在增长营销或沟通/公关职能下。

产品营销

产品营销（有时就叫"营销"，不加前缀）是传统老派的营销，包括客户服务质量反馈、功能需求、用户调查与访谈、竞争者分析、附带营销和案例研究。当年（20世纪七八十年代），产品营销和产品管理往往是一体两面，但现在已经逐渐分化。

品牌营销

品牌营销关注的是营销中比较软的一面：品牌知名度和认知度、商标以及其他设计元素。想想耐克的对钩商标——它不只是个对钩，它使耐克与对钩标志，与流行文化中的体育精神和坚韧精神产生广泛的联系。

一切营销活动说到底都是为了打造公司品牌。

公关与沟通

公关关注的是讲故事（企业故事）、媒体（积极宣传、回应、贡献内容）、活动（公开发言，也包括一些社交机会），也包括以产品为中心的活动，比如评测和奖赛。

媒体关系能为公司的方方面面带来益处：除了单纯讲产品以外，公关对讲企业文化、讲公司领导都有帮助。此外，近年来公关活动也囊括了联络大V[①]，尽管这项职能有时是由营销团队承担的。到了危机时刻，公关团队往往也是最早介入的。你可以认为公关就是不停地向媒体和外界宣讲公司的故事。

聘请营销与公关团队

你也能想象到，大部分增长营销岗位（定量分析，数字驱动）和公关岗位（媒体关系，主要是推介、建立关系、讲故事）之间有着巨大的区别。比方说，你招增长营销岗位的人员，你想要的可能是数字驱动的定量营销专家。与此相对，沟通岗位的重点是讲故事、找定位和流程管理。

营销组织架构

与所有组织决策一样，营销团队应该向哪位高管汇报工作这个问题没有正确答案。做决策就是要实事求是。在面向企业或侧重销售的公司，营销团队可能要向营销负责人、产品负责人、COO或者直接向CEO汇报工作。营销团队可能是一个划分成不同业务线的矩阵，也可能直接并入各个业务单元。有时产品营销人员要向产品管理部门汇报，而公关品牌人员则向另一个部门汇报。

近年来的一个趋势是将监管事务部门或游说部门与公关沟通部门合并。监管事务部门放在法务团队下面也是常有的。这再一次证明，组织架构要侧重于实用。

由于做增长营销要写代码，所以增长营销团队的某些部分可能包括向

---

① 大V是指在社交媒体平台上拥有众多粉丝的用户。——编者注

工程部门，而非营销部门汇报工作的工程师。

最后，随着公司规模的扩大，你或许会发现让一个人来统管公关品牌和产品营销、增长营销是有好处的（也可能没好处）。

要不要公关

有些公司以除了增长营销以外，不做其他任何营销而闻名。Wish基本没做品牌营销或公关，市值就达到了80亿美元。这家公司对主流媒体投入很少，而是将关注点放在了通过增长和分销策略来造势。

你应该学到的不是抛弃公关团队（推特就是一个反例，其增长部分是由公关拉动的），而是每家公司都应该按照自己的用户基础、产品和最优增长方向来制定有针对性的营销手段。通常而言，高调公关有利于加快人员招聘、达成交易、结交伙伴和融资。

打造经得住风雨的营销和沟通部门
——香农·斯图博·布雷顿访谈录

香农·斯图博·布雷顿现任领英CMO，曾任OpenTable（开放桌面）公司企业沟通资深总监。她是在领英尚未上市时加入领英的，并参与领导了2009年5月公司IPO的沟通事务。

在2008年9月加入OpenTable之前，香农在易趣干了将近7年，离职前的职位是企业沟通副总裁。加入易趣之前，她在雅虎的公共关系和企业沟通部门做了几年。1998年入职雅虎之前，香农在Intuit工作了4年，担任过多项职务。

20多年来，香农·斯图博·布雷顿为多家规模大、增长快的科技公司编写过企业故事，经历过从危机管理到产品营销的方方面面。所以，当我要找一个人能对哪怕最以技术为中心的创始人娓娓道来建立营销和沟通部门的方法时，所有推荐不出所料地指向了香农。

香农跟我分享了她的经验教训，关于如何搭建灵活高效的团队，以及为团队配备经得起高速增长过程中的种种变动和重组的领导者。

埃拉德·吉尔： 在你担任科技公司的营销/沟通负责人的这些年里，你肯定见证了最佳实践的实际演化。你管理过产品营销、品牌营销、公关/沟通等各个领域的部门。近年来，在科技公司中，CMO和营销部门的角色的最显著变化是什么？

香农·斯图博·布雷顿： 近10年来有一个实实在在的变化——内部沟通变重要了。从2001年起，我在易趣干了7年，内部沟通基本就是写关于部门调整和高管离职的电子邮件。当时和现在大不一样。过去，内部沟通和真正让员工成为最优秀的品牌大使这种想法从没有站上前台。大家都把内部沟通当成事后环节。

一旦公司规模上了100人，你第一个应该考虑招的岗位就是内部沟通人员。经验法则是：100名员工配1名内部沟通人员。

确保品牌形象对内对外传达的一致性很重要，远远不只是"这位高管为了多陪家人，要离职了，我们需要有人来帮写封邮件"。

埃拉德：你认为内部沟通的要素有哪些？它也开始加入了某些与人力资源和文化相关的事情，对吧？

香农：一点不错。我认为现在甚至还要提前，将人员招聘和入职工作也包括了。在招聘流程中，内部沟通团队应该已经参与到观感和感受营造中了——从招聘负责人或招聘人员发来的邮件，到入职前收到的材料表格。你希望候选人从一开始就体验到统一的品牌，不管你是否将其聘用。

让员工从入职第一周开始就有良好的体验很重要，而这包括从确保笔记本电脑正常运行到邀请其参加合适的会议等一切。这些小细节真的会在这个阶段逐渐起效。内部沟通在员工满意度和敬业度方面发挥的作用要比过去大得多。

我不是说年轻男性创始人的坏话，但人性化不是他们每个人都玩得转的。有经验的内部沟通人员有助于实现人性化。

埃拉德：你觉得这些事情应该交给人力部门还是沟通部门？在哪个部门重要吗？需要部门间合作吗？

我这么问的原因是，新手创始人常问我的事情之一就是如何设立部门。谁应该做什么？如何建立透明度？因为初期每个人都是全能手。所以，我想知道你对设立部门是怎么看的。

香农：要我说的话，社交媒体出现之前，许多内部沟通部门都是向人力部门汇报的，因为它其实不过是人力的延伸，对吧？我需要一封介绍福利政策或401k计划[①]的邮件，如此等等。

[①] 一种由雇员、雇主共同缴费建立起来的完全基金式的养老保险制度。——编者注

> 近10年来有一个实实在在的变化——内部沟通变重要了。
>
> ——香农·斯图博·布雷顿

后来有了发展,内部沟通部门现在要帮助大家搞清楚:我在网上要怎么讲公司的事?我要怎么讲自己的经历?我看到有关于自己或创始人的负面消息,要如何回应?由于社交媒体的出现,现在一切都是传播载体,所以你才需要一名沟通专家来帮你应对,我也才建议将内部沟通部门作为大沟通团队的一部分。在领英,内部沟通部门是大的营销和沟通部门的一部分,而不是一个独立的团队。

设置方式其实也取决于成果需求。像IBM这样的公司很可能不太会考虑员工从第一天入职起的体验,因为公司大,人也多。而在领英,由于我们的业务就是人员招聘——而且对顶级人才的竞争非常激烈——所以我们希望从一开始就营造最优质的体验,而这也下沉到了我们沟通的方式。作为一个品牌,我们公司给你的体验怎么样?

埃拉德：许多人不清楚何种领导人适合主导公司的广义营销活动，按照你的观点，这些活动可能包括内部营销和沟通、传统的公关沟通、产品营销、品牌营销等等。你认为CMO应该具备哪些素质，人们又应该如何去寻找CMO呢？

香农：在我从业23年的大部分时间里，公关和营销的界限都清晰得令人难以置信。公关人员对接记者，营销人员购买广告——泾渭分明。一边是"别烦我，我买纸媒广告呢"，一边是"别烦我，我跟《人物》杂志谈呢"。

现在大不一样了，我最近在播客节目里谈了不少，说CMO必须是灵巧的全能手。你必须擅长做100件不同的事情，而且CMO可以来自许多不同的背景。我是CMO，但我的专业是沟通。我不是需求创造专家，我不是品牌专家，我不是产品营销专家。有许多CMO是这些专家，掌握这些技能。

对CMO的头一条要求就是有卓越的领导力。因为你现在需要擅长做100件事，你不可能件件事都精通，我不是在夸张。要想当成功的营销负责人，你必须对100项技能都略知一二，从写文案到创作，从研究到计算净推荐值（NPS）。

领导力超级重要。决策能力超级超级重要。还要会讲企业故事。讲故事很关键，因为不管你在广告，或者需求创造，或者消费者，或者活动方面正在经历和创作什么，它们都必须与你在记者面前、推特上或者其他分享公司故事的地方所讲过的话相符。

埃拉德：在专门面向企业的公司，你会找一名有产品营销背景的CMO，还是有沟通或增长营销背景的CMO？或者你觉得只要是对的人，什么背景都可以，之后再拓宽就行？

香农： 我认为是后者。有一技之长是好事，但具体应该精通哪一技，其实还是取决于公司。在我们公司，我懂沟通就可以了，但在Salesforce这样的公司，需求创造就会特别重要。放到DoorDash，就是产品营销。这取决于你是什么公司。

归根结底，你只需要一个思维敏捷，对一样东西有很深的了解，或者对许多东西有少许了解的人。有一技之长，然后专注于学习其他领域的技能。过去30年来，我一直努力这样做。

埃拉德：完全没有营销经验的创始人要如何发现合适的人选呢？有没有什么地方你会专门留意？你会遵循某种流程吗？你会做练习吗？你认为什么是好的流程，正面或负面的信号有哪些？

香农： 头一条，你必须跟那个人来电，特别是CMO或沟通负责人。这种人会坦诚地告诉CEO什么事可行，什么事不可行，哪些事他们做得好，哪些事做不好。这就是他们工作的本质。所以必须从一开始就来电。你们未必要一见钟情，但至少要有某种关联，或者有共同的价值观。按照我的经验，你和一个人相处的前几个小时里就能分辨出这一点。

你还要了解每个人的工作方式。如果你要招法务总监，你绝不能说得特别具体："你好，我想知道你在这个具体方面的法务能力如何。你在这种情况下会怎么做？"你应该问："如果我有这个问题，你会如何处理？"然后你要确保你们比较合拍。因为如果工作方式差得太多，那么当你们走进战壕，进入工作，面对问题——几乎每天都有问题要解决——时，你们之间的鸿沟就会很难填补。

埃拉德：就你所见，高增长公司在营销、沟通或品牌方面常犯的错误有哪些？

香农： 我见过的最大错误就是偏爱一个特别有创造力，但完全没有运营经验或者完全对管理不感兴趣的人，然后把他放到CMO的位子上。你很容易在纽约或其他地方看到一个熠熠生辉的人，然后把他带到硅谷来，说："你要管这个庞大的营销团队，这是你的预算。"

我不觉得创始人会真正反复考虑这些问题："这个人能管好这个团队吗？他最后能成长起来吗？他能学会需求创造吗？他能学会产品营销吗？他懂沟通吗？他知道怎么做净推荐值调查吗？"很多人的想法是："我特别喜欢你，因为你在X公司做的活动特别棒。"你知道的，百事、苹果、耐克——各种炙手可热的品牌。这些人往往很难转向管理岗位。

埃拉德：你认为营销最好应该与哪些部门合作？显然，产品营销和产品管理有重合，销售和营销也有重合。你在这方面有哪些具体的最佳实践，或者营销领导具体应该怎样与其他部门的高管合作？你对全公司层面的协调是怎么看的？

香农： 在大型消费品公司和零售企业，营销是老大，是总管。如果你在General Mills（通用磨坊）干营销，你就会统筹全局。然后你跳槽到这里，结果发现，"我就管这么点小事？真的吗？我还要听产品和工程的？"

在硅谷，营销人员一直努力占有一席之地。许多时候，你能理解跳槽者的心理。他们从原来的公司出来，以为要掌管一条业务线，结果只是给销售团队打下手。营销人员的职责是确保营销活动真正发挥了明确且突出的价值。要确保不断将战略思路传达给营销团队，而不是为请到一位创意天才而一掷千金。这很重要，又很难做到。

埃拉德：你对营销部门的结构有何看法？公司在增长营销、各种渠道营销、沟通等等方面能做的营销事务太多了。你会不会试着将事务整合成几个大的方向，分别安排人负责？你认为这些各自向上级汇报的独立单元好吗？

我之所以这样问，是因为高增长公司中可能会有一个人负责公关沟通，另有一个人开始帮忙做营销。然后这个部门通常会自行发展，往往还有一点散漫，直到你安排了一位领导去整顿。我想知道你认为其中有哪些最佳实践。

香农：我也一直跟自己的团队讲：如果你从一块白板开始，那么团队会是什么样？不要专门伺候一个人。你有时很容易这样说："好吧，我们必须让斯蒂芬妮做这个岗位，因为她刚刚搬家。我们就看看她能干成什么样吧，哪怕她不是合适的人选。"但是，你需要从结构的高度思考怎样做才对公司最有意义，然后看看自己是否找到了合适的人。如果没有找到，那么一些人就需要离开，另一些人就要被招进来。

在按照业务线划分的营销部门，你绝对不应该建立一个没有水平资源共享的完整大团队。领英就有一点那个意思。我们为各个业务线分别配备了大团队，但也有一些冗余的部门。没有一个水平的部门让你可以过去说，"这是我的活动，请提供协助"。全部是垂直的。团队最后很庞大，但没有多少最佳实践的分享。大家在不同的业务线上做着同样的工作，彼此都不了解。

在营销领域，建立经验分享团队就是一项最佳实践。你需要这样一种结构：每条业务线都与这个团队合作，它又支持着各条业务线的活动——它可以是运营部门，或者创意部门。它不能是100%的垂直部门，但又确实与所有业务线的领导相通。我认为最好从一开始就这样设置。

不是每个人都想这样做，因为他们可能不得不掏钱，或者与别人分享对创意的最终控制权，但你必须建立信任。你必须确信，你知道有一个居中的团体能让你成功，让你去往你需要的地方。

埃拉德：那么，当你把这些职能整合为一个为所有人提供支持的团队时，你就要分享信息、分享方法、分享资源、分享工具等等。你最后会形成一个组织，而不是多个组织。

香农：没错。你要避免机构膨胀，人员过多，形成巨大的冗余。此外，如果各部分需要的支持不同，你也不应该用同样的方式建立信任。我们最后做到了，从中获得了益处，但一开始没有这样做。

埃拉德：讲得很好。高增长公司的大量精力都投入到随着规模扩大，对组织架构进行调整上了。你的公司每隔6~12个月就要大变样，你需要公司有不同的职能和不同的流程。一年后，你又要重来一遍。对普通员工来说，这是非常混乱的局面。我认为大多数人第一次经历这样的局面时都会感到非常不安，第二次就会想，"这是意料之中的"。所以，在高增长的情形下，我喜欢聘用之前经历过这些的人，因为他们知道这是正常现象。

香农：我跟你讲，当你碰到一个适合某段时期，但跟不上公司发展的人时，这一点就真的显而易见了。这些表示一个人确实撞到天花板的信号，会迅速明显起来。你会倾向于信任他们，希望情况会有所改善，并试图培训他们，但对方往往并不开心。如果你能让他们承认自己跟不上，那么你的状况就会好得多。

埃拉德：你认为一个人跟不上有哪些主要迹象？

香农： 疲惫。拖拉。开会迟到，心烦意乱。我一直跟人讲，"如果你跟不上，那你最好努力做到准时，这样还能掩饰一点"。你不会希望它完全表现出来。我认为一个人跟不上时，他会什么小事都管，简直不可理喻，因为他觉得这是他唯一真正能控制的东西。他也会变得小家子气，这个改变过程真的很快。他会说"我可以把这件事从清单上划掉了"，而不是"我要解决这个重大的战略问题"。

你应该注意这些，所以当你开始从团队中获得这样的信号时——"这个人对我管头管脚。他们看起来真的是累了。他们老是迟到。他们很难接触。"——它们往往表明这个人已经过气了。

埃拉德：你认为陷入这种境地的人，能改好或者被教好的多吗？

香农： 我很少见到有人能迅速改变，取得成功。

埃拉德：所以在大多数情况下，这往往是当时角色错位、所托非人的迹象？

香农： 是的，在当时。这不是对个人的批判，不意味着那个人不聪明。他可能只是更适合小一些的公司，这完全不是问题。应该传达的信息是：你没有失败，只是这个岗位或这家公司不适合你。

> 我见过的最大错误就是偏爱一个特别有创造力，但完全没有运营经验或者完全对管理不感兴趣的人，然后把他放到CMO的位子上。
>
> ——香农·斯图博·布雷顿

埃拉德：我认为这就是许多创始人纠结的地方，因为跟不上公司发展的人往往是早期雇员或者创始人长期的左膀右臂。创始人的处境是，他们想要善待那个人。但人人都明白，善待那个人不是正确的做法。正如你所说，我认为强调这不是失败，而是组织的进步，是那个人的角色的进步，这一点确实重要。因为创始人有时真的会努力让人坐在干不好，或者干着也不高兴的位子上。

香农：太对了。人们许多时候不会提这茬儿，尤其是创始人，因为他们不想进行尴尬的对话，忽视就要容易一些了。但是，如果你确实注意到了迹象，并且让那个人坦诚地说出自己的体验，那么你常常会发现他也不快乐。好聚好散或许对每个人都最好。

如果你从一块白板开始，那么团队会是什么样？

——香农·斯图博·布雷顿

埃拉德：从职能角度看，我看到让创始人最犯难的问题就是应该如何对营销的各个领域进行投资。何时应该着手进行以品牌为中心的营销？客户获取问题应该如何考虑？公关真的应该为客户获取服务吗？如果是的话，在什么情况下应该？

我认识很多老板，公司突然做起来了，结果他们在产品营销的一些基本概念上都很头疼。所以我对你的宏观视角有些好奇。有没有一种框架能让人们确定该往营销团队的哪个部分投钱？

香农：太难了，因为这确实取决于你的产品和目标。

埃拉德：我们或许可以举两个例子，一个是面向企业的公司，一个是消费品公司。

香农：就消费品而言，我会百分之百地说，你投入最大的领域应该是产品营销。本质上，你要试图设立路线图。你要努力理解人们如何使用产品，对产品是喜欢还是不喜欢。我不会一上来就投资品牌，因为你必须确保市场契合，而且产品符合用户的使用习惯。

在B2B方面，我会百分之百地说，要投资需求创造。你必须要有客户。道理是一样的，必须先有客户喜爱和使用你的产品，然后你才能说："这是我们的品牌。"

这就是我会入手就做的方面。随着时间的推移，你会开始明白自己需要公关了，需要品牌了。有些人会犯只要公关，不要品牌的错误，因为他们会说："哎呀，那和品牌差不多嘛。"但局势已经发生了巨大变化。现在任何人都不会把TechCrunch上的长篇报道当回事，但五年前可是了不得的事。在一定程度上，一家公司的成败就取决于TechCrunch对它的看法。

为使表述清晰，访谈录对原文进行了编辑和提炼。

公关基本知识

在初期，公司的规模还太小，时效性新闻也太少，用不着全职公关人员。随着公司的成长，你会雇用一名或多名内部公关人员，而且常常要请公关公司的人来补充。

下面是一些关于公关的基本知识。

媒体素养培训

你的内部公关团队或外聘公关公司应该接受媒体素养培训，培训对象是你和所有要正式代表公司且/或要对媒体发言的其他团队成员。培训内容包括定义关键词（"不得发表"是什么意思？"匿名发表"是什么意思？），介绍各种类型的访谈的预期效果（广播访谈、线下访谈、电话访谈、视频访谈等等），还要有针对回答困难问题的演练环节。你应该练习讲好公司的故事，能够简洁地回答关于产品、竞争对手和你自己的问题。一般来说，你和联合创始人会被鼓励写一篇创业故事和一篇个人陈述，说明你为什么要办这家公司。媒体素养培训还会关注如何应答之前没有人问过的问题（如果有必要应答的话）之类的事情。

迭代公司故事

练习，练习，练习。想象自己是一名演员，通读剧本，然后练习自己的台词。公关团队或高管团队能帮助你练习如何应付反对意见，怎么接难题，如何传递公司的核心故事。反复练习，直到你背得滚瓜烂熟。同时，你要记住关键在一个"真"字。如果你在背台词的话，记者是会知道的，这会损害真诚感，有时这还会成为信誉杀手。如果是电话采访，你可以在面前摆一份提醒要点的稿子。

"不得发表""匿名发表""允许发表"

与媒体对话时，你应该明确谈话的性质并取得记者的同意。公关人员通常会提前与记者打好招呼，然后在采访开始时再次确认。如果没有明确同意，你应该假定自己说的全部内容都是允许发表的。大体区分如下：

- 不得发表——通常意味着记者不能讲述这次对话，也不能引用你的话。你可以在访谈过程中要求说一点不得发表的内容，如果记者同意，那么你想说什么就说吧。
- 匿名发表——通常意味着记者可以写"据知情人透露，谷歌要进军飞行汽车领域"一类的话，而不能说知情人就是你。
- 允许发表——既不是"不得发表"，也不是"匿名发表"，那就是允许发表了，这意味着记者可以具体引用你说的话，而且可以直接说评论或引语来自你。

纠正事实错误

为了保持独立性和新闻伦理，记者在发表报道前并不总是愿意请你核对。如果报道出了事实错误（而非观点问题），你可以联系记者，要求其改正错误。事实错误指的是"他们对一个科学事实有误解"或者"他们把产品名搞错了"之类的。事实错误的意思不是"他们讨厌我的产品"或者"他们不理解它的价值"。

公司里大家干得那么辛苦，CEO在报道发表出来后可能会感到激动或沮丧。要认清一点：大部分新闻报道都会被遗忘，而且大部分公司在某个时点都会有一两篇（或者十篇）负面报道。

媒体套路

大部分媒体人都是勤奋正直的人，想做正确的事。你偶尔会遇到一些有套路的记者，不管你告诉他们什么，他们都会按照一套先定的叙事方式来撰写报道，而且会歪曲事实。

一个好主意是：先读一读记者之前写的报道，然后再与其对话。如果他常年写无脑的攻击文章，那你就应该做出决断了：你与这个人打交道或对话的意愿程度到底有多高？

找内部的公关人员或外部的公关公司有一个好处，那就是他们很了解记者的工作方式、业内风评，以及你和记者见面时可能会发生的事情。

招聘优秀的公关人员

公关人员的圈子很小。在科技界，真正优秀的公关人员在任何时候都只有区区几十人。他们往往会聚集在少数几家公司，而且彼此都认识。找到好公关人员的最佳方式就是问其他公关人员、公关公司和记者，他们最尊敬的公关人员是谁，谁的活干得最好，然后去追求这些人。你有时还可能从公关公司挖到一名合伙人级别的优秀人才。

媒体关系建设

初期，你要投入时间与主要媒体建立关系。这可能包括拿着与本公司无关，但对方可能感兴趣的文章去找记者，或者请记者见面喝杯咖啡，只谈行业状况，不谈其他问题。为媒体关系投资并避免交易行为是很重要的，这会提高公司获得媒体报道的可能性。

随着公司的扩大，建设媒体关系依然重要。但作为CEO，你应该慎用自己的时间。考虑一下你希望哪些高管做发言人，然后开始让他们负责一些媒体关系事务。

公关要趁早

公司协调好一场大型的公关发布会通常要花4~10周时间。如果你刚刚找了一家新公关公司，或者原来的公关公司跟不上新产品发布的速度，那么时间还要更长。不要等到发布会前一周才跟公关团队或公关公司打招呼。与设计一样，产品沟通应该是产品发布流程的一部分，而且要放在流程的前面，不能之后想起来再做。亚马逊等一些公司会在产品构思阶段就撰写产品"头条"。例如，在撰写设计文档时，你可能就要考虑产品发布时媒体会如何报道。这有助于你想清楚自己在开发什么，为什么要开发。

媒体报道不等于成功

尽管正面的媒体报道会引起大量亲友（可能也包括一些名人）的关注，但它并不反映公司的成功。有利润、可扩展的营收是一个重要得多的指标。对大多数公司来说，公关也不能带来重复性传播。不要将媒体报道与拉新混为一谈，要记住将关注点放在公司的核心指标上。而且，不要认为正面报道周期就能掩盖糟糕的商业决策。

公关与危机管理

每家公司都会遇到负面报道周期。一般来说，公司常常先被媒体捧起来，再被媒体扔下去。但有个别事件会让媒体集体声讨公司的失败或错误行为。当此危机管理时刻，公司需要迅速而明智地行动，以保护公司的品牌和客户基础。危机管理通常有以下步骤：

1. 分析问题

哪里出了错？公司、客户或其他利益相关方会受到何种影响？媒体和竞争对手会如何描绘事件？你可以/应该做哪些不同的事情？

2. 承认错误

通常来说，一旦你处于负面报道周期，就会经历一个自然的过程。你不能与报道周期本身对抗，而要试图使其尽快达到自然的完结。经历负面报道周期就好比掉进河里，然后被卷入湍流。你可以顺流而下，快速上岸，也可以逆流而上，筋疲力尽，最后还是被卷走。如果你犯了错误，就承认它，说明行动方案，然后采取行动。不要说谎。

3. 采取行动

践行你说过的话。如果有能力的话，尽快行动起来，以便尽快渡过危机。

如何打造你真正需要的公关团队
——艾琳·福斯访谈录

艾琳·福斯现为Cutline Communications（卡特兰传媒）公司的联合创始人兼董事会主席。艾琳有近20年的公关工作经验，她强调具有行业级影响的发布会和媒体战略。她既与谷歌、WhatsApp和雅虎等巨头，也与Instacart、Yik Yak（伊克雅克）、Polyvore等初创公司有过紧密合作。她为谷歌发布了安卓系统和Chrome浏览器，并在发布前凭自己一人回复了上百份媒体问询，建立了能给记者留下良好印象，又不妄加评论的声誉。在艾琳的所有经历中，她的专注力和驱动力都为客户和技术行业带来了不可否认的影响。

参与创建Cutline之前，艾琳曾供职于多家规模不等的公关公司，包括Merritt Group（梅里特集团）、A&R Partners（A&R合伙）公司［现名A&R Edelman（A&R埃德尔曼）］、NCG Porter Novelli（NCG波特诺韦利）、UpStart Communications（厄普斯达特公关）和Fleishman-Hillard（福莱公关）。艾琳曾被《商业内部》和《公关周刊》杂志认可为公关行业创新者与领导者。

我与艾琳讨论的话题是：创始人如何找到并利用最优秀的公关专家，应该何时着手寻找，为什么任何成功的沟通战略都必须从一个好故事开始。

埃拉德·吉尔：许多创始人问我关于公关与沟通、政府事务、危机管理的问题——这些事全都联系在一起。创始人和CEO应该如何看待公共关系，以及与外部公关公司的合作？

艾琳·福斯：创始人首先需要明白沟通与公关能为公司做成什么，以及做不成什么。这两件事跟创始人解释起来有时是很费劲的，我感觉是因为他们得到了彼此矛盾的建议。

你可能会有董事或顾问这样说："你要找一家公关公司，或者聘一个公关人员。"然后你在TechCrunch上读到文章，或者关注到推特上的记者说："公关是蠢货。不要跟公关公司合作。"公关人员和记者长期不对付：记者们真以为他们不需要我们，我们又被客户，尤其是公司逼着去获得报道。这可能是一个恶性循环。

对我来说，广义的公关沟通的重要性在于它能让公司发声，有助于建立信誉或者巩固信誉。公关赋予了公司一种传达自身目的的手段，还能让公司更有人情味。考虑到我们所处的社会环境与世界上发生的那些事，这确实很重要。我也见过优质公关项目对公司招聘和士气提升有很大帮助。

> **埃拉德：** 你提到了三件事，一是把握对外口径和人们对公司，可能还有创始人或高管的看法。二是招聘，三是士气。你能按照优先级排个序吗？你认为高增长公司应该为沟通和公关投入多少时间，会因公司类型而异吗？创始人应该投入多少时间？

艾琳： 确实是因公司而异。以Pinterest为例，那是一个大家找乐子的地方（不管是通过App还是网站）。它是当下世界的一个了不起的平台。针对Pinterest的公关与针对其他公司，比如爱彼迎或Stripe的就大不一样。

对Pinterest来说，公关是为了获取用户，为了提高活跃度——了解如何提高现有用户的活跃度，如何实现用户量增长，如何与涌入平台的内容相适应。如果你是一家消费级科技产品公司，监管、隐私、安全确实不太重要，那么你需要找一家大型公关公司或多家细分公关公司，再配一个大的内部公关团队吗？我想你可以说，建立一个小型的、有针对性的内部团队（或者招一名员工，这取决于公司规模），再加上一定程度的外部支持，比方说一家只做媒体活动或发布会的公关公司，就能起到好的作用。我们发现许多客户都是这样做的。

爱彼迎就有大量监管、隐私和安全问题，因为它是一个让人们把自己家租出去的平台。所以，对爱彼迎一类的公司来说，它们在发展各个阶段的焦点就更可能放在监管方面。

对Stripe这样的涉及支付和安全问题的公司来说，你需要的就不仅仅是内部团队加上些许外部支持了。你需要一套更有力、更扎实的危机预案。根据公司关注点的不同，你可能需要针对监管方和国会山的沟通预案。

公司和公司肯定不一样。但总体而言，大部分高增长公司既有内部公关团队，又有公关公司辅助。

提到创始人的支持，创始人和高管团队认可整体公关战略是重要的，但他们应该信任内部团队能做好日常事务。

> **埃拉德：你看到扩张中的公司在哪里出了岔子，如果会出岔子的话？**

艾琳： 我觉得是缺乏沟通，这真是讽刺。我认为公司的意图总是为消费者、客户或平台用户做正确的事。但当你需要调整路线或改正问题时，你会害怕承认自己做错了事，或者某种做法行不通。

这里可以是任何类型的调整或改正。你可能是一家面向企业的公司，你要调整定价模式，但你没有向客户沟通清楚。或者你试图悄悄地改动产品，希望不会有人发现。或者你想在服务或隐私政策里藏一点猫腻。当有潜在的不好的事情发生时，我见过人们对反弹和/或负面报道周期所产生的恐惧。最好的办法永远是直言不讳，挺身上前。

你通常是可以恢复元气的，但从公关的角度看就是气势大挫。因为你本来是媒体的宠儿，结果在沟通上走错了一步，公司的公众形象就会大逆转。重建信任真的很难。所以，真诚沟通、不要说谎、信息透明——透明到你能透明的程度——非常重要。

我确实认为有坏事发生或者需要改变时，公司坦然接受会好得多。各个行业都是这样。比方说，有的航空公司在乘客服务方面出了问题，处理得就不对。他们不会说"我们做错了，我们不会容忍这件事"，他们要么沉默，要么搬出陈词滥调，假得不能再假的回复，然后出尔反尔。

这往往不是公关团队的主意，而是不想押上个人信誉的创始人在推动，他们不会说"我搞砸了，我要解决问题"。公关更经常这样说："我们必须诚实。我们必须说情况就是这样。"

埃拉德： 所以，如果你是管着一家公司的CEO，有没有什么信号会警告你，你不应该抗拒公关团队的建言了？有没有经验法则？因为在一定程度上，特别是身为创始人的CEO，他们成功的部分原因就是没有听许多人的话。最成功的公司的创始人往往必须有一股牛脾气，或者必须忽略专家意见，否则的话，创始人不可能走到今天的位置。你怎么判断何时应该听别人的话了？

艾琳： 作为公关公司的合伙人，我们经常碰到客户想做某些我们不认同的事。在这种情况下，我们会解释他们为什么不应该那样做，或者为什么应该换一种方式做。但客户最后还是决定按自己的来，之后会发生反弹或其他的事情，或者局势发展与他们预料的不一样。然后就是，"好吧，我真应该听你的。你是对的"。创始人也是这样。吃亏才能长教训，人生是这样，商界更是如此。

我认为公司招的第一名内部公关人员应该与创始人完全合拍，这一点很重要，因为这完全是关于信任。通常来说，创始人与公关人员之间缺乏信任的公司很难做出好的公关方案或沟通活动。

埃拉德： 你会如何筛选？你认为有没有某种特定的面试风格或者面试流程最能让你发现合适的内部公关人员？

艾琳： 我一直在说，公关与其说是科学，不如说是艺术。在很大程度上，这要归结为来不来电、文化契不契合、经验丰不丰富。你可以给应聘者提供多个不同的情境，看看你们在应对某些情况时想法是否合拍。

我认为创始人有时对招聘公关人员不太上心，交给营销或公司的其他部门拍板。但与我合作得成功的创始人或领导团队，他们都是在公关能做什么、不能做什么上与我达成共识，而且真正把公关当作一门学问来尊重。

说实话，并不是每家公司都需要公关。有些情况下，公司的目标只是用户获取，仅此而已。公关当然也能帮上忙，但主要还是营销直接来负责。营销能做的事比公关更多。再说一遍，公关的作用是协助传播公司的目标，提升公司的知名度，打造公司、产品和领导层的形象。

就我所见，创始人/CEO与公关团队之间最成功的关系都是以信任为基础的。香农·斯图博·布雷顿就是一个很好的例子。杰夫·韦纳和香农完全合拍，杰夫尊重并且信任香农。香农有一席之地——这是关键。她组建了庞大的团队，取得了了不起的成绩。她也成长了许多。我的意思是，她本来是公关，现在是领英的CMO，可谓不同凡响。领英的领导团队对她有充分的尊重，而这是杰夫带的头。

埃拉德： 比方说你要招一名香农式的员工。你认为优秀的公关人员会有哪些表象？是先前的工作成果，是出身的公司，还是推荐信？一个从来没招过公关的人如何招到好公关？

艾琳： 从经历中当然能看出些东西，但我也会看重推荐信和与人打交道的能力。坦率地说，这就是走后门。我不是很重视面试过程。在公关赋予了公司一种传达自身目的的手段，还能让公司更有人情味。

——艾琳·福斯

Cutline，我们招人很挑，而且总会走后门。硅谷的关系网，特别是公关领域，挺小的。公关业内的关系是关键。

创始人应该咨询董事和顾问，问一问他们认不认识记者，先从平常跟公关人员打交道的记者下手。哪些名字会被提到？你甚至可以问公关公司或者其他公关人员。他们敬重谁？我会得到一张非常短的名单。

> **埃拉德：创始人应该怎么请公关公司？**

艾琳： 如果我们谈的是高增长公司的话，那么情况有一点不同。我们与早期阶段的初创公司谈过很多，我觉得经常有人要他们请一家公关公司或者招公关人员，我不清楚他们是否知道其中利害。

我们会分阶段来看。说实话，早期阶段的公司甚至连内部公关人员都不需要。他们真正需要的是一名起指点作用的自由职业者或咨询师，能伸能缩，能不时协助一下融资通告或产品发布一类的事。你不是全天候都需要公关。我们与很多没有内部公关人员的公司合作过，因为他们还没到那个阶段。

不过，方法和招聘内部公关人员是差不多的。我会找记者列出他们尊重并且/或者仰慕的公关人员，然后去看这些人的公司。我会请风投人和顾问推荐公关公司。我还认为，创始人或其他领导成员参与讨论真的很重要。归根结底看的是懂不懂行，对公司和/或产品有没有热情。如果可以的话，他们会用公司的产品吗？他们对产品感到兴奋吗？他们对产品有什么说法？

如果你在面试候选人——不管是内部公关人员还是公关公司——你也可以看看他们在社交媒体上是怎么分享消息的，在公开场合是怎么说话的。他们是什么调性？你通过推特、社交媒体，还有他们的网站和博客就能轻松确定。看看文化是否契合就好。

当公关公司与客户确实在文化上相契合，有共同的目标感时，那感觉就像变魔法一样，结果自然是水到渠成。当公司与客户合作不来，文化有冲突的时候，几乎不可能有成果。这对客户和公关公司团队都不好。

我认为关键是确保有共同的目标感。这大概用不着多说，但另一个要点是：当一家公司要找公关公司时，流程中应该有一部分是亲自与实际对接的团队见面。明确提出要求。因为许多公关公司有专门为新客户服务的团队，配备最好的人手，以便拿下客户。有点偷梁换柱的意思。他们之后会换人。要确保公关团队有头脑，所有人对会面都很上心，而且会询问业务内容、团队性格和行业状况。

埃拉德： 我知道按照通行的流程，公关公司还要提交建议书或其他材料，说明在给定情境下会如何行事。如果你坐在会议桌的另一边，要选择一家公关公司合作，你认为这份成果有价值吗？

艾琳： 有价值。要求太细的话，公关公司就有点难办，而且也有一些不公平。我们应该对客户的行业有一定了解，而且我们的工作就是进入一行，深入一行。但我认为在提交需求建议书阶段，客户应该只提宽泛的问题："我们想接触到科技领域的消费者。你们要如何吸引18~34岁之间的女性？"不要太宽泛，也不要太具体，要把握好一个度。

如果我是客户——我过去挑选过公关公司，而且是不得不去挑——我还会看对方会不会质疑我。我认为一家会质疑和抗拒你的公关公司要比任你予取予求的公关公司更有价值，即便双方理念不合。这表明对方真的在为公司的利益，为你的利益着想。他不怕站起身说："我跟你讲，你要求做X，但从公关角度看，我们对此有异议。根据你的情况和我们的了解，换一种方式会更有益处。"

我觉得质疑——还有讨论、辩论——这门艺术已经失传了。但它太重要了。

埃拉德： 你认为有没有CEO或创始人在沟通和公关方面投入时间过多的情况？

艾琳： 有的。我不认为创始人或CEO应该——我见过有人这样做——特别关注他们得到了多少报道，多少篇报道。关注点应该放在实质问题上。尤其是现在，因为记者会换工作，行情变得很快。媒体行业要搞清楚如何适应内容消费习惯，文字、视频、纸媒、网媒等等的正确比例是多少，于是行业总是在变动和洗牌。我的建议是关注实质，实事求是地理解公关能做什么，不能做什么。

我还认为有一个趋势，就是问"我们怎么没上TechCrunch？"或者"X博客上怎么没讲我们？"等等。这种鸡蛋里挑骨头的问题真的会挫伤士气，因为做起来实在难。有时让TechCrunch发文章是很难的。信任的重要性就在这里，你要确保你的内部或外部公关人员是你真正信任和尊重的人。

我见过创始人突然忧心忡忡："我怎么没上TechCrunch？会有多少篇关于我的报道？"没错，这些事有一定的重要性。但在我看来，创始人应该把时间用来打造更好的产品和提升公司其他方面的水平，尤其是在他们已经有了一位可信赖的公关人员的情况下。

埃拉德：有的时候，我还发现人们有点沉迷于在媒体上出镜所带来的关注度。来自同侪、家人或其他人的关注形成了强大的正反馈回路，于是他们就以为自己应该再接再厉。

艾琳： 这是真的。我认为，如果创始人有好话要说，能够为对话带来有意义的贡献，那么没问题，他们应该出去发言。但并不是每个人都有话可说，而记者也只会来找你那么多次。

这又回到了关系问题上。一些跟我合作过的成功的创始人与记者关系很铁，记者可以直接给他们打电话。这是好事，不是坏事。有时创始人会有这样的想法："如果是记者给我打电话，或者是你让我去找记者谈，那我为什么要花钱雇你？你的价值是什么？"但这样看问题是不对的。记者确实希望与创始人建立私人关系，有时还想绕开公关。但我们的工作是帮你做好准备，不管是调查记者的背景，还是寻找合适的故事角度。所以，两边都是有价值的。

> **埃拉德**：我还见过另一种重大错误。人们办了一场发布会，凭借公关获得了流量暴涨和大批用户，然后就没有然后了。他们必须下苦功夫去拓展渠道。但他们以为公关就玩得转，可惜这套办法在大部分公司都不奏效。

艾琳：太对了。渠道拓展在任何时候都是挑战，而且对小公司来说是一笔相当大的投资。我们与许多客户共同想出了一些万金油报道思路，每逢有新闻热点就去蹭一蹭。关键是耐心：把角度想出来，然后落地是需要时间的。记者们时间很紧，而且每天能写的报道是有限的。这就是营销和广告/公关/营销这个大帽子底下的其他部门大显身手的地方了。还有社交媒体。对新闻不太多的公司而言，你有很多讲故事的机会可以创造，但你也可以在大媒体的报道周期之间见缝插针，到消费者常去的地方与他们交流——脸书、Snap、Instagram、推特。

> **埃拉德**：最后，你对第一次跟公关打交道的创始人还有什么建议？

艾琳：我认为，最重要的就是想明白、讲清楚你对公关的目标。要明白公关能做什么，不能做什么。公关不能修补糟糕的商业决定。而且，我们必须要有故事、产品、公司文化或某种抓手才能做好自己的工作。

为使表述清晰，访谈录对原文进行了编辑和提炼。

我确实认为有坏事发生或者需要改变时，公司坦然接受会好得多。各个行业都是这样。

——艾琳·福斯

第七章

产品管理

高 增 长 手 册

High
Growth
Handbook

产品管理综述

优秀的产品管理部门能帮助公司设定产品愿景和路线图，制定目标和战略，并且在各个产品的生命周期内推动执行。[①]

与此相对，糟糕的产品管理部门基本就是一个个项目管理组，跟一跟进度，帮工程师整理下文档。

为了打造优秀的产品管理部门，你首先要了解产品经理的角色。其次，你要聘请掌握合适技能的人员，包括一位强力的产品副总裁。最后，你要设定一套简单的流程为产品部门赋能，并帮助公司扩大产品开发能力。

产品经理是做什么的

高层次的产品经理是某产品唯一的跨职能负责人，直接对产品成功负责。有的专家将产品经理称为"产品的总经理"或"产品的CEO"。在现实中，产品经理是直接对某产品负责的人——他对产品的成败负全部责

[①] 本·霍洛维茨有一篇经典的相关文章。参见eladgil.com。（https://a16z.com/2012/06/15/good-product-managerbad-product-manager/）

任，但其他职能部门往往不会直接向他汇报工作。

产品经理有如下责任：

1. 明确产品战略与愿景。 产品的目标是什么？谁是客户？主要功能和使用场景是什么？如何界定成功？追踪产品可用的指标有什么？竞争形势如何？面对竞争者，应该如何定位产品？如何实现产品差异化？重要分销渠道是什么？产品的商业模式是什么？产品应该如何定价？产品经理要与其他许多部门（设计、营销、销售、工程、数据分析等等）共同来回答上述问题，但提出和解答上述问题的责任归根结底属于产品经理。

产品战略与愿景也应该反映客户的呼声。产品经理应该有能力将用户意见和反馈融入产品生命周期中。

2. 设定优先事项/解决问题。 产品经理"掌管"产品路线图，而且要负责确保权衡合宜。战术层面的任务包括：撰写产品需求文档并获取反馈，组织/主持产品路线图讨论会，与上述各部门合作，并在功能、影响力和工作量之间做权衡。干净利落的产品需求文档能大大推动各方达成简明的共识，对执行过程也会有很大的帮助。产品需求文档应当清楚地说明产品的主要功能和产品需求。

这些责任要求产品经理具备数据驱动和客户驱动的素质。合理定义指标，达成对指标的共识，然后追踪指标，有助于产品优先事项的协调。产品经理的技术能力越强，就越有可能有能力分析必要的数据，做出关键权衡。同时，产品经理应该努力理解客户需求，然后将它与开发成本或商业影响力放在一起做权衡。

产品经理还要花时间解决产品或产品开发的一些实际问题。例如，为了回避某个法律或监管问题，产品可以做怎样的调整或变化？就销售部门针对竞争者或定价提出的疑虑，对功能可以进行怎样的改动？

请注意：产品经理不是孤军奋战。开发产品、解决相关问题要靠团队合作。产品经理要与工程（技术约束和功能点子）、设计、数据分析、营销、销售、客服、法务（监管事宜）和其他部门协调。但归根到底，产品经理的角色是权衡，在设计团队所渴望的原始的、柏拉图式的美的理念以及工程团队的技术热情、销售团队的"给我点能卖的东西"和法务团队的"可能存在风险"（举例有意进行了夸大）之间做出权衡或提议权衡。

3. 项目执行：时间线、资源和排障。作为推动产品走向成功的一部分，产品经理应该与工程团队紧密合作，设定目标并按时完成。在协助团队达成目标方面，产品经理的重要手段通常包括：（1）游说工程、设计和其他部门，获取资源或关注；（2）砍掉功能或提高某些功能的优先级，为项目执行提供清晰的路线图；（3）提出"愚蠢"的问题，看看各部门能不能少用一点时间，或者省掉不必要的功能或任务；（4）抵制无关的要求，不管是来自内部（设计、销售等等）还是外部（客户、合作伙伴）。

许多人认为，产品执行在产品发布时就完结了。现实中还有持续的产品维护，功能迭代，最后还要将产品淘汰或下架。因为有客户转移、价格变动或其他可能导致客户反弹的问题，所以放弃产品本身就是一门艺术。

值得注意的是，产品经理不是项目经理，也就是说，产品经理的主要职责不是跟进进度。

4. 沟通协调（与上述三点有重合）。产品经理应当了解团队状态、项目进度、遇到的阻碍和功能开发次序，并与组织内的其余人进行沟通。这可能包括主持（或与工程部门共同主持）团队状态周例会，向领导团队汇报产品情况，以及与组织上下沟通发布时间或其他时间线。

沟通过程中最难的地方往往是产品路线图、优先事项、开发次序背后的"为什么"。其中涉及的部分工作是提出一个框架，以确定某些事项的优先级高于其他事项的原因。让所有其他部门都认可该框架也是重要的。

最后，产品经理要与工程、设计和销售团队紧密合作，有时还会与他们有一种自然的（合作性的）紧张关系。工程师觉得，既然产品都是他们开发的，那么他们应该有做产品决策的权力。设计师会认为产品管理对设计是多余的（两者有非常大的差异）。销售人员则会想产品为什么不能出来得快一点，产品经理为什么总是试图避免销售人员与工程师接触（目的是让工程师专心开发产品，不至于将时间都用来应付销售人员那边一次又一次的要求）。

产品经理还应当发挥"缓冲"或盾牌的作用，帮工程师和设计师抵挡来自内外各方的压力。销售和营销人员总是想要直接与工程师见面，宣扬自己最喜欢的功能，同时客户也想与工程师直接对话。面对这些交流互动，产品经理应该灵活地发挥缓冲作用，将所有意见和问题集中到内部团队的周例会上讨论，或者承担起主要的销售对接任务，防止销售、营销或其他部门过多地占用工程师和设计师的时间。话虽如此，但有时说服一名工程师接受某项客户需求的最好办法就是把他带到客户面前。亲耳听到用户反馈往往能让工程师改变想法，双方还可能会展开一次很好的头脑风暴，或者当场解决问题。

你有合适的人吗

你可以根据一名产品经理在上述职责中分别花了多少时间来分辨他的优劣。如果他只把时间用在任务清单和项目管理上，那么可能的情况有四种：（1）与他对接的工程管理人员能力薄弱；（2）公司管理层不给他赋能，以让他履行职责；（3）他不理解自身的职责；（4）他得不到同侪的尊重，无力做更重要的工作。理想情况下，产品管理的时间大头应该用在定义产品、优先级权衡、与客户交流，以及就产品发布、功能迭代和沟通事务与各个部门合作上。[1]最大的难点或许是分辨两个问题：人岗是否匹

---

[1] 本·霍洛维茨有一篇很好的相关文章，尽管文章的关注点是20世纪90年代的企业及产品经理。参见eladgil.com上的链接。（https://a16z.com/2012/06/15/good-product-managerbad-product-manager/）

配，公司赋权是否得宜。

优秀产品经理的素质

招聘产品经理时，你应该看对方有没有下列能力：

1. 产品品位。产品品位指的是对某领域某产品的客户需求具有直觉和洞见。哪些产品功能会让客户感到惊艳，或者能满足客户的核心需求？如果产品经理之前是做另一个行业的，那么他可能不知道你的客户的具体需求。但是，他应该具备相应的技能和工具，能够快速了解你的客户及其需求。

2. 设定优先事项的能力。一项产品功能提出来了，结合实现它所需的开发工作量，它的价值有多大？给销售团队一个新产品，给客户开发一项新功能，两者孰轻孰重？定价应该针对消费者还是小业主？有什么完成度达到80%的产品应该立即发布，它解决了哪些独特的客户问题？

3. 执行力。产品管理的一大部分工作就是说服与劝诱团队和各方资源将产品发布，然后做产品维护和客户支持。产品经理要与工程、设计、法务、客服等部门合作，共同执行产品路线图。

4. 战略敏感度。行业格局会如何发展？产品要如何定位，以便在竞争中笑到最后？英特尔在20世纪70年代的著名定价战略就是一个大胆战略行动的范例。英特尔当时意识到，在单位销售额增加的同时，生产成本在大幅下降。降低单位销售额会提高销量和需求量，形成良性循环。英特尔精明地决定以低于销货成本的价格推出一款新的芯片产品，以加快扩大市场份额。客户的回应是一下子购入了预计未来两年销量的产品，大大拉低了成本，从而带动了赢利能力。换言之，通过提前完成达到数年预计销量的大宗订单，英特尔的低定价战略成为自我实现的、可持续的战略。

5. 前10%的沟通能力。产品经理的大量职责都要归结为理解种种权衡，然后与不同的同事群体和外部群体进行沟通。

6. 指标和数据驱动的方法。开发的产品要测量。产品经理的一部分职责就是与工程团队和数据团队共同确定产品团队要追踪的指标集。设定正确的指标可能很难，但有时就连正确的指标也会促成错误的行为。

四种产品经理

你聘用的产品经理取决于你的公司正在开发的产品类型。公司往往需要对下面几种产品经理兼而有之。有的产品经理可以横跨多个类型，但有的只能干好一个方面。

1. 商务型产品经理

这种产品经理最擅长将外部客户要求归纳成内部产品路线图。商务型产品经理通常在企业级软件公司干得很好，或者负责消费级应用中面向合作伙伴的部分。他们能与销售合作融洽，与客户接洽无碍，但也有足够与工程师和设计师合作的技术素养，在路线图和开发工作量之间进行权衡。他们对产品定价、客户细分、客户需求也有比较敏锐的洞见。

2. 技术型产品经理

技术型产品经理通常（但不总是）精通技术，能够与工程师在基础设施、搜索质量、机器学习或其他对内事务上合作。他们通常能够为多种多样的产品服务，从企业级产品到消费级产品，只要他们能学会必要的商务技能，并具有良好的用户直觉，以做出适当的权衡。

3. 设计型产品经理

大部分设计型产品经理为消费级应用服务，偏向用户体验。有些公司会让设计师转去做消费级产品的产品经理。尽管设计师往往在用户体验和视觉设计方面才华横溢，但在做出运营业务所需的权衡方面（例如广告模型、定价等），他们可能没有受过训练。他们也可能会要求产品的每一个像素都是完美的（这意味着拿出产品所需的时间会更长）。通常来说，对转为产品经理的设计师进行再培训是有好处的，以便让他们更关注美与营销之间的务实权衡。设计型产品经理会将大部分时间放到内部工程与设计团队上，用于对外事务或商务活动的时间会比较少。

4. 增长型产品经理

增长型产品经理通常注重定量、分析和数字驱动，其中最优秀的人还会富有创造力和进取心。增长型产品经理的关注点是：（1）确定推动产品被采用和使用的关键杠杆；（2）操纵这些杠杆。例如，脸书的增长团队通过邮件循环、漏斗优化，以及对注册、转化和其他流量进行的大规模多变量测试等手段，为公司逐步增加了上千万用户。增长型产品经理通常会与工程、营销、用户体验部门紧密合作，有时还会与合作伙伴或商务谈判团队打交道。有时，增长营销部门会承担增长产品管理的职责，对营销部门汇报工作。

通常来说，产品越偏重技术和后端，产品经理的数量就越少。数据库公司的产品经理与工程师的比例可能就比消费级互联网公司低得多。我在谷歌工作时，搜索基础设施团队的产品经理很少，几乎没有，而更偏重用户界面和商务的移动端团队就有许多产品经理（尽管工程师要少得多）。

项目经理不是产品经理

不要招项目经理做产品经理。尽管项目经理可能擅长安排和跟进进度，但他们通常没有设定功能优先级的能力，也不会提出宏观的战略问题。一般而言，运转良好的软件部门不需要项目经理，工程经理和产品经理合起来就把项目经理做了。对硬件产品、外部合作落实、针对供应商的硬件整合来说，项目经理可能是有用的。

助理产品经理/轮岗产品经理

针对本科一毕业就入职的年轻产品经理，谷歌和脸书都制定了大规模的培训项目。谷歌的项目是两段各为期12个月的轮岗，脸书的项目是三段各为期6个月的轮岗。在每段轮岗中，助理产品经理/轮岗产品经理都会跟一个不同的产品部门（例如，广告部门、某消费级产品部门、时间线部门、搜索部门）。助理产品经理/轮岗产品经理项目旨在为各自的公司培养一支内部产品部门领导者后备军。当你的公司增长到1000人或更多人时，实施类似的助理产品经理项目或许就是值得的了。实施时间要在等你拥有一个稳固的内部资深产品经理团队之后。

面试产品经理

面试产品经理时，重点是牢记你要招的是什么角色（参见前文的"四种产品经理"），以及所有产品经理（参见"优秀产品经理的素质"）和所有员工（文化契合度等）都需要有的通用能力。

在面试过程中，你要了解产品经理的以下重要方面：

1. 产品洞见。你每天用哪些产品？你会如何改动X产品？针对某特定用户群体，你会如何设计X产品？你会增加哪些功能？你会放弃/停用什么产品？如果你白手起家办公司，你一开始会做什么产品，为什么？举个例子，你会如何设计一款儿童手机？

2. 对之前成功产品的贡献。在谷歌工作时，我与我见过的一些厉害的产品经理有过交集。我也和一些碰巧在正确的时间出现在正确的地点的差劲产品经理有过交集。当你在面试一位有某成功产品的产品经理时，你一定要深挖他具体做了什么贡献。例如：你在产品定义和产品发布中扮演了什么角色？哪个产品功能是谁的点子？采用X方式给产品定价的点子是谁在推动？如此等等。

3. 设定优先事项。在关于设定优先事项的问题上，你的焦点应该是应聘者用什么框架来做权衡，而不是权衡本身。你可以在提问前给出一个情境或案例研究，然后展开。例如：公司有多条潜在的产品路径，但不能全都投资，你能举出一个这样的现实例子吗？产品经理要如何应对这个决策选择？它会涉及哪些因素？有什么数据可以用？高管团队要求你加入一项产品功能，但你顶了回去或者设法把它去掉了，你能举出一个这样的例子吗？

4. 沟通与团队冲突。这位产品经理在之前的公司是否能将愿景或产品推销给领导团队？他与工程或设计团队有过什么分歧或冲突？分歧是如何解决的？他是如何主动与组织的其他部分建立关系的？他使用什么沟通方法？沟通重要吗，何时重要？他能举出一个沟通失误造成产品出问题的例子吗？问题是如何解决的，之后流程有何改变？一般来说，产品、设计和工程团队天然会有一种紧张关系。在快节奏的环境中，冲突自然会产生。关键是如何建立关系以克服分歧，以及一旦发生冲突，如何解决。

5. 指标与数据。这位产品经理用什么指标来追踪上一个产品？指标是怎么选出来的？这些指标可能会催生哪些不良行为，应该如何避免？他会用什么指标来追踪你的产品？合理性是什么？回顾指标应该多久进行一次，在什么环境下进行？你如何评估产品发布是否成功？

对所有要聘用的产品人员做背景调查

不管招什么人，背景调查都是极其重要的，对招产品经理来说甚至还要更重要。工程师应聘者的技术水平可以从面试中看出来。产品经理就没

> 干净利落的产品需求文档能大大推动各方达成简明的共识，对执行过程也会有很大的帮助。产品需求文档应当清楚地说明产品的主要功能和产品需求。
>
> ——埃拉德·吉尔

有方便你检验的能力指标了，过往成果就是显示其未来能否再创佳绩的最有力指标。行事得当的话，私下的秘密调查会特别有启发。

最优秀的产品经理会有这样的履历：顺利发布原本会难产的产品或功能；与工程师、设计师有成效地商谈取舍，促成了产品的成功；提出宏大的战略构想，推动业务取得成功。

产品、设计、工程的配合

有人可能会觉得产品、设计、工程的角色有重叠。在现实中，三者的职责是相当分明的。

设计：为产品设计出最好的视觉效果和用户体验。

工程：把产品造出来。提出关于技术路线图如何推动产品，以及产品如何推动技术路线图的建议。

产品：设定产品愿景和路线图，确保公司造出符合用户需求的产品。在设计、工程、商务层面的考虑之间做取舍和设定优先级。

设计师往往只看产品如何设计最好，工程师只看技术层面，产品经理的角色则是根据来自设计、工程、法务、客服和销售/营销/客户的意见，结合宏观业务需求、竞争环境和公司战略做权衡取舍，设定优先事项。

之所以会产生模糊性，主要是因为设计师觉得，"设计是我的事，产品的人凭什么告诉我要改哪里？"工程师认为，"产品的技术方面归我管，产品的人为什么要让我不做X功能了？"产品人员有时不是惹这边生气，就是让那边恼了。

在现实中，产品管理的职能应该是不偏不倚的，通盘考虑产品的所有方面并做出取舍，代表用户的声音（同时要做出合理的商业权衡）。这个角色显然需要设计和工程团队给予高度信任，这就是糟糕的产品经理会毁掉产品经理在团队内的形象的原因。

聘请一名强力产品副总裁

在很多初创公司，CEO起初可能会扮演产品副总裁的角色。等发展到一定程度，组织和流程需要实现专业化，公司也就需要聘一名产品副总裁了。这时，许多CEO喜欢聘一个"流程专家"来负责产品管理，因为CEO觉得自己懂产品，只需要一个人来执行自己的愿景。随着公司的扩张，分给副总裁一级的人的职责逐渐增加，这种做法通常是错误的。相反，CEO应该找一个既了解产品管理流程，又对产品及其路线图有互补或相似愿景的人。

产品副总裁的角色是：

1. 推动产品战略规划、路线图设定及其整体执行。

显然，这项职责要在终极权威CEO的指导下履行。

- 设定产品愿景和路线图。与CEO和其他核心高管合作，确保产品愿景与路线图的设定和遵循。

- 战略思维与战略表述。产品副总裁应该能够有说服力地阐释产品战略，战略应包含以下四个方面的深刻认识：（1）客户到底是哪些人；（2）对你来说，怎样才是赢得市场；（3）产品和公司如何实现差异化；（4）如何为客户打造有吸引力的、不落俗套的产品？

- 在职能之间做战略权衡。产品管理的宗旨是产品战略规划和优先级设定。一名优秀的产品主管应该有能力与创始人共同制定产品战略，并负责产品路线图。这并不意味着创始人/CEO不应该掌握产品方面的最终决策权。创始人/CEO应该将产品的战略规划和优先级设定过程交给产品副总裁，然后认可与调整在过程中得出的成果。

2. 建立一支专业的产品管理队伍，并对其赋权。

- 招聘具有热门产品多阶段管理经验的产品经理。如果你的公司处于高增长模式，那就要招聘经验丰富的产品经理，对方要有将产品做大并跟进管理的经历。

- 作为产品管理方面在高管层的代表者。要与其他高管好好共事。产品部门是公司这个车轮的中心辐条，要与设计、工程、销售、营销、运营、客服等部门沟通，整合其反馈，抵制其不合理要求。这意味着产品经理需要在每一个部门建立深厚的关系，与众多不同类型的职能人员高效合作。

- 为本部门的产品经理赋能，以便其开展和完成工作。帮助团队内的产品经理应对办公室政治和利益相关方。产品副总裁还应该明确界定产品经理的角色与职责并取得公司上下的认可，同时实施简明的产品流程。
- 建立针对新手产品经理的培训支持项目。确保公司有适当的培训辅导项目，为校招或内部转岗的新手产品经理提供支持。

3. 建立公司级别的产品管理流程。

- 制定高效开发产品、设定产品决策的优先级、发布产品所需的流程。这些流程包括设定跨部门的发布时间表，撰写简明的产品需求文档，妥善应对各部门的意见并做出相应的权衡。确保上述流程得到了公司整体上的认可。

赋能产品副总裁

与所有被聘用的高管一样，产品副总裁应该由CEO来花时间做入职引导和赋权，内容可能包括：

- 将产品战略规划的各方面工作委托给产品副总裁。放手不代表撒手。相反，产品副总裁与各团队共同形成的产品路线图和优先级应当得到CEO的认可与调整。
- 赋权并支持产品副总裁。产品副总裁可能会实施一套公司之前没有的新基本流程。与任何新高管一样，他掌管的部门可能会经历调整或重组。他也可能在产品管理方面扮演比以往权力更大的角色。这可能会导致他与公司内其他有影响力的部门关系紧张。为了实现变革，产品副总裁需要得到CEO的支持。
- 要有耐心。多年来，你一直为这家公司操心出力，将全部这些知识传递出去是要花一些时间的。你的产品副总裁要用三个月时间跟上公司、产品、核心人员、各项流程的节奏，接下来又要用三个月时间才能发挥出价值。所有新招的高层人员都是这样，特别是组织规模比较大的时候。话虽如此，但每一名新高管都应该在前几周就取得一些见效快、难度小的成绩，并为CEO分担部分压力。开门红对任何新聘高管的成功都是至关重要的。

只要CEO看到"优秀"的产品部门和产品副总裁动起来了，产品管理往往就会成为公司中受器重的职能之一。

产品管理流程

对公司的每一个职能部门来说，只要落实一点点流程就能起到很大的作用（例如，工程公司中的代码核查流程）。就产品管理部门而言，扩张期的关键流程包括：

1. 产品需求文档模板与产品路线图

开发产品的起点是达成要做什么产品的明确共识。尽管工程部负责编写技术设计文档，说明产品的技术架构和工作原理，但产品需求文档的撰写就是产品经理的职责了。这个产品是为谁开发的？产品会遇到哪些应用场景？它要解决哪些问题，又有哪些问题是明确不归它管的？产品的主要功能和用途是什么？主要的产品依存性有哪些？一份产品需求文档可能还会大体勾勒产品用户历程。

2. 产品评议

随着组织的扩大，团队和产品的数量也会增加。许多公司每周都会开产品评议会，参会者是一批固定的核心高管，内容是检查某产品的开发进度，并提供关于战略、产品方向或发布准备程度的反馈。多个产品团队会出席会议，并向高管介绍产品开发情况或路线图。

在有些公司，只要项目组搭起来了，就要开会讨论产品底线、主要目标、应用场景和路线图。另一些公司则只关注开发中的重点产品的进度。

通常而言，产品评议机制旨在解决某产品领域在开发方向或权衡取舍方面的不确定性问题，或者提供一个各部门发表意见，促成开发方向或路径调整的平台。产品评议亦可用于检视产品发布后的各项指标、产品所取得的成果、用户反馈或用户接受度。

出席产品评议会的人员通常包括产品经理（负责组织和主持会议）、设计主管、技术主管、技术骨干和其他为确保讨论成效所必需的核心团队成员（可能包括销售、商务拓展、后勤、法务或其他利益相关方）。

3. 发布流程与时间表

有些公司会把发布流程或时间表放到产品评议会中讨论。随着公司规模的扩大，项目的数量飞速增加，专门讨论近期发布事宜的会议就能派上用场了。许多公司都会有一个内网页面，上面列出每一个项目的发布日期，各部门可以在项目旁边勾选"准备完毕"或"未准备完毕"，也可以添加本部门的问题和看法。例如，产品部和工程部可能都认为产品可以发布了，但法务部仍然是"未准备完毕"，因为有一个法律问题尚未解决。在发布讨论会上，高管团队可以与部门主管考虑产品是否应该发布，是否还有没解决的事项。

4. 产品回顾

产品发布后，一种合理的做法是召集参与该项目的主要各部门成员开会，讨论哪些地方做得好，其他发布活动应该效仿，哪些地方做得不好。总结经验教训，以便知道如何应对之后的项目。

产品回顾有两个目的：（1）整理产品开发和发布的最佳实践，并理解

> 不管招什么人，背景调查都是极其重要的。
>
> ——埃拉德·吉尔

这些做法；（2）提供一个公开表彰、施加压力和表达异议的场合。有了这样一个可以心平气和地讨论不足的地方，各个团队可以了解下一次在哪些方面要做得更好，也可以处理先前没有直面的问题或事项。

转岗与培训

我在推特时，大量早期的产品经理都是从其他部门（设计、销售、商务运营、工程、合作伙伴服务等）转岗而来。他们中尽管有不少人最后在产品管理方面干得有声有色，但也有人表现糟糕，组织升级后就不得不离开了。

考虑将某人转到产品经理的岗位之前，你最好做到以下几点：（1）面试或考察此人是否应当转岗；（2）产品管理的核心流程已就位，确保新产品经理有规可循；（3）有产品副总裁，以便管理和培训新人；（4）有老练的资深产品经理，为新人提供指导并促进其成长。正如公司会为资历浅或新招聘的销售人员或工程师提供入职辅导一样，这种做法对产品经理同样有益。

许多高增长公司在早期都有一种常见的产品团队演化模式，这种模式最常见于创始人创业之前没有大型科技公司工作经验的初创公司：

- CEO或其中一名创始人承担产品经理的角色。随着公司的扩大，他们将产品管理的任务移交给其他现有员工，于是设计师、商务运营人员、营销人员、工程师或其他人就可能转为早期的产品经理。

- 他们既没有产品管理的流程和基础设施，身边也没有资深产品经理，因此只能自己折腾。有些人可能会自动转入项目管理，而非产品管理的模式。比方说，他们可能会把时间用于项目执行和任务清单，而不是设定产品愿景和路线图，或者解决各种跨部门的问题。这可能会导致产品部在公司内的作用持续下降，直到组建起一支经验更丰富的队伍。

- 公司聘了一名产品副总裁，重建产品团队，设立各项流程，将产品管理整合为独立的部门。招聘资深产品经理并为其赋能，整改部门流程，以便壮大部门实力及其内部影响力的过程可能要花费一年或更多的时间。

谷歌就是上述模式的一个范例。谷歌早期有一些产品经理是转岗来的，比如玛丽莎·梅耶尔（以前是工程师）、苏珊·沃西基（营销）、乔治斯·哈里克（工程师）和萨拉尔·卡曼德尔（总务）。这四位后来得到了资深产品经理和乔纳森·罗森伯格的补足，罗森伯格是一位有经验的产品副总裁，建立了一批流程，还针对应届生实施了一套招聘培训计划（即著名的谷歌助理产品经理计划）。罗森伯格是将稳定性和最佳实践引入谷歌产品开发过程中的不可或缺的一分子。

从产品到分销的思维转换

初创公司取得成功的方式通常是开发出一款富有吸引力、差异化鲜明的产品，从而将大量客户从传统产品那里拉了过来。于是，庞大的客户基础就成为公司向前发展的一大资产。公司的其他产品也可以卖给这些客户，为公司争取到更多时间或金钱。

既然最初成功的原因是专心做产品，爆品公司的创始人常常就认为产品开发是公司的首要竞争力和资产。事实上，分销渠道和来自第一款产品的客户基础才是公司最重要的发展优势和拉开差距的地方。

用起这种以分销为护城河和竞争优势的模式，上一代科技公司毫不留情。通过自研或收购的方式，微软拥有了包括Office办公软件（Word、Powerpoint、Excel本来都是独立的公司或细分市场）、IE浏览器等在内的独占产品，然后利用通常的企业或消费者渠道往下推。思科购买了几十家公司，接着重新包装或直接转卖给了自己的企业和电信渠道。[1]SAP（思爱普）和甲骨文也是类似的成功模式。

在近年来兴起的科技巨头中，脸书和谷歌早早就认识到了分销的力量和重要性。尽管谷歌以"有机增长"闻名，但事实上，这家公司在Firefox（火狐）主页上买广告位，每年付出上亿美元将谷歌搜索工具栏绑定到其他下载应用里，而且花钱让笔记本电脑厂商将谷歌设为默认搜索引擎。接着，谷歌又凭借搜索引擎的用户基数来捆绑分销Google Maps（收购自Where2[2]）、Gmail、Chrome浏览器、Google Docs（收购自Writely等公司）和其他产品。类似的，脸书在用户增长方面的投资力度很大，

---

[1] 详细名单参见eladgil.com上的链接。（https://en.wikipedia.org/wiki/List_of_acquisitions_by_Cisco_Systems）

[2] 参见《Google Maps不为人知的诞生经历》，链接在eladgil.com上。（https://medium.com/@lewgus/the-untold-story-about-the-founding-of-google-maps-e4a5430aec92）

而且也收购了多家公司，有做邮箱采集器，发现适宜邀请注册用户的［Octazen（奥克塔申）］，有做低端功能手机推广的［收购Snaptu（斯纳普图）让脸书获得了一亿不愿意只用桌面端的功能手机用户］，也有做其他方向的。接下来，它又利用分销能力更快地将买来的Instagram等应用推向全球市场。

在所有这些例子中，成功之路都分为四步：

1. 打造一款出色的产品，将用户从传统产品那里争取过来。依托第一款产品做大用户基数。

2. 对初期客户增长没有沾沾自喜，反而积极进取。谷歌、脸书和优步等巨无霸公司都是从一开始就对用户增长富有进取心和算计心。与此相对，不以指标为方向、缺少进取心的公司就不能进入成功的下一个阶段。太多公司因为核心产品"还行"，就放松了对分销的要求。

3. 明白客户渠道是公司的重要资产。先开发新产品或收购其他公司，然后用你的销售渠道推下去。优步最近一直试图通过Uber Eats（优步餐饮）和收购Jump（江普）来做这件事。

4. 明白公司不能什么都自己开发。收购更多公司，然后顺着渠道推出去。大多数公司都需要克服内部对收购的抵触。常见的论点是换成自己做多么容易，或者整合收购来的公司多么难。在现实中，急速扩张的公司永远不会有足够的资源什么都自己做，而应该购买更多的初创公司。总体来说，大部分公司在扩张过程中收购得太少，而不是太多了。

最精明的公司明白自己也是分销商，会购买（或开发）一批产品，然后再分销。

第八章

财务与估值

高 增 长 手 册

High
Growth
Handbook

钱，钱，钱

在科技业发展的前40年里，高增长公司上市（IPO）要远比现在早。英特尔成立2年后就上市了。亚马逊上市时才3岁，苹果是4岁，思科则是5岁高龄。微软是个例外，在1986年成立约10年后才姗姗上市（主要是因为它在1980年从IBM那里买来了MS-DOS）。

IPO时间在21世纪的头几年大大延后，有一些公司成立10年或10多年后才上市。随之而来的是融资战略和资金来源的变化。投资人曾经为年轻的上市科技公司投资，现在不得不转投私有公司。漫长的变现周期催生了庞大的普通股二级市场。最后，高增长爆红上市公司（以及模范上市公司创始人）的减少也带来了一代对上市心怀疑虑的创始人。

本章会介绍后期阶段融资的各种新资金来源，股票二级市场买卖与要约收购，以及IPO。我不是法律专家，本书的本意也不是提供法律建议，所以法律问题还是去找你的法务解决吧。

后期阶段融资：你该找谁谈

随着公司的壮大，能为你的下一轮融资提供资金的投资者范围也在变化。尽管有些风投公司［如Benchmark（本奇马克）、True Ventures（真诚风投）和Upfront（厄普富朗特）］专攻A轮融资，但许多传统风投公司或者将业务范围延伸到了后期阶段的公司，或者成立了独立的增长基金，为进入后期阶段的高增长公司提供资金，包括8vc、Accel（阿克塞尔）、Andreessen Horowitz、Bessemer（贝塞默）、CRV（CRV风投）、DFJ（德丰杰）、Felicis（费利西斯）、Foresite（福尔塞特）、Founders Fund（创始人基金）、General Catalyst（通用催化）、Greylock、Google Ventures（谷歌风投）、Index Ventures（指数风投）、Khosla Ventures、凯鹏华盈、Lightspeed（光速）、Matrix（矩阵）、Maverick（马威利克）、Menlo（门洛）、Mayfield（梅菲尔德）、NEA（恩颐）、Norwest（诺韦斯特）、Redpoint（红点）、Scale（斯盖尔）、红杉、Shasta（沙斯塔）、SignalFire（信号激发）、Social+Capital（社交+资本）、Spark（斯帕克）、Sutter Hill Ventures（萨特希尔风投）、Thrive Capital（兴盛资本）、Trinity（崔尼蒂）、USV（联合广场风投）、Venrock（温洛克）等等。[1]一般来说，基金规模越大，做后期投资的可能性就越高。

此外，还有一大批以前专攻增长阶段融资，现在也开始做后期阶段投资的基金，比如Google Capital（谷歌资本）、GGV（纪源资本）、GCVC（GCVC风险投资）、IVP（机构风险合伙公司）、Insight（洞见风险合伙公司）、Meritech（梅里科技）、Summit（顶峰风险投资）等等。一些新兴基金也开始投向创业者友好型的后期阶段投资项目，比如DST（数码天空科技）、Tiger（老虎基金）、VY（VY资本）等。

过去几年有一个新动向，那就是股市投资者或家族办公室开始直接

---

[1] 请注意，尽管我已经努力给出实用的、有代表性的投资公司列表，但我必须警告读者：这份列表并不完整，而且可能很快过时。要自己做调研，不要单纯依赖书本上的投资人列表。另外，如有缺漏，我要在此表示歉意。

投资后期阶段的公司，包括BlackRock、T. Rowe Price（普信）、富达和Wellington（韦林顿）等公司，也包括Point72（72点）和TriplePoint Capital（三点资本）等对冲基金。Viking（维金）和Matrix等部分对冲基金专注于生命科学和数字医疗领域的后期阶段公司。ADIA（阿布扎比投资局）、EDBI（新加坡经济发展局投资公司）、GIC（新加坡政府投资公司）、Mubadala（穆巴达拉发展公司）、Temasek（淡马锡）等主权财富基金也会直接投资公司，同时软银凭借沙特阿拉伯和其他来源的资金崛起为投资巨头。KKR（KKR集团）、TPG（得克萨斯太平洋集团）、Warburg Pincus（华平投资）、黑石、高盛、摩根大通、摩根士丹利等私募或交叉基金也设立了专攻科技公司的私人基金或投资活动。一批亿万富翁也开始从家族办公室直接给令人激动的科技公司开大额支票。

最后，如果你的公司进入了后期阶段，那么你也可以去找战略投资人或天使投资人领投的特殊目的实体，这是为了给你的公司投资而专门募集的一次性基金。后期阶段资金来源的增多意味着如今正是创业者发起后期融资的绝佳时机之一。

后期阶段投资人类型

投资人类型： 传统风投。

单次规模： 单轮可达5000万美元（更大的数额通常来自增长基金）。

估值条件： 传统风投一般不会领投估值超过5亿美元的公司。不过，现在有一批基金已经推出了投资估值10亿美元以上公司的增长基金。

优点： 根据风投合伙人的情况，有可能会提供公司运营或扩张规模方面的建议。

缺点： 要求董事席位的可能性较高（根据风投人的具体情况，这也可能是优点）。如果你之前已经拿过风投人的钱了，那么新风投人对拓宽人脉的作用会比较小。

看重因素： 尽管传统风投会对潜在投资对象的指标数据感兴趣，但他们通常对宏观市场趋势、单位经济效益、公司的宏观战略和差异点更感兴趣。他们的关注点往往是公司在打造的"护城河"——作为战略防御和可持续能力的支撑点。

投资人类型： 增长/夹层基金。
单次规模： 2500万美元至5亿美元。
估值条件： 1亿美元至100亿美元。
优点： 可能是甩手投资人。根据投资人的具体类型，可能会带来多样化的人脉。
缺点： 可能对运营不太上心，尽管主要投的是后期阶段的公司。可能非常看重数据，所以会将大量时间投入到财务状况、长期护城河等事务上。
看重因素： 这些投资人往往会非常看重数据。他们会关注增长率、利润率、用户接受度、客户获取成本等与单位经济效益相关的重要指标以及公司核心指标。

投资人类型： 对冲基金。
单次规模： 1000万美元至5亿美元。
估值条件： 主要是做5亿美元以上的后期融资，不过也有一批对冲基金投资过A轮甚至种子轮融资。
优点： 基于他们对同领域上市公司的投资情况，可能对行业或市场很有见地。例如，Viking就是一家精明的基因组学投资人。可能对估值不敏感，但也不总是这样，要看具体是哪家对冲基金。可能对董事席位不太关心，如果你已经有多名投资人董事了，那么这一点会有益处。
缺点： 常常不理解初创公司面临的种种挑战和不确定性。如果对冲基金进场过早，可能会给后续投资者发出"这家公司不行"的信号（这要看具体是哪家对冲基金，以及它过去在你的行业做过多少投资。有些投资者是出了名地精明）。

看重因素： 大市场的领导者。对冲基金通常是财务驱动型投资者，关注底层数据和长期现金流。更可能像股市投资者，而非风投人那样思考问题（以及评估投资机会）。

投资人类型： 私募基金。

单次规模： 1000万美元至5亿美元。

估值条件： 主要是做5亿美元以上的后期融资，不过也有一批私募基金投资过A轮或B轮融资。

优点： 可能具有宽广或多样化的人脉。如果你有对公业务的话，他们可能会将你介绍给自己投资的其他后期阶段的公司。

缺点： 有许多优秀的、乐于提供支持的私募基金做私有科技公司的投资。但是，有些私募基金在融资条件里搞猫腻，或者刚签投资条款清单就翻脸不认人，是出了名的。其他一些私募基金，比如做私募业务的银行（例如，高盛或摩根士丹利）则有重视长期银行关系，对投资的公司更友善的名声。选择跟一家私募基金打交道时要谨慎，一定要找它之前投资过的其他科技公司做背景调查。

看重因素： 私募基金公司倾向于依据数字和可观的营收流来投资，会仔细查看利润结构、增长率、营收增长以及宏观市场动态和你的公司的防御能力。

投资人类型： 家族办公室。

单次规模： 500万美元至5亿美元。

估值条件： 多大多小都可以，不过家族办公室通常是做后期投资的。

优点： 根据所处市场和家族办公室客户的情况，可能有强大的人脉助力公司发展。可能对估值敏感，也可能不敏感，具体要看投资的专业化程度。

缺点： 通常不懂对早期阶段的公司或初创公司的投资，形势恶化时可能会不好相处。一般来说，最好先直接跟金主打交道，然后再找家族办公室的职员。或者，你也可以找之前做过多单私有公司投资，懂行的家族办公室。

看重因素： 家族办公室通常会看其他机构投资者的信号来判断融资质量。他们会找大市场中的初创公司，通常偏爱高利润率的公司。

投资人类型： 天使投资人领投的特殊目的实体（SPV）①。

单次规模： 100万美元至5000万美元。

估值条件： 自A轮融资均可，不拘估值大小。

优点： 通常是一位已经在你的股权结构表里的投资者或天使投资人领投，设立的特殊目的实体是作为一笔大额风险融资的一部分。这是天使投资人或小基金——在你的同意下——提高在你的公司所占股份的一种方式，也可能是为了加深与原有投资人的关系，或者融得资金以提高公司信任的投资人的股权或优先股投票权。

缺点： 风投人可能会抗拒以这种方式进行大笔投资的天使投资人。资金的实际募集或发放可能会有困难。你一定要界定特殊目的实体遵循的流程，以及哪些信息可以分享给潜在的有限合伙人，哪些信息不可以。

看重因素： 特殊目的实体可能是领投，也可能是联合投资的参与者。如果是领投，那么其表现与其他领投风投不会有两样。如果是联合投资的参与者，那么可能会比较看重发展势头。若是后期阶段融资和大额融资，特殊目的实体估计会对公司、团队、财务状况、总体市场趋势、防御能力

---

① 特殊目的实体是为投资特定公司而设立的一次性基金。风投基金是拿有限合伙人的钱给多家公司投资，特殊目的实体也是拿有限合伙人的钱，然后只给一家公司投资。最近，一批基金（有专做早期投资的风投，也有传统风投）和独立天使投资人为投资特定公司而设立了特殊目的实体。

和增长率做尽职调查。

投资人类型：股市投资者。

单次规模：可达5亿美元。

估值条件：通常是数亿美元到数十亿美元。

优点：可信赖的大笔资金来源。通常被视为"聪明钱"。通常会在IPO后长期持股，而且会向股市发送"你的公司是合法的"的信号。

缺点：可能会公开减价抛售你的股票，并影响未来的融资或次级交易。[①]

看重因素：评价一家公司的依据通常是对其IPO和IPO之后状况的预测（例如，核心财务指标、竞争环境和防御能力等）。

投资人类型："战略"投资人。[②]

单次规模：通常从千万美元至10亿美元，也可能更高。

估值条件：通常为数亿美元以上。战略投资人可能会要求早入场，但你可能希望把他们留到后期再投资，同时减轻他们早期入场所带来的风险。

优点：对估值不敏感，溢价投资的可能性较高。可能拥有对公司助益极大的关键人脉或知识。可能围绕投资做一个更大的"战略"合作，从而加快公司的发展。

缺点：早期入场可能会产生"信号效应"，让其他战略投资人不愿意投资或合作。例如，如果你是一家数字医疗公司，然后Pfizer（辉瑞）早

---

① 参见eladgil.com。（http://fortune.com/2015/11/12/fidelity-marks-down-tech-unicorns/）

② 战略投资人是与你同行业，现金充裕的大型公司，投资的目的可能是：（1）与你的公司结成更大范围内的伙伴关系；（2）进一步了解软件和技术会对其行业造成何种影响；（3）日后打算收购你。例如，Roche（罗氏）公司参与了对Flatiron（弗拉蒂伦）公司的一笔总额为1亿美元的投资，通用汽车参与了对Lyft（来福车）的一笔总额为10亿美元的投资，英特尔也参与了Cloudera（云纪元）公司的一轮大额融资。（http://arstechnica.com/cars/2016/01/general-motors-bought-sidecar-gave-lyft-millions-now-its-launching-maven/）

早对你投了资，那么其他制药公司就不太可能与你合作，或者试图收购你了。到了后期，融资带来的信号风险会有所降低。战略投资人也可能会利用投资来套取信息，了解你的公司，以便最终与你展开竞争。

看重因素： 你的公司对其行业的战略价值。能否从你的初创公司了解他们所处的市场会如何被重塑。某些情况下，战略投资是收购要约的前奏，所以战略投资人会将其视为更好地了解你的一种方式。

投资人类型： 海外互联网大厂。

单次规模： 可达10亿美元。

估值条件： 范围非常大，从早期阶段到数十亿美元估值都有。

优点： 对估值不太敏感。可能会有助于进军中国或其他市场，也可能单纯是一个资金来源。腾讯、阿里巴巴、Rakuten（乐天市场）等都对科技初创公司投过大笔钱。

缺点： 可能会试图将投资与合资公司或其在本国市场的其他机构捆绑起来。可能会试图向你的公司借鉴，以便在本国市场发布竞争产品。

看重因素： 战略价值和投资上升空间，取决于具体公司和具体目标。

投资人类型： 主权财富基金。

单次规模： 可达数十亿美元。

估值条件： 范围非常大，从早期阶段到数十亿美元估值都有。

优点： 有些基金对估值不敏感（也有很敏感的）。可能有助于你进入新市场（取决于基金代表的国家）或向国有企业销售产品。资金雄厚。一部分主权财富基金可能会出于战略原因投资。例如，他们希望了解或接近可能对本国企业造成冲击的技术，或者用石油美元兑换科技资产，实现资产多样化。

缺点： 有些基金可能行动迟缓或面对多重阻碍。有些直接投资经验较

DST如何掀起后期投资革命

过去10年间，风投行业重要的三大创新是（排名不分先后）：（1）Y Combinator和早期风投革命；（2）AngelList的联合投资模式（Syndicates）与分布式天使投资人网络；（3）DST和后期风投革命。

从2009年投资脸书开始，尤里·米尔纳和DST接连拿下一批公司的大额股份，从而带来了后期风投的一场革命。特点如下：

■ 可能是一次交易，二次普通股交易，或两者的结合。

■ 对创业者友好，不要求董事席位。

■ 投资规模通常很大，一家公司总共可能获得10亿美元或更多的投资，相当于一次私人IPO了。

少的基金可能缺乏见识，或者对初创公司的经营方式有误解。

看重因素：战略价值与投资上升空间，取决于具体基金和具体目标。

如何评估后期融资的资金来源

作为一家后期阶段的公司，你可选的投资人范围要比早年更大。如果你是一家高增长公司，面前有一批强力投资人，那么选择后期金主时应考虑以下因素：

后续资金。一些后期基金能拿得出数亿、数十亿美元。你之后募集金额更大时，这家基金能继续注资吗？

股市影响。T. Rowe Price和富达等股市投资者会对市场发出有力的积极信号，因为他们以长期持股著称。你上市后，他们可能会长期持有你的股票，而这会影响你在IPO之后的形象和绩效。

请注意：最近至少有一家股市投资者开始按月公布其通过私募方式投资的公司的市值变化。（毫无道理——你真的能按月改变上市公司的市值吗？）此举已经对这些公司的后续融资、二次交易和员工士气造成了诸多影响。

战略价值。后期投资者可能了解特定的行业或国家，也有成为或介绍合作伙伴的潜力。例如，优步刚进入中国市场时，设立了一家独立子公司，多家中国投资者对其投资，协助其打通政府关系和其他关节。来自战略投资人的一笔投资还可能会巩固一段重要的合作关系。例如，当谷歌签订了支持雅虎搜索（当时要为其单独设立公司）的合约时，就从雅虎获得了一笔投资。

条款简单。一些后期私募公司或对冲基金在投资时，会要求复杂的投资结构或清算优先权，条款可能包括以IPO发行价获得额外股份，股份交易的价格低于指定价格时回拨收益，等等。如果报低股价就能换来简单条款的话，那么这样做通常是值得的。

董事席位。在DST的带动下，有一批后期投资人不要董事席位。随着公司的扩大，融资轮数增多，避免董事会膨胀可能会变得有挑战性。

能买次级股票或推动要约交易。有些公司会把一级融资活动（购买优先股）和次级交易或要约交易（允许员工、创始人或早期投资人出售部分股份）结合起来。不同的基金可能有大额买入次级股票的兴趣或美国证券交易委员会注册资质，也可能没有。

尽管这种投资风格现在比较常见了，但当DST凭借投资脸书入场时，这种做法还是相当激进的。当年，后期投资者通常会索要复杂的优先股条件、董事席位或其他控制公司的手段。自那以后，出现了一批模仿DST的基金，但DST凭借其多样化全球布局和挑选出顶级公司与投资的慧眼，似乎总能领先一步。

关键条款

在需要考虑的关键条款方面，后期融资与前期融资的区别没有那么大。但后期融资中重要的两件事往往会归结为优惠条件和董事席位。

优惠条件。尽管顶级早期投资人的优先股结构往往会很清爽（即非参与优先股[①]），但私募基金和家族办公室可能会要求不常见的优先股结构，相当于把股权融资转化为债权融资。例如，如果公司和投资人不能就估值达成共识，那么私募基金可能会要求两倍或三倍的优先股回报，还有下一轮融资的棘轮条款。类似的，后期投资人可能会围绕IPO（例如，如果IPO发行价低于某个值，或者IPO用时超过六个月或九个月，那么投资人就会获得额外股权）、后续融资或公司生命周期的其他方面提出特殊条款。一般来说，如果可能的话，你应该避免这些特殊条款，尽管你可能没有这样做的机会，特别是在你的估值开始超过公司的核心业务指标，或者资本稀缺的情况下。

董事席位。与所有融资一样，每轮融资要不要增加董事席位都是一个关键考量因素。通常而言，董事会人多就不好管。但是，后期投资人可能会为董事会引入先前缺失的视角，比如财务纪律或者股市状况。这种视角有好有坏，取决于具体的董事情况和公司大环境。通常来说，后期投资人更看重数据/营收/利润率，这可能会让公司迈上坦途，或误入歧途。

此外，身处日新月异的市场环境中，初创公司通常会有很多时候想说"可恶"，而后期投资人有可能不太搭理这种事，对产品路线图和组织架构的调整也不太上心。有些后期投资人是出了名的甩手掌柜，或者说是创

---

① 参见eladgil.com。（https://www.forbes.com/pictures/fiii45hlf/participating-preferred-vs-non-participating-preferred/）

始人友好型的（例如尤里·米尔纳和DST）。但是，许多后期投资人会追求更"稳妥"的后期投资，可能会对仍然处于剧烈变动中的高增长初创公司造成麻烦。

挑选董事要谨慎！要考虑一概不增加新董事，除非你的后期投资人有独特的助益。根据融资的具体情况，你或许没有选择。比方说，投资人要求董事席位，而你又没有其他合适的人选。

引入任何新董事之前，你要确保：（1）对其投资经历和董事会任职经历做尽职调查；（2）与其坦诚地交流公司发展方向和未来期望；（3）确定是否有其他让后期投资人既能发挥实质影响力，又能了解公司信息的方式——在不增加董事席位的情况下。另一种可能的情况是，这位后期投资人能为董事会带来巨大的价值，甚至能帮忙清理表现不佳的早期投资人。详见前文的"开除董事"一节。[1]

请注意

与私募投资者打交道的一个坏处是，他们常常滥用影响力，或者行事作风与传统硅谷风投人有异。有一家私募基金以先签投资条款清单，三周后又要改条件（那时公司已经跟其他投资人说自己选好人了，于是失去了谈判的筹码）而闻名。最近，至少有一轮"独角兽"融资不许他们参加，他们的差劲是出了名的。但是，他们的把戏还没有完全公开。所以，跟私募投资者打交道时要小心。私募领域有一些行事正派的投资者（例如KKR集团），但也有少数害群之马。

---

[1] eladgil.com上有一篇相关的文章。（http://blog.eladgil.com/2012/11/how-to-choose-right-vc-partner-for-you.html）

> 一般来说，公司估值达到5亿~10亿美元时，创始人和/或员工往往就会考虑出售股票的事了。
>
> ——埃拉德·吉尔

估值不要报太高

创始人常会受到一种诱惑：融资时尽可能把估值往高报。高估值可能有利于员工招聘和薪酬条件，为公司带来正面的公关效果，为并购提供弹药，并且满足创始人的虚荣心。不幸的是，估值过高会引发一系列后续问题。例如，对许多独角兽公司而言，下一轮的融资能力与业务本身立不立得住没太大关系，而更多地取决于前一轮融资时的估值。[①]

相对整体市场来说，估值过高会造成以下问题：

1. 后续融资会变得更难。 投资人的通常预期是，每轮融资之后的估值增加到之前的2~3倍。如果估值非常高（比如数十亿美元），那么每轮融资的增长率就会减少到50%~100%。但增加10亿美元的市场估值其实已经能创造很多价值了（营收、用户增长等）。估值报得越高，按百分比增长市

---

① 当然，这类公司中有一批估值不到10亿美元，它们渐渐就消亡了。但是，从现在到未来的两年中，我们也会发现，回过头来看，有些公司报的估值太低了。

值就越困难。

2. 投资者结构可能会变化。估值报得高，潜在投资者的投资期限可能就会变化。许多进入私募风投领域的非传统后期投资者的投资期限较短（18~24个月），而且可能会以不符合公司终极目标的方式催促公司清算或进入下一阶段。

3. 追求估值会有内心压力，压力会导致错误行为。这是一个大问题，我接下来会详谈：创始人施加于自身的高估值压力可能会扭曲其行为，使其带领公司走上错误的道路。

4. 员工预期。如果有一轮融资估值较低，或者估值接连几年都不增长，那么以为公司市值高企，冲着股票上涨加入的员工就会感到失落。若是公司估值三四年不动弹，一直在等着达到预期估值，那么这些员工也会失落。

以上四条本质上都是预期问题。估值越高，期望就越高。最严重的表现就是创始人在高估值下给自己施加的压力。

创始人的压力

当一名创始人的公司有几十亿美元的估值时，两大挑战就会出现：（1）为了达到估值，创始人可能会不惜一切代价地追求不可持续的增长；（2）许多可能无益于经营的分心事会出来（例如媒体报道、发言的机会、投资等）。

为了迎合水涨船高的估值期望，创始人会有不计代价追求营收和增长的压力，这时公司往往就会出问题。例如，为了显示增长，花大力气赔钱获取客户可能会促进市场份额的提高，但也会让公司从基本能活变成估计要凉。

这种增长压力可能来自创业者本人，但更经常来自董事会。后期投资者可能会极力要求增长，尤其是在初创公司没有达到融资时说出去的估值的情况下。后期投资者未必总能理解初创公司面临的不确定性，哪怕是一家高增长公司。

作为创业者，你在融资时应该问自己这样几个问题：

- 本轮融得的资金能否让我的公司估值增长到最近估值的某个合理倍数？如果不能，我应该如何调低估值，以便现实目标？
- 本轮融资会让我达成哪些里程碑？这些里程碑会不会从根本上改变人们对我的公司价值的认知？
- 我的公司可能有哪几种退出方式？会不会有人以超过本轮融资估值的价格收购我的公司？我有上市的计划吗？如果没有，按这个估值融资是否明智？如果是明智的，那么公司在IPO时的估值会不会高于私募融资？

次级股票交易

随着公司估值的持续上升，早期员工或投资人可能会希望卖掉一部分他们在公司的股份。"一级"投资指的是出资换取公司股份。"次级"投资指的是从公司以外的人（基本上是前股东）那里购进公司股份。不管是哪一级，买到的股份都既可能是普通股，也可能是优先股。换言之，次级股票是由卖主的身份，而不是股票本身的种类定义的。

对现员工或前员工来说，出售持有的股份可能是出于个人原因，比如为家人支付昂贵的医药费，想为自己或家人买房子，或者想要将资产多元化，以便提高个人资产净值。

早期投资人提前出售股份可能是需要还钱给基金的有限合伙人（尤其是投资人正在进行另一项基金的融资，需要展现投资回报的时候），也可能单纯是为了自身的经济利益，以及为基金产生"利差"。①

创始人也会为了个人资产净值多元化——他的大部分资产净值可能就

---

① 利差指的是风投人会从一笔基金的投资回报中抽取一定比例作为管理费用。收不回钱就没有利差，风投个人能拿到的报酬将随之大大减少。

是公司股票——而想要卖出次级股票。因此，如果处置得当的话，出售股份往往能让创始人摆脱对个人财务前景的担忧，从而更专注于公司的长远成功或成果。

转折点通常是5亿~10亿美元

一般来说，公司估值达到5亿~10亿美元时，创始人和/或员工往往就会考虑出售股票的事了。这一行为变化有三方面原因：（1）公司要花2~5年才能达到10亿美元估值，他们在此期间可能会经历重大的人生事件（孩子出生、家人生病等），因此需要钱；（2）公司市值已经大到了他们的大部分个人资产净值都在公司这边的程度，1%的股份可能就价值500万美元或1000万美元，于是多元化开始有意义了；（3）员工相信公司接下来的升值空间可能会缩小。几乎所有高增长公司都是混沌杂乱的，而且一家初创公司干得好的时候，竞争总是会加剧。大多数早期员工都会将其解读为公司上升受限，这更增加了他们出售股份的益处。再说了，估值达到这个程度，少许股份的价值就足以让员工有出售的动机。

创始人出售股份

创始人出售次级股票越来越为人所接受，这能确保公司的领导者持续专注于公司的长期潜力，而不是想着早早出手。

作为在岗创始人，你或许会希望在次级交易中售出10%的股份（或者价值500万~1000万美元的股份，以低者为准），可能是作为某轮融资的一部分，可能是独立的交易，也可能是要约交易（金额依次升高）。如果出售比例超过10%（尤其是在你仍然参与公司经营的情况下），那么这会被视为一个负面信号，表示你对公司的未来缺乏信心。

大部分创始人出售次级股票的事件都发生在公司刚达到数亿美元估值的时候。（创始人有特殊需要，在估值只有5000万美元至1亿美元时就卖股份的情况也有。这种早期股份出售的金额一般在数十万美元，目的是偿还教育贷款或为创始人提供少许缓冲资金。）

随着IPO时间的不断推迟，我认识的大多数创始人都为出售部分股票，缓解经济压力而感到高兴。

次级交易要早管，晚管不管会遭殃

如果你不为公司制定一套次级股票出售的规矩，那就可能会出现一系列问题：大额交易会影响到你的409A估值[1]，行为不端的投资者出现在你的股权结构表上，甚至随便某位牙医出高价从员工手里购得股份，然后就来骚扰你，索要公司信息。（"随便某位牙医"是真事，我在一家公司里见过。）还有一些次级股票基金可能会在这片不透明的市场中为非作歹。例如，脸书就因为与Felix Investments（费利克斯投资）公司的纠葛而被美国证券交易委员会质询过公司股票交易的问题。[2]

未雨绸缪的方式包括修改公司章程或其他协议，以禁止擅自进行次级交易，确保你享有全部股份的优先承购权。有些情况下，你还可以在合同里禁止未经董事会许可的股份出售。设立优先购买或要约收购制度也有利于在创造流动性的同时，确保股份不会在二级市场进行活跃交易。

次级交易的分类

总体来说，次级交易是从一次性交易开始的。比方说，一名员工要辞职

---

[1] 对创业公司普通股进行的公平市价评估。——编者注
[2] 参见eladgil.com上的文章。（https://www.law360.com/articles/516967/sec-settles-with-firms-over-pre-ipo-facebook-trading）

去照顾生病的父母，于是想出售部分股票，购买更好的医疗服务。市值的上升带来了股份出售需求的增长，于是公司意识到股权结构表上出现了各色闲杂人等；或者随着公司办的时间长了，股份出售的需求增长到了很高的水平，员工和投资人则多年持有无法流通的股份。这时，许多公司就会转向"优先购买"或"要约收购"。接下来，我就要评述这几种次级交易：

1. 一次性交易

在这种情境下，卖家一次性交易的对象或者是股权结构表上原有的投资者（公司原有的股东），或者是之前与公司没有关系的新实体。通常来说，公司有鼓励卖家将股份卖给熟悉的买家的动机。

鼓励卖家与熟悉的买家做交易的方式有多种，包括直接提出要求（尤其当卖家是仍然参与公司事务的员工或投资者，或者希望与公司保持良好关系的人时），以及执行优先承购权，让卖家的日子不好过，或者其他拖延交易进度，给买卖双方带来不稳定因素的行动。

一般来说，一次性交易可能会给公司造成不良后果，因为有新来的、外行的，可能还行为不端的投资人进了公司。早早就有一批"优先买家"将次级交易和股份出售需求给吸收掉，这对公司的长治久安是有益的。这种交易可能是非正式的，对象是公司信任的投资人，他们原本就在股权结构表上，现在想通过次级交易增持股份。与此同时，公司应该着手制定规范，具体规定员工或早期投资人出售股份的上限和条件。给出要约收购等承诺往往会让潜在卖家等待公司出台正式的次级交易项目。大多数人是想为公司好的，也愿意再等6~12个月或者更久的时间，以便以公司许可的方式出售股份。

2. 作为融资的一部分

一个显而易见的出售时机——对创始人、早期员工或早期投资人来说——就是某轮融资的过程中。大多数后期爆款公司的融资轮往往都是超额认购。对公司股票的额外需求意味着在一级交易中拿不满股份的投资者可能会愿意凑着买，除了优先股（作为融资的一部分）以外，再加上普通股（从员工或创始人处购得）或者早期优先股（从早期投资者处购得）。

大部分后期投资者都接受一级优先股加次级普通股的混合模式，因为优先股有助于保护整体投资。如果投资人没能参与融资的话，他也可能愿意只买普通股，这要看他的基金结构。（有些基金不能大比例持有公司的普通股，原因是与有限合伙人有协议，或者需要向证券交易委员会提供额外的存档证明。）

相对优先股，大多数投资人通常会给普通股打七到八折。也就是说，他们愿意给普通股出的钱更少，因为普通股没有优先结算权，在股价下跌时不能起到保护作用。例如，DST是按65亿美元估值购入脸书的次级股票的，当时脸书的优先股价值100亿美元，所以是打了个六五折。[①]但如果公司足够热门，或者买家的意愿足够迫切，那么投资人可能会对优先股和普通股出同样的价格。

为规避409A的影响（详见下文），公司可能希望与普通股权出售保持一定的距离。一次大规模的、公司许可的股权出售（以及按照409A条款进行的重新分析）可能会导致全公司的普通股（以及员工期权）都要重新定价，这种情况是值得回避的，如果躲得开的话。此问题请与你的法务商谈。

在一轮融资中，次级交易的比例通常不会超过20%。风投人可能不愿意承担购入过多普通股（普通股缺少优先股的经济保障和控制力）的风险。另外，风投资金的一级/次级股票投资比例也会受到监管约束。

3. 优先买家项目

优先买家项目会赋予一家或多家基金购入次级股票的优先权。这些项

[①] 参见eladgil.com。（https://beta.techcrunch.com/2009/07/13/dst-to-buy-up-to-100-million-in-facebook-employee-stock/）

目可能是非正式的（例如，公司建议潜在卖家去找少数几家基金谈），也可能是正式的（例如，公司授予这些基金优先承购权）。

在正式的优先买家项目中，基金会签署一份叫作"意向书"的投资条款清单，也就是与公司签订一份有约束力的协议，规定要提供专项基金以吸收次级股票。作为协议的一部分，基金通常有权在预定范围内（例如，价格相对上轮估值优惠10%）购买股份，公司可能还会授予其优先承购权。

优先承购权可能会发挥重要作用：在许多情况下，一名卖家与公司以外的买家谈妥价格后的30天内，公司有权以该价格向该卖家购买股份。当基金获得优先承购权时，30天后可能还要再加30天；如果公司在30天内不行使权利，则基金有权在之后的30天内以买家先前同意的价格向卖家购买股份。这加起来就是60天了，或者还要更长——申明出售意向和交易实际发生是有时间间隔的。两个月的期限会让买家和卖家相当紧张，因为其间市场和其他状况可能会有变化，从而为次级交易增添不稳定因素。

此外，优先承购权为股份提供了一个在特定估值下的得到许可的流动性来源，从而将某些买家驱离市场：他们无法完成交易，因为优先买家会来接手。实际上，优先承购权对许多卖家造成了太长的等待时间和太高昂的代价，从而拉低了次级股票的市场需求。关于将优先承购权授予优先买家的问题，你应该找法务团队谈谈。

收购其他公司时，优先买家项目会有特殊的助益。在这种情况下，被收购公司的创始人或投资人可能希望将交易所得的股份全部或部分出售。优先买家可能会促成此事（并因此成为实际的收购者），公司本身则无须付出现金。这也可以通过要约收购来操作，此时被收购公司的投资人可以根据要约条件，而非优先买家项目来出售股份。

4. 要约收购

基本而言，要约收购就是一次有组织的大型活动，其中一名或多名买家按照预定价格购买你的公司的次级股票。

要约收购通常遵循以下模式：

（1）公司预估次级股票的需求量。确定要约的大致规模。公司可能还会出台文件，以进一步限制参与者的股票交易。

（2）公司与参加要约收购的一位或多位买家签订条款清单。买家会为所有卖家设定统一的价格。

（3）公司确定卖家资格要求。可参加要约收购的卖家通常有前员工、现员工、投资人和创始人。在某些情况下，要约的规模是预先定好的，参加者次序也是由公司决定的。例如，如果要约金额为5000万美元（换句话说，售出股份的总价值为5000万美元），公司可能会说，现员工和前员工先卖，每人最多出售各自持股量的20%。如果员工的出售需求就已经把5000万美元占满了，那么投资人和创始人就不能出售了。

（4）设立要约管理部门，因为有资格的卖家可能有数百或数千名之多。该部门要处理雇员和其他卖家在出售股票过程中的全部文书流程。银行或其他机构，如德意志银行，通常会应邀管理要约收购活动，尽管它们其实并不购买股份。通常情况下，卖家支付的手续费（例如，出售股票价值的1%）至少能承担一部分聘请管理人员的开支。

（5）通知有资格的卖家活动开始，告知其规定的股票收购价格以及窗口时限，卖家可以在窗口期内将欲售数额告诉管理人员，并填写手续文件。窗口期可能为20天或30天。

（6）窗口关闭后，交易即发生，股份与现金易手。

要约买家通常是大型机构投资者，来自对冲基金、私募基金或BlackRock、高盛、DST、富达等后期风投公司。

要约收购的金额从数千万美元至数亿、数十亿美元不等。

信息共享与次级买家

一般来说，你应该与大的次级买家分享基本财务信息，他们或在你的优先买家名单上，或为你管理要约。到了这个阶段，这些买家都会愿意签署保密协议。他们正要为公司投入大笔资金，有些情况下还会成为长期股东。妥善对待他们，为他们提供决策所需的基本信息，这是很重要的。

对于随便来的小股东（尤其是没有公司有力背书的人），你可以限制其获取信息，除非是法律要求对所有股东分享的内容（例如，法律文件的调整）。

如果公司估值达到了50亿美元或以上，你就应该聘请专职（至少是兼职）次级交易与次级生态监管人员了，除非你早早就制定了约束。

员工售股限额

员工出售次级股票有三种常见模式：（1）比例限制；（2）金额限制；（3）综合限制。

比例限制

有些公司对员工出售股票设置比例上限，比方说，不得超过个人持股数的10%~20%。比例设定的依据通常是确保员工继续持有大部分股份——鼓励员工关注公司和公司股票的长远价值。对市值达数十亿美元，真正实现了爆发式增长的公司，或者非常资深的老员工来说，员工股份可能已经价值上千万美元了。如此巨大的金额会对员工造成潜在的反向激励，使其不愿继续工作。此外，这会导致公司在真正的清算事件（例如IPO或大规模出售股票）发生前就出现两极分化，给企业文化带来不利影响。

金额限制

有些公司对员工售股施加了金额限制。例如，脸书允许员工最多出售100万美元的股票。这意味着不管员工因为持有脸书股票而获得的个人净现值总共有多大，所有员工通过普通股变现都足以改变人生，又不至于心有旁骛。在某些情况下，设置金额限制可能会导致早期员工离开公司，如果离职能让他们出售更多股份的话。在现实中，单纯为了出售股份就离开公司的人大概原本也不会在公司坚持太久。

综合限制：比例限制加金额限制

近期出现了一个"低者为准"的折中方案：在次级交易中，员工售股限额有两种情况，一种是最多占持股量的10%~20%，一种是最多100万美元，具体以低者为准。如果某员工的股份价值2000万美元，那么他最多能出售100万美元，尽管比例并没有达到20%。如果股份价值100万美元，那也只能出售20%，也就是20万美元。这便确保了员工继续持有大部分股票，鼓励其继续为公司添砖加瓦。

不管公司选择哪一种模式，通常都会对员工售股施加下列限制：

1. 员工需要在职至少一年并且/或者达到了一次性归属期限。 如果员工尚未达到一次性归属期限，那么他并不真正持股。如果员工提前离职，那么想要回拨现金就很难。

2. 次级售股的金额以员工所拥有的股权为上限。 或者，公司也可以限制员工在要约收购等正式活动中最多出售一定比例的股权（例如，"不得超过已授股权的20%"）。

通常来说，新续股权（refresher grant）会出现在公司的中后期阶段，即为员工增发一定比例的初始股权［偶尔也有例外，表现确实杰出或起于基层的人（例如从独立贡献者升至副总裁）会获得超额新续股权，以反映其地位和影响力的提高〕。这就意味着员工的大部分持股收益往往都来自初始股权，他们为公司长远成功做贡献的主要经济激励正在于此。

显然，为初创公司工作还有许多非经济激励，比方说促成团队和朋友的成功，以及为公司使命而奉献。但经济激励总是有着令人震惊的分量，即便人们嘴上不这样说。

投资人售股：重谈条件的机会

随着公司估值的上升，早期投资人可能想要出售全部或部分在公司的股份。比方说，一位早期天使投资人想要出售或分散自己的资产，因为你的公司的股票可能占了他资产的大头。或者，一家风投基金想要卖掉全部或部分股份，以便给有限合伙人返利，尤其是基金正在进行下一轮融资，而且希望确保同一批有限合伙人参与的话。

投资人的售股意愿也为你带来了一个重要的机会，你可以与该投资人重谈先前的条件。你希望修改的关键事项可能包括：

信息权利。随着一名投资人的股份比例的降低，你可以提出他不应该再享有获取公司信息的权利了，如果他现在有的话。在少数我亲眼见过的情况中，公司最大的泄密源不是员工，而是与TechCrunch做交易牟利的早期投资人。取消早期投资人获取信息的权利是有意义的。

参与董事会。董事席位应该反映所有权。此外，一些早期投资人对十个人的小公司来说是优秀的顾问，但对进入后期阶段的公司来说并无运营经验或洞见。作为风投人次级售股的一部分，你可以要求其让出董事席位，或者从优先股董事转为独立董事。这样一来，控制权就回到了公司和创始人手中，你也可以将不再有用之人清理出董事会（有时可能是大清洗）。面向优先买家或要约参与者的大额次级交易是一个清理董事的难得机会，至少可以清理掉一部分。

清理股权结构表。次级要约交易可以是一次清理股权结构表的机会。例如，你可以去联系所有的早期小额天使投资人，让他们在出售或保留全部股份之间二选一。此举会让股权结构表上一下子减少多人，然后你可以将他们的股份卖给一位持股更多的投资人。

总体来说，你应该将投资人次级售股视为一次收权整顿的正面机会，对参与各方都有好处。基金得以出售部分股份，尽早给有限合伙人返利，而公司得以取消不合时宜的董事席位或信息获取权利。

锁死未来的交易

任何次级交易也是阻止同一个人或基金未经公司明确许可就再次售股的机会。对许多原本次级交易制度就不健全的公司来说［有些公司对早期员工没有任何限制，甚至不设优先承购权。Fenwick & West（泛伟律师事务所）就因为在标准文书中不限制次级交易而臭名昭著］，这是极其重要的。

不管任何人或机构出售了公司的股票，你都应该要求其签订一份契约，规定今后未经公司允许，不得售股。类似的，你也可以修改公司规章和员工守则，允许员工继续售股，但不能随意引入新股东或行为不端者，以免对公司造成长远损害。对于上述两种思路，你都应该请法务团队来协助起草文书。

409A与限制性股票单位

次级交易中要把握的重要平衡是：既要允许交易，又不能影响到公司普通股执行价的409A估值。409A是公司设定股票期权价格的一种分析工

> 总体来说，你应该将投资人次级售股视为一次收权整顿的正面机会，对参与各方都有好处。
>
> ——埃拉德·吉尔

具。如果发生了公司许可的大额高价普通股交易，你就需要上调普通股执行价，从而影响你奖励员工的能力。

你应该与法务团队商讨处理次级交易和409A的合理方式。另外，一旦公司估值突破了10亿美元，且预计在18~36个月内上市，那么你就应该考虑用限制性股票单位（RSU）替代期权了。

转向限制性股票单位

到了某个点，转向限制性股票单位就成了大部分公司的合理选择。当公司处于初期阶段时，相对提前执行期权并持股缴纳资本利得税，员工为限制性股票单位缴的税往往会更多。但只要期权执行价高到了一定程度，员工提前执行的成本就太大了，大部分人都不会这样做——或者说，他们这样做是不明智的。（20世纪90年代有一批这样的例子：员工执行股票期权后接到了一笔大税单，之后股票价格又没有上涨。于是，员工没有享受到股票增值的好处，只承担了缴税的坏处，还有人根本没钱缴税。）或者单纯为了筹钱执行期权，员工就需要做次级交易。

最后，等公司估值高了起来，几年内就要IPO的时候，限制性股票单位在纳税多少方面就等同于期权了。限制性股票单位能让公司和员工都不必承担执行期权的麻烦，也能规避股价逐渐下跌的潜在损失。

限制性股票单位永远不会"倒赔"，因为它基本上与股票是等价的，而不只是按规定价格购买股票的期权。股票的成交价可能会低于员工的期权执行价，但限制性股票单位的价格总是与股价相等。这就意味着通过限制性股票单位赋予员工的"股权"永远是有一定价值的。与其相比，对早已进入后期阶段的公司来说，股票期权可能一文不值，如果执行价等于或低于当前股价的话。

员工眼中的次级售股

前面几节是从公司的视角出发，关注如何对次级交易进行规范。本节则是站在员工的视角上来谈如何在二级市场出售股票。

1. 了解自己是否可以售股。

查阅股票期权方案、公司章程或其他公司文件，了解自己是否可以出售次级股票。如果公司有法务总监的话，你可以向其详细咨询自己可以做什么，不可以做什么。另外，一些后期公司的财务团队有专人负责次级交易，你甚至可以联系CFO。

从流程来看，大部分公司都有30~60天的优先承购权。这意味着一旦你与某位潜在买家谈好了价格，公司就可以按照该价格向你购买股票，将原来的买家排除在外。如果公司不买，公司现有的投资人可能也有优先承购权，他们会被询问是否愿意购买你的股票。如果所有人都不买，那么原买家就可以从你手中购入股票了。如果公司或现有投资人要行使优先承购权的话，他们会按照你与原买家谈好的价格购入你的股票。所以，即便优先承购权被执行了，你也能卖掉股票。

公司（或者投资人）通常会用30天左右的时间决定不行使优先承购权，但有时时间可能会更长，所以你售股时应该做好计划。

要记住：公司在IPO前夕往往会暂停股票交易，这意味着你在IPO前的几个月和公司上市后的6个月内可能无法售股。

2. 确定售股金额。

售股金额的确定可能会受到以下几个因素的影响：

- **雇佣状态**。大部分公司要求员工在离职后90天内执行股票期权，否则员工就会失去多年努力换来的全部期权。如果是这样，你就要开始考虑离职后如何迅速完成次级交易。你需要决定是少卖一点，够执行全部期权的税费就好了，还是多卖一点，套些现钱出来。

- **投资组合多样化**。如果你的99%的净现值都绑在公司股票上，那么你可能希望套现一部分出来，保护自己少受黑天鹅事件的冲击——一旦发生黑天鹅事件，你的净现值就会跳水。我认识一批这样的人，比方说Zynga的员工，他们的净现值随着股价暴跌缩水了70%。

- **现金需求**。即便你的公司临近上市，你可能也需要一些短期流动性来买房、买车、给孩子付学费等等。要记住：公司提交了IPO申请资料不代表近期内就会上市，而且即便上了市，你在6个月内很可能也卖不成股票，这意味着你要面临半年的不确定性。

- **税务**。根据你售出股票的时机，税务可能是一大要考虑的因素。例如，为了规避2013年的税率激增，许多人在2012年售出了次级股票。做任何交易之前都要找会计聊聊。

出于上述原因，许多人在IPO之前卖掉了20%~50%的股份。如果你确实需要现金，或者只是为了安全，那么你或许可以在一次次级交易中就出手全部股份。当然，你的上升空间会受到限制，如果股价在IPO之后走高的话。但提前售股的取舍正在于此：是要眼前现金的安稳，还是要日后可能更大的回报。

3. 找到有资格的买家。

次级股票的买家五花八门。这块不透明的市场中有专门的次级基金、对冲基金、家族办公室、天使投资人、牙医和各类散户（即个人投资者）。（详见前文关于次级股票交易的一节。）

一般而言，你应该找具有如下特质的买家：

- **资金充裕**。如果要出售大量股票，要请对方提供资产证明，或确保对方是著名投资人或投资机构。

- **推进速度快**。避免股票买卖双方需要多人决策的情况。例如，部分次级基金设有隔一段时间才开一次会的决策委员会。

- **投资过私人证券**。如果对方是高净值个人（而不是基金），要确保对方了解次级售股的流程、相关风险和快速完成交易所需的各个步骤。

- **不会给公司带来麻烦**。让一名渥太华的牙医成为公司股东可能会坑了雇主。这位牙医的出价或许会比专业买家高，但随便来的人也可能会有反复无常的毛病（例如，他们可能会无故起诉公司）。这可能会损害你留在手里，没有卖出去的股票的价值，而且肯定会破坏你与雇主的关系。除非你想对雇主过河拆桥，否则不要随便找个人就交易。

- **公司会很快批准**。理想情况下，你应该找公司熟悉的或者很快会同意其成为股东的买家。有些基金过去因为购买次级股票被证券交易委员会找过麻烦，这意味着公司可能不愿意让它们买你的股票。[1]

---

[1] 参见eladgil.com上的链接。（https://dealbook.nytimes.com/2012/03/14/charges-filed-against-brokerage-firms-that-trade-private-shares/?_r=0）

4. 想清楚要价。

私人市场交易流动性低，波动性大。[①]总有流言说某人股票卖赚了或者卖赔了。或者，一些没有资质的买家为了试探行情，就报出他们付不起也不会真付的价格。这种交易是做不成的，而且会扰乱人们对真实市场价格的认知。

想要了解股票的行情，你可以去找实际完成过交易的同事，问问他们拿到了什么价格。我指的是确实完成的交易，而不是接到的要约。未完成的交易往往是无意义的。

不要太贪心。你的关注点应该是以可接受的价格尽快完成交易。除非你要卖的股票数量非常大，否则每股18美元，上下差个5美分的话，不会有什么大影响。

下面是几条经验法则：

- **相对优先股，普通股通常要打折。**[②]大体会打个七折。比方说，如果你的公司刚刚按照2.4亿美元估值进行了一轮融资，那么出售普通股时，你对股价的预期就应该按照1.6亿~2亿美元估值走。如果融资是在售股之前的好几个月进行的，公司从那以后有了进一步发展，那么你通常就可以按照优先股的价格出售普通股。[③]无论如何，你都应该依据最近一次优先股的

---

① 市场上总会有流言说这股票卖得太贵了，那股票卖得太贱了。按照我的经验，这些流言往往是假的。要关注已完成的，确实有资金换手的交易，而不是"有人给我朋友的朋友开了某某价，但他没卖"。

② 折价的原因是，如果公司倒闭时的价值低于上一轮估值，那么优先股会优先受偿。有这层"保险"的优先股全额受偿的可能性更高，而普通股没有这层保险，所以要折价。随着公司价值提高，越来越受欢迎，低位倒闭的风险会减小，普通股与优先股的价差会越来越小，直至最终消失。

某些情况下，风投公司会在一轮融资中既从公司购入优先股，又向创始人购买普通股。这时，风投公司为普通股和优先股付的价格是相同的，因为：（1）风投公司希望帮助创始人部分变现；（2）普通股相对优先股的比例相当低，不会造成实质影响。

③ 如果你供职于一家超级热门的公司，公司自上轮融资后取得了长足发展，而且上轮融资已经过去了很久，那么你开出的价格可以相对上轮融资有一定的溢价。公司内部也会通过董事会会议和409A来追踪估值，所以你可以询问公司对目前的公司净值的看法，以便设定价格。

估值开价,但投资人可能不愿意出那么多钱。随着公司逐渐成熟,价值日增,进入后期阶段,普通股与优先股的价差就会消失。

- **IPO会引发波动**。在公司(于IPO前夕)暂停次级交易之前的几周里,次级股票的价格通常会飙升,某些情况下会比IPO之后的股价还要高(脸书上市后第一年的股价就是一个例子[①])。如果你有售股意愿,此时不要太贪。价格涨得太快了,以至于你会受到待价而沽的诱惑。但要记住,价格飞涨的原因是公司即将完全停止次级交易。如果你过分乐观,坚持不卖,那么公司可能就不让你卖了,你也会度过一段不确定的时期。

这种不确定性的根源在于,并非每家有意上市的公司都会立即上市。出于市场因素,公司提交IPO申请材料后,可能要等许多个月(或季度)才能上市。一旦公司上市,你就会被锁死六个月。如果IPO迟迟没有发生,你就会手持大笔没有流动性的股票,并持续面临市场风险。

- **预期到形势会有半随机的起伏**。在买家和卖家数量有限的市场中,价格可能会大起大落。例如,如果公司的一名创始人为了资产多样化而低价抛售大量股票,那么所有人的股价都会被压低。

- **别忘了税**。找会计谈谈。年份不同,出售股票要缴的税可能也不同。类似的,如果你购入一家公司的股票或行使期权时,它是一家小而好的公司,那么长期持有其股票可能就会有极大的收益,将来也可能会碰上减税,具体要看你如何用刚挣的钱做别的投资。

5. 看公司是否希望由法务总监来经手这笔交易。

许多公司都有一份股票买卖协议,而且希望你出售股份时使用它。如果没有的话,你可以找一家硅谷的大律所来处理文书。

不管文书是谁做的,你都需要一份股票买卖协议。有时,你还需要另

[①] 我知道有一批投资人在脸书上市前做投机,结果"钱打了水漂",从此再也不买次级股票了。

外的文书，比如证明你合法持有欲售股份的第三方法律意见书。（通常只有公司股票有一个规模巨大、买家卖家众多的二级市场时才需要。到了一定程度，市场里会有行为不端的人出售不存在的股票，所以才需要多加一层法律证明。）

6. 应加入的条款。

你要确保次级交易文件包含以下基本条款：

- 买家有在X日内付清费用的义务。例如，如果买家在交易完成后一周内不把钱打给你，你就可以取消交易。
- 卖家有卖出股份的义务，不得反悔。
- 如果公司阻挠交易或行使优先承购权，则合同无效。

我不是律师，也完全没有做法律咨询的资质，所以去找你的律师谈谈吧。

7. 比较复杂的交易。

有些次级基金会提供比较复杂的交易方式，让你可以在今天套现的同时，又从股票未来升值中获益。某些情况下，你会以股票为担保借一笔贷款，股票升值所得与出借人分成。另一种情况是，你直接将股票卖掉，但会签一份契约，规定股票升值达到一定程度时，你会参与分成。例如，你以每股25美元的价格卖出股票，但当股票升值，每股价格超过30美元时，你会获得超出部分的一半分成。所以，如果股票价格为32美元，那么你最终拿到的每股价格是26美元［25+（32-30）/2］。[1]

IPO：公司上市

2007~2012年的公司有一个共同特点：在合理的范围内，许多公司会

---

[1] 感谢纳瓦尔·拉维坎特对本章内容的审阅与反馈。

尽可能推迟上市时间。尽管成为上市公司有一些缺点，但好处也是不少的。

上市的好处

1. 员工招聘、保留和转化。公司IPO之后，随着应聘者向员工的转化率提高，员工的薪资可能会下调。通常来说，这是因为员工将股票视为高流动性的通货，而且认为公司已经脱离风险了。新员工（他们对公司有更大的未来价值）的保留率会上升，而老员工（他们可能已经赚了几百万、几千万美元，手握流动性，有能力离开）的保留率常常会下降。一般而言，老员工人数不多，最后十有八九也要走。

2. 并购。流动性通货让你有能力买下其他公司，用不着纠缠收购方的股票到底值多少钱的问题。

3. 新的公司资金来源。IPO之后，股市能为公司提供巨额资金。以特斯拉公司为例，如果没有大范围的全球股市注资，其一路走高便难以维系。在宽松的资本环境下，这好像是一个次要的点。但在紧张的资本环境下，这可能就是雪中送炭。例如，Opsware公司于2001年上市，当时私人资金来源已经全部枯竭了。

4. 缔结合作伙伴或签下大单的能力。在寻求合作伙伴、产品销售和其他商业活动中，上市公司往往会得到更认真的对待。

5. 财务与经营纪律。当脸书上市后，变现对公司的优先级就变低了。一次财报会议后，公司首次经历了股价大跌，于是扎克伯格把工程开发等资源调到广告团队去推动变现。我们可以提出这样的论点：作为私有公司，脸书绝不可能达到5000亿美元的市值。股市压力迫使脸书反省自身的优先事项，使其股票成为一种高价值、高流动性的通货，可以用来收购Instagram、WhatsApp和其他潜在竞争对手。

上市的弊端

1. 董事会变得更大、更复杂。 只要上了市，你就需要组建一批董事会层次的委员会并为其配备人员，这会增加董事会的规模和复杂度。小董事会往往会更灵活。

2. 财务和其他方面的管控手段。 在IPO筹备阶段，公司就需要设置一系列财务和流程管控措施。有一些措施会为公司带来实际的净收益，但也有很多措施无益于核心业务，只会拖慢速度。

3. 员工结构变化。 随着公司从10人扩大到1000人，入职员工的风险画像也会变化。一般来说，公司越发展到后期，员工队伍的风险厌恶程度就越高。一旦公司上市，招聘形势又会发生一次转变。通常新招来的员工会保持先前的总体水准，但风险画像却会偏向保守。你可以通过收购创业公司并将其融入企业文化，来主动应对或改善这一情况。否则，高管团队和创始人就需要进行激励，让承担风险和质疑常规成为文化新风的一部分。

市场周期

现在有许多掌管高增长私有公司的新手创始人，他们都不曾经历过一次重大的经济与资本周期。股市崩溃时，私人市场往往会过度反应，原因有以下几点：

1. 有升就有降。 如果股市市值下跌20%~30%，那么私人市场估值往往也会应声而落。这是10亿美元市值与7亿美元市值的区别。如果公司在市场强势期间获得了高价融资，那么市场再平衡时可能就需要折价融资了。

2. 风投与增长基金有限合伙人的再平衡。 许多风投和增长基金的有限合伙人（捐赠基金、家族办公室、养老金机构）都规定了可用于风险投资的比例上限。如果股市发生大变动，他们就需要将风险投资抽回，这就意味着基金可用于投资初创公司的融得资金减少了。这个过程通常会持续1~3年，因为风投基金的典型生命周期是2~3年。

3. 恐惧取代贪婪。 人们害怕时，就会一屁股坐到钱包上。

一般而言，在长期牛市期间上市是最好的。你能融到大笔资金，而且有流动性通货来收购其他公司。凭借在市场上扬期募得的资金，你能在下挫期活下来，并采取更积极的行动。亚马逊对上市公司身份的运用堪称经典。20世纪90年代的泡沫时期，亚马逊利用市值大肆收购。泡沫破裂时，亚马逊又利用巨额股市资金挺过了21世纪初的黑暗岁月。

现在的创始人会等到更晚才上市，所以相对IPO发行价，他们之后可能会遭遇额外的门槛或障碍，包括股市下跌、非常规私人市场条款（例如，必须达到某个内部收益率或IPO价格门槛，才能获取私人资金），或者融资时报的估值过高，之后几年就是花钱，寄希望于实际达到估值。

20世纪90年代的特点是公司上市太早，而21世纪的头10年或许是有许多公司等得太久了。

IPO流程

随着IPO的临近，你应该任命一个IPO团队和一名直接负责人担任团队的项目经理，并由CFO监督整体IPO事务。同时，你可以联系曾带领公司上市的其他CEO和CFO，向他们请教顺利IPO的窍门与策略。

上市——为什么要IPO？
——基思·拉博伊斯访谈录（下）

基思·拉博伊斯是Khosla Ventures公司的投资合伙人。自2000年以来，他在五家初创公司从初期阶段发展到IPO的过程中发挥了关键作用，同时担任贝宝、领英和Square的高管以及Yelp和Xoom的董事会成员。

在Khosla Ventures，拉博伊斯担纲了对DoorDash、Stripe、Thoughtspot、Affirm、Even Financial和Piazza等众多初创公司的投资。做风投之余，他同时参与创办了房地产初创公司Opendoor。

下半部分访谈的话题是公司上市。

埃拉德·吉尔：你作为高管或董事在许多已经上市的公司工作过——贝宝、领英、Square。你在Yelp和Xoom是董事。今天的许多创始人都不想上市。在你看来，上市有哪些加分项和减分项？

基思·拉博伊斯：我的观点很简单，公司应该尽早上市。透明度和可问责性提高永远是一件好事。这是我们一直在通过组织形式向公司高管传授和宣传的东西。做好上市准备会带来纪律，带来专注，其他大部分过程都不行。

上市也有很强的两面性。一旦你上市了，你手头就有了许多工具和杠杆，增量融资、收购、并购方面的。上市能解锁你的很多潜能，如果不上市的话，你是没有能力开发或利用这些潜能的。

比方说，脸书当初试图收购推特。你知道的，有很多围绕五亿美元价码的争论。假如脸书——当时还是私有公司——有流动性通货的话，或许就有能力吃下推特，那样一来历史就会改变，我认为。推特现在是一家非常成功的独立公司，在全球的影响力实际上要超过脸书，至少在我看来。而那场收购之所以没能发生，是因为围绕脸书的市值有很大的争议。类似的例子还有很多。

我认为人们提出的不上市的理由基本都是借口。比方说，经常有人提创新。好吧，随便找一个硅谷的人，问他当今世界上创新力最强的五家公司是哪五家，你肯定会得到类似这样的答案：谷歌、脸书、特斯拉、SpaceX、苹果，可能还有亚马逊。六家中有五家是高市值上市公司，而它们的创新速度明显要高于私有公司。领导得当的话，你在上市后的创新能力要强过上市前。所以，我认为创新只是借口。

第二件人们挂在嘴边的事情是分心，为了股价一类的事情分心。真相是，经营公司时，让人分心的事太多了：办公室八卦、食堂饭菜，近年来还有手中的加密货币。上市后，身为高管的你至少与员工有着同样的视角，你能看得出员工何时分心了。你知道，然后就可以反制。而当他们分心的原因是食堂的培根没了，或者你取消了办公室里的小福利时，你其实也看不太出来，但这对工作效率也有影响。我认为，对抗分心是领导者、高管或CEO职责的一部分。

人们还讲上市成本。实话说，这也是言过其实。上市后，你有一年时间来部署大部分合规要求。到你确实必须实施《萨班斯-奥克斯利法案》①规定的合规措施时，你上市已经一年了，所需资源显然是不缺的。你在股市大概已经筹集了数亿到十亿美元了，有钱再雇四五个会计和上马软件系统了。我认为成本也是借口。

尽早形成财务信息与报告规范同样是有益的、健康的。这不意味着你必须赢利。我认为许多上市公司都是不赢利的。事实上，我怀疑历史上的大部分科技公司上市时都是不赢利的。我不认为赢利是一个门槛。

我觉得有些人从前辈公司学到的教训是错的。比方说，贝宝的上市经

---

① 美国国会在2002年通过的关于上市公司合规性要求的法案。——编者注

历相当煎熬。我们是在"9·11"前一天申请上市的。IPO前夕，我们又受到了州监管部门的突击检查。于是，彼得·蒂尔就得出了上市是一件麻烦事的教训。我认为他宣扬得有点过头了，因为贝宝是受到了一系列非同寻常的状况的影响。话虽如此，我们最后还是上市了，而且我认为所有人都觉得这是一件好事。

Yelp上市了，而且员工保留率确实提高了。上市一年前，所有人都为上市后创造一家长久独立的公司的机遇而振奋激动。上市后，工程师和整体员工的保留率实实在在地有了两位数的提高。所以，我认为上市是很有益的，尽管杰里米起初有过犹豫。

埃拉德：我认为，人们总体上低估了上市对员工的影响，在保留率以及吸引和奖励优秀员工的能力方面。我与一家招聘公司聊过，他们的数据显示，公司上市后，招聘成功率变高了，开出的薪资则减少了。

基思：我不觉得意外。我从来没有认真分析过，但Yelp的数据确实是这样，如果普遍都是这样的话，我也不会惊讶。

埃拉德：你觉得对初次创业的人来说，上市最出乎意料的地方是什么？

基思：董事会会议会逐渐变得拖沓，更偏向于流程。我觉得咱们俩大概都会建议初创公司有一个小董事会，最多三到七人。通常要比这多五个人吧。上市后，由于委员会的要求（审计委员会、提名委员会）和各种比例要求，公司董事会的规模会变大，这确实会对交谈和辩论造成一些不利影响，相对单纯做展示来说。

应对的办法是有的。显然，你不一定要只在正式的董事会会议上讨论战略。所以，这是可以解决的。但情况是变了。

你吸引到的员工的类型也会有一点变化，更看重薪资是肯定的了。现在市场上注重薪资的人比较多，因为湾区的生活成本太高了。就连那些放到其他时代可能会愿意多要一点上升空间和股权，少要一点现金的人，如今也会更看重工资一点。

我认为公司对刚毕业的年轻同行的吸引力也会提高。斯坦福、卡内基梅隆和其他顶级高校计算机系的新毕业生有意创业，要找一个学习经验的地方。他们中有一些人会成为创始人，会去找YC和其他避险车道。但是，许多骨干软件工程师至少想到一家稳定的公司干两年。一旦你上市了，学生家长和其他有分量的人就会认为你的公司是一家稳定的单位。于是，应聘者在接受要约时所面对的阻力，来自他们生命中很重要的人的阻力就要小很多。

而且，我认为你从大公司那里是能学到东西的。有一些做法对有意创业的人极其有害，你不应该采纳。但是，你也能从大公司中获得许多教益。

埃拉德：你提到说，你认为公司应该尽早上市。公司做好了上市准备的迹象有哪些？你怎么知道时机到了？

基思： 我觉得可预测性是一条。意思是你可以轻易预测下个季度、接下来六个月的公司发展。再往下的意思是，你明白撬动公司业务的杠杆是什么。你的业务有一个公式，X×Y×Z，而且你准确地掌握了这个公式。你准确地知道公司各部分之间的作用关系及其对最终结果（比方说，边际贡献率）的影响。

只要你明白了公式，样本量又大到了十拿九稳的程度，那么我认为你就做好上市的准备了，假如你达到了一定的规模——营收5000万美元上下。

> 我认为资金、资本就像氧气。设想我们每呼吸一次都要付钱,这样才能活下来。
>
> ——基思·拉博伊斯

埃拉德: 许多私有公司的创始人认为股市周期本身并不重要。他们会说,标准普尔或纳斯达克指数达到历史高值不是什么大事,他们随时可以上市。你对宏观市场周期与上市时间框架的关系是怎么看的?

基思: 我认为这有点天真,大概是因为他们成长的环境非常稳定。你想一想,从2008年全球金融危机以来,我们基本上度过了十年的牛市。不管是职业上还是心理上,大部分创始人都成长于一个相当稳定的、有吸引力的市场环境中。

而如果你的职业生涯开始于泡沫破裂期或泡沫之后,2000~2003年,那你就明白市场流动性紧缺时会发生什么了。比方说,我们这一代的许多公司是拿贷款当氧气成长起来的。这是Opendoor商业模式的一部分,Affirm商业模式的一部分,Upstart商业模式的一部分,这只是几个例子。而氧气的价格可能会剧烈变动,变得飞快。两个著名的例子是Bill Me Later(过后给我账单)和Zappos,尽管它们的业务表现很不错,但还是被迫卖身,就因为贷款渠道受到了影响。正如贷款渠道会受到宏观经济大势影响一样,利用资金发展壮大的能力也可能一夜之间完全改观。

我认为资金、资本就像氧气。设想我们每呼吸一次都要付钱，这样才能活下来。我们会有另一种活法。比方说，我们可能会减少锻炼，因为我们可能付不起短跑或长跑的钱。但因为现在氧气是免费的，所以我们甚至不去计算它。市场形势好，人人都觉得资本不要钱似的，但形势真的是说变就变。过去一百年、两百年间，资本价格变动过太多、太多次了。经历过各种周期的好处是，你在潜意识里会一直计算资本价格。

埃拉德：你对IPO流程有没有什么策略性的建议？

基思： 我认为那个经典提法放在这里不算太坏——CFO来得越早，IPO来得越容易。这不意味着你应该过早地聘请CFO，但碰上一名好CFO绝对会有帮助。

其次，我认为IPO的推进速度可能会比人们意识到的快一些。经典提法是一年左右。我见过三到四个月的。这绝对是速度的极限了。三四个月走完全部流程需要惊人的专注力和精力，很可能还需要CFO或法务总监有些经验。所以，六到九个月应该要合理一些。但提前一年左右准备是好的。

埃拉德：我还见过有公司会成立IPO团队，我觉得这有时是有好处的。公司会从不同的团队抽调高管或中层管理人员，制定一套工作方案，处理方式和其他任何项目的处理方式无异。

基思： 是的，我认为任命一位直接负责人是很好的方法。我们在贝宝就是这样做的，是让一名企业拓展总监或副总裁来当直接负责人，全权负责前线指挥。你要把IPO当成大事。要选派你信任，而且在公司里有信誉的人承担这项工作，以便统筹布置，鼓舞士气。

为使表述清晰，访谈录对原文进行了编辑和提炼。

后期融资的诀窍
——纳瓦尔·拉维坎特访谈录（下）

纳瓦尔·拉维坎特现为AngelList的主席和联合创始人，之前曾联合创办Epinions网站（后来作为Shopping.com的一部分上市）和Vast.com。他是一名活跃的天使投资人，投资过推特、优步、Yammer、Stack Overflow等数十家公司。

作为硅谷受尊重的天使投资人与创业者之一，纳瓦尔多年来亲身参与了一些重大的硅谷初创公司成功传奇，也投资过许多其他公司，对初创公司有着独到的宽广视野。

下半部分访谈的话题是后期融资。

> **埃拉德·吉尔：讲早期融资的文章有很多（包括"风投黑客"网站上），但讲后期融资的非常少。那么，后期融资有哪些关键诀窍呢？**

纳瓦尔·拉维坎特： 首先，我不认为所有公司都需要进行后期融资。互联网为许多类型的公司带来了以低得多的成本发展的可能性。如果你是做硬件的，或者要在地方扩张，那显然是不行的。但总体来说，现在开公司的成本比以前低得多了。

如果你要做后期融资的话，诀窍是什么呢？坦率地说，后期融资以前主要是风投人在做，现在越来越多的是共同基金、同领域的其他公司、战略投资人在做了，甚至常常会有家族办公室要直接投资。在这种情况下，我认为公司可以约法三章，以便掌握局面，甚至可以出售普通股——这是最后一招。公司可以确保自己不交出董事席位，而且在并购、期权池发行和未来融资时也不会遭到否决。（尽管在一臂之内的交易，或者说内幕自我交易中，你肯定希望投资者有否决权。）

我们在"风投黑客"上经常说："估值是一时，控制权是一世。"任何人只要有控制权，以后总能控制你的估值。永远不要交出控制权。

控制权是以隐秘的方式被交出去的：许多投资条款清单设有所谓"保护性条款"，初衷是保护优先股东，因为他们的股份占少数。但这些条款实质上将公司的控制权交给了优先股东。举个例子，如果优先股东拥有日后融资的否决权，公司就相当于被他们锁住了。如果你再需要资金，你必须取得他们的同意，这意味着他们说了算。扩大期权池，向新员工增发股份，保留老员工也是一样。并购同理。并购很可能会闹大，是最大的争论点。有时创始人想要或不想卖掉公司，然后优先股东跳了出来，试图控制创始人去做相反的事。

所以，按照我的理想，如果我有一家热门后期高增长的公司，我基本上会卖普通股。

埃拉德：你会如何论证？很多时候，投资人会说："为了在形势不利时保护我的投资，我确实需要优先股。"

纳瓦尔： 优先股是为了一种很特殊的原因而存在的。设想我的公司要融资，融资前的估值是900万美元。接着你投资了100万美元，于是融资后的估值就是1000万美元了，你现在占有10%的股份。假如我试图吞掉这100万美元，然后说："嘿，我们准备把这100万美元作为分红发给所有股东。"这时，如果你没有优先股的话，那么我会拿到90万美元，你拿回去10万美元。你不想让这种事发生吧。

埃拉德：我明白了，它的保护作用其实是针对分配不公，而不是未来发展不顺。

纳瓦尔： 是的。这才是优先清算权背后原本的理论，但日积月累下来，现在变得又多又滥。想要看清优先股对后期融资毫无意义这一点，最简单的办法就是去看股市，股市根本没有优先股。股市只有普通股。为什么？这就是原因——它不再有任何意义了。如果我有一家值9亿美元的公司，你来投资了1亿美元。好吧，假设这家公司真的值9亿美元。我是不会转身把公司关掉，然后把那1亿美元分掉的，因为这样一来，我就要丢掉实实在在的9亿美元市值。

优先股在早期真的真的很重要。在种子轮买普通股的是傻瓜。但在后期就没道理了。等到上市以后，优先股都没了。

如果我有一家高速增长、绩效优异的公司，而且有多名买家——显然，必须有多名买家才可能进行这种谈判——那我会卖普通股。或者，如果我没的选，那我会卖附带优先清算权的普通股。就这样。别的都是垃圾，一概不考虑。

埃拉德：我明白了。所以，他们仍然有优先清算权，但没有得到保护性条款，没有得到那些控制性条款。

纳瓦尔： 对的，那些要留给早期融资。下一个诀窍——如果你连这都想不到的话——是同意加入保护性条款，但只适用于一臂之内的交易，意思是与对方没有距离的交易。于是，如果我要给自己发股票，那我就需要得到你的同意。如果我要给我的朋友发股票，或者要把公司卖给我哥哥，也需要你同意。但如果是一臂之外的交易，或者叫公平交易，那我就用不着你同意。

从这里再往下的一个诀窍是，好，我需要你同意，你有否决权，但否决权属于优先股东整体，不属于某一轮融资的个别优先股东。因为这样一来，如果其他投资者都配合，那你也必须配合。早期投资人应该是我比较信任的人。我与他们共事的时间更长，他们对我更友善，我选择他们时也更仔细。他们更理解初创公司是怎样运行的。而后期投资人更可能是昨天才走进公司大门的人。这就是你要依赖的一系列计策。

创业者显然还会做一件事：设立投票权重更大的创始人股份。这一招是有局限性的。按照特拉华州和加利福尼亚州的法律，优先股东享有一些不可被剥夺的法定权利，不管合同是怎么签的。所以，你永远要明白这一点。

> **埃拉德：** 能举几个例子吗？

纳瓦尔： 比方说，按照加州法律——2003年影响到我的时候是这样的——并购交易必须分别得到每一轮投资者的单独同意，哪怕融资协议里规定优先股东整体同意也可以。这是一个例子。另一个例子是监察权。如果你的公司是在特拉华州注册的，那么股东就有权向你索要财务信息，就连小股东也可以，许多人都没意识到这一点。

> **埃拉德：** 你对后期融资中加入次级股票的做法怎么看？创始人何时应该这样做，应该这样做吗，应该如何考虑这件事，应该如何考虑其他早期投资者与次级交易的关系？到了哪个阶段可以这样做？

纳瓦尔： 这是越来越常见了。随着市场流动性的增强，产业也更加盛行跟风。所以，产品一帆风顺的概率变低了。创始人和投资人的激励因素相差越来越大。作为创始人，带着一亿美元离场是喜事一件，但投资人就高兴不起来了，因为他们的基金还在走高。越差越大的激励因素给了创始人更多尽早套取流动性的理由。

放在1999年，你拿到风投创业成功的概率可能是十分之一，今天没准就是五十分之一了。

埃拉德： 只是因为公司多得多了吗？

纳瓦尔： 公司是多得多了。我们都在跟着赢者通吃的市场跑。新人不断涌现，平台转移得越来越快，赢家的半衰期更短了，竞争环境激烈得多了。

我有个朋友将孵化器里出来的人形容为创业圈的蝗虫群。你是不知道啊，每一期结束都能孵出上百只蝗虫。天知道哪一只会追上你，天知道他们走什么路线。所以，每家公司每时每刻都要面对接连不断的冲锋。

作为创始人，你的人生肯定是有几个目标的。你甚至可能只有一件事是你超级有热情去做的。我认为优秀的风投人现在已经认识到，要想让你在公司发展到十亿美元级估值时退场，那他们就必须接受你在发展过程中套现。所以，我认为融资中加入次级交易越来越常见，而且流动性会越来越高。二级市场会继续存在。

埃拉德： 在你看来，有没有一个具体的公司估值，创始人在达到它之前不应该套现？换一种说法，创始人到了某个点还不进行资产多样化操作，是不是就是不明智的？

纳瓦尔： 你不会想要落入的一种境地是：你套现了一大笔，投资人却赔了个底儿掉。一旦你确信——几乎连一丁点疑虑都没有——公司的价值大到足够给累积的优先股结算了，我认为你就可以开始寻求次级交易了。你要知道公司有足够的营收或现金流，或者已经有人提出收购要约了，而且价码高到足够偿付优先股，还能给投资人留一点赚头（投资人希望你继续干）。

公司内部开始讨论次级交易的最常见由头就是收到收购要约。投资人希望你拒绝，你大概也想拒绝，但你动心了。这时，一位明智的投资人就会说，那这样吧，你可以套一些现。

这大概就是种子轮、A轮、B轮融资的公司不应该做次级交易的原因。但通常来说，C轮融资之后就相当普遍了。甚至在B轮也能见到，如果公司进展顺利的话。

与此相关最重要的一点是，现在公司不需要那么多钱了。开公司的成本比以前低得多了。软件全用开源的，硬件全搭在AWS（亚马逊网络服务平台）上，营销全靠谷歌、推特、脸书、Snapchat、App Store（苹果应用商店）和联系人列表。就连人员——主要是工程师——也能外包，甚至一半都能外包。客户服务也有一大部分是通过社区做的。

所以，公司确实不需要那么多钱了。Slack就是一个很好的例子。Slack在融资，但我甚至都不知道他们拿钱要干什么——估计是做次级吧。斯图尔特在进行上一轮融资时有一句名言，他怎么说的来着？50年还是多少年？

> **埃拉德：** 50年或100年。

纳瓦尔： 是啊，钱够花50年或100年了，而且他还在融资。为什么？因为基金有很多钱要投出去。你可以为收购融资，这可能是一个好的理由。你也可以为创始人套现融资。但这些都不是经典的理由。

当今的创业英雄应该是中本聪（比特币创始人），单枪匹马开创出几十亿美元的生意，或者只有两个人，不管他是谁或者他们是谁，反正是匿名的。或者是WhatsApp，50个人上下，收购价达190亿美元。优兔被收购时大概不到60人，而且大部分员工都在做数据中心和服务器。在AWS的世界里，我甚至都不确定是不是需要这么多人。Instagram被收购时，只有几个人。所以，今天是可以只凭几个人就打造出高价值公司的。

埃拉德：我觉得你提到的这些，比特币除外，都有一个共同点：它们都是基于用户网络的大型消费级应用。但总体来说，谈到做企业级产品的公司——当然也有一些反例，比如Atlassian（阿特拉西恩）——人们仍然认为你应该建立一支销售队伍，而且除了工程开发以外，你在其他方面也需要很多人。

纳瓦尔：不过，我认为Slack真的没有那么多销售人员。

埃拉德：你说得有道理，它给人的感觉很像消费级模式。

纳瓦尔：没错。就连企业级公司也开始朝这个方向发展了。所以，Slack或优步这样的公司确实需要多得多的资源，但还是要比5年前少得多，比10年前更要少了。趋势线是非常非常清晰的。

埃拉德：你觉得现在的公司融资过度了吗？如果是的话，原因何在？

纳瓦尔：他们之所以在融资，是因为资金廉价易得。为了对抗通缩，美联储和各国央行都发了疯似的印钱。资金就是廉价，就是易得，所以干吗不融资呢？资金是保险，是计分板，是用来收购的工具。你可以多雇几个人。现在招人就是打仗，你有钱就能多开点工资——谷歌和脸书出价都高极了。

但融资的负面意义和隐忧在于，融资多了，你就会多花钱。这是无解的问题，不管你多么自律。

更糟糕的是，融资会让你行动更迟缓。你做成的事少了。开会人数变多了，需要协调的利益相关群体变多了。公司的专注性下降了——你有资源，于是就上马了过多的项目。

有钱就要花是人的本性，这不总是好事。你的眼睛不再紧盯着重点了。在这个意义上，至少有一点钱紧的公司确实会表现更好。

皮埃尔·奥米迪亚就是一个著名的例子——易趣的陈年旧事。他当时有许多竞争者，而且他真的认为易趣之所以成功，是因为只有他长期不怎么对外融资。于是，当人们在他的网站上交易和拍卖时，他想出了评分系统的点子，这在当年是相当新颖的。回头看好像是显而易见，但易趣是最早推出自动评分的网站。其他人都追求更好的消费者体验，于是对每一场交易都安排专人管理。这意味着当整体业务量激增时，他的扩张速度比其他人快得多，在市场上一骑绝尘。他没有那么多人手，所以不得不从第一天起就搭建可扩展的流程。

埃拉德：现在有好多种不同的投资者，有新玩家，也有扩展业务的老玩家：家族办公室、对冲基金、私募股权基金、海外基金（主权基金或者海外形成的资金池）。应该如何看待这些新的资金来源，你认为有何利弊？

纳瓦尔：其实我觉得这对创业者是好事。我知道风投人喜欢把它们贬低为"傻子钱"。但你必须记住一点，这就好比你家附近本来有一家自助洗衣店，现在同一条街上又开了一家新店，于是老店店主对新店发脾气。风投人不喜欢竞争。所以，你对风投人的建议一定要有选择性，要考虑风投人的动机。

估值是一时，控制权是一世。

——纳瓦尔·拉维坎特

对创业者来说，有更多人抢着送钱是好事。平常买起来又贵又麻烦的东西现在有了更多的竞争，这是好事。

从根本上讲，风险投资是一种绑定，包括建议、控制权和钱。你的选项越多，你将三者解绑的能力就越强。你可以按自己的心意寻求建议，从最廉价的资金来源中获取资金，然后把控制权留下。所以，我认为这是好事。

话虽如此，但这里面有许多人是初来乍到——有什么缺点呢？缺点是，这类新投资者的钱是热钱，他们在下一轮融资中可能就不会支持你了。他们的钱可能不是聪明钱。我指的不是他们不能为公司增加价值，因为公司发展到后期，几乎没有投资人是增值项。只不过他们在下一轮融资中可能会摆你一道，拒绝同比例跟投，或者试图否决不应该否决的事情。解决办法是从一开始就不给他们控制权，而且不指望未来从他们身上拿到更多的钱。

最后，钱也是有业的。你拿了别人的钱，对其就负有道德、伦理的义务，就要投入自己的时间。而且你也不会想被起诉，因为那样你就成

"不可接触者"了。所以，你一定要与金主保持良好的关系，尤其是与许多这种后期投资者，他们转手的倾向要强得多。风投人非常稳定——他们的资金来源基础是十年的合伙关系，他们会拥有并经营合伙关系。风投人直接把你转手处理的可能性很低，如果转了，大概率也是转给另一位有经验的风投人。但如果你是从某家企业拿的钱，而那家企业的企业拓展部负责人被炒了，换上CEO的哥哥来管，那你可能就要经历一场噩梦了。

如果你交出了一个董事席位，或者设置了一名对接人，那么你对这个人必须要有一定的控制力。但我认为选择多一些，选项多一些是好事。

埃拉德：是啊，好坏我都见过——在我自己的公司，或者在我参与过的公司。坏的是，有一些这种金主有一点不安分。有的不是这样，沉得住气，也很聪明。但每隔一段时间，你就会看到某位从未投资过科技行业的亿万富翁发飙。或者应该说，是他的家族办公室发飙，因为替他管钱的人可能懂科技，也可能不懂。

对我的初创公司来说，我们与有金融背景或纽约人脉的人一直合作得不错。他们在很多方面都特别有帮助。他们有很好的战略思维，是业内顶尖人士。但他们的社会关系与传统硅谷人也有点不一样。

纳瓦尔：是啊，以前是向风投人要人脉，但这些年大部分创业者的人脉比以前强得多了，有加速器的原因，有博客的原因，还有单纯的见识提高了。非传统投资人也能带来非传统的人脉。

但正如你说的，你要面试投资人。而且你真的要寻找微妙的信号——我认为人的真实动机和真实行为不是说出来的，而是看出来的。如果一个人花十分钟跟你讲他有多么诚实，那么我敢肯定他是一个不诚实的人。

你应该对投资人做彻底的背景调查，你要在他们身上花时间，你要看他们在谈判过程中是如何对待你的。如果他们在投资条款清单洽谈期间比较好相处，如果他们回应迅速，如果他们不找你麻烦，如果他们言谈机智，那他们十有八九是好的共事者。如果他们给了你一份炸裂的条款清单，如果他们不好相处，如果他们过于固执，毫不通融，那么他们出钱以后会比现在难缠十倍。

顺便说一句，风投人也是如此。凡是你对一名风投人需要了解的东西，你在洽谈条款清单期间，投资敲定之前就都能知道。如果发现负面信号，不要害怕叫停。我就这么做过，而且从来没有后悔过。当你明白自己正在与一个这辈子都不想打交道的人打交道时，你要立即停止与他来往。省省自己的时间。因为你和投资人相当于夫妻，几乎不可能离婚。你们的约会时间从几周到一年不等。一年是运气真的好，但通常只有几周。所以，你确实必须寻找微妙的信号。

这其实就是早期投资人特别有帮助的地方，因为他们全都见识过。你可以借助早期投资人养成的嗅觉来帮你挑选后期投资人。你确实要加点小心，因为早期投资人可能对自己的品牌有执念——他们或者想自抬身价，或者想让红杉高看他们一眼，为了自我恭维会说任何话，做任何事。但你的圈子里会有鼻子灵、眼界高、敢直言的人。你会从他们说话的方式中看出来，他们会说不受待见的话。你要让那个人帮你把把关。

埃拉德：我想回到你之前的观点上，就是今天的公司不需要有过去那么大的规模。你怎么知道何时应该停止招人？因为如果你有钱，又想继续发展的话，你总会有招人的冲动。

纳瓦尔： 你进了一家公司，你努力工作累成狗，然后你累了，雇人替你干活，人的本性就是如此。而你总要雇两个新人才能让你的活被干好。如此重复，你就有了一家有5000名员工的网络应用公司。外界的所有人都在问："这些人都在干吗呢？"就是个简单的网络应用，你要几千人做什么？

接着新来了一位CEO，他知道公司必须裁掉一半员工，但不知道是哪一半。这就是每个人都要面对的困境，因为人人都在搞政治，没有人知道谁在真正干活。一旦陷入这种处境，你就有麻烦了。

所以，我认为招人应该特别慢，只招迫切需要的人。精兵简政必须铁手无情。我知道这不会受待见，我知道人们不喜欢这种模式，但不管是对我还是对我们，这一招都很好用。创始人必须对浪费盯得特别特别紧。而浪费总是存在的。

埃拉德：你认为给员工发股份的模式过时了吗？

纳瓦尔： 我认为它比另一种模式，即完全不发股份好。但我确实相信它过时了。所以，我们是6年给满期权。风投公司是10年。所以，我认为合理的模式不仅应该有比较长的给满期权年限，而且大概不应该发放永久保值的资产。你或许可以给早期员工股份，因为他们是搭脚手架，让公司由小变大的人。但公司走得越久越远，你就越应该从给予股份转向利润分成。

> 你拿了别人的钱，对其就负有道德、伦理的义务。
>
> ——纳瓦尔·拉维坎特

| **埃拉德**：我猜限制性股票单位和你说的不是一回事吧。

纳瓦尔：限制性股票单位本质上是一种缴税比较少的提薪方式，而且与公司整体绩效有些许关联。但如果你的公司有几千人，那么一个人对绩效不会有多大影响。所以，我认为它的耗散性非常强。你去看真正"干多少拿多少"，人力资本极其重要的公司（比如去华尔街，那里真是刺刀见红），这些公司都是发奖金。

利润分成可以很省税。AngelList是一家有限责任公司（LLC），所以对我们来说，利润分成真的可以少纳税，因为这样只用缴一次税。但我认为，随着公司越来越大，路走得越来越远——你甚至在赢利前就可以这样做——你可以采取营收分成的方式。你也可以大方地发放股份：对入职者人人都统一给予少许股份，但一年后或者大幅增加他们的股份，或者让他们走人。

埃拉德：这让我想起麦肯锡的"非升即走"模式。麦肯锡是一家合伙公司，成员要么升职加薪，要么走人。

纳瓦尔：没错。彼得·蒂尔在《从0到1》一书里说得很好：你要如何招揽第21名员工呢？因为你给每人5%的股份，21个人就不够分了。所以到了这个时候，你必须走上建立巨无霸公司的轨道。或者我会说，你只要招很少的人也可以建立一家伟大的公司，这时你可以给员工丰厚的奖励。

眼下正是创业风险最低的时候。你可以进一家加速器碰碰运气，然后走着瞧。你也可以先搞点钱，然后走着瞧。但早期员工要承担创始人级别的风险，因为公司往往还没有达到产品市场契合，但他们却没有创始人级别的股权。

埃拉德：怎么说呢，我觉得他们的努力程度和面对的压力都比不上创始人，还有大部分员工都不知道的各种麻烦事。

纳瓦尔：完全正确。但以前股份差距特别大，创始人占40%，第一名员工占0.15%或者0.25%。我认为这种日子即将结束。

我认为未来的公司，特别是还没有融到资，或者融资不多，或者连产品市场契合的边都没摸到的公司，它们招早期员工其实就是招晚来一步的合伙人。所以，他们应该拿到1%、2%、3%、4%，而不是0.1%、0.2%、0.3%、0.4%。

今天，公司在早期阶段招工程师的问题不是工程师短缺，而是创始人过剩。于是，你对待他们必须像对待创始人一样，因为早期入伙的工程师是有过剩风险的，他们本来可以自己开公司，可以加入YC等等。

埃拉德：不过吧，我觉得人们对初创公司的相关风险往往既高估又低估。有一大批人认为，初创公司的风险高得吓人，如果公司倒闭，你的职业生涯就完了——这当然是谬论。但在硬币的另一面，太多人又设想90%的初创公司都有某种退场途径。这也不是实情。大部分初创公司是完全失败的，创始人靠着很低的薪水生活，然后就没有然后了。

纳瓦尔：他们还顶着难以置信的压力，搞坏了身体，牺牲了家人。

埃拉德：是啊，在某种意义上，他们多老了10岁，而且三四年没有薪水。

纳瓦尔：没错。事实上，在硅谷能享有持久成功的一批人要么是风投人——因为他们可以将资产多样化，而且至少过去控制着一种稀缺资源，尽管这种资源现在不稀缺了——要么是特别擅长发现刚刚达到产品市场契合的公司的人。他们有背景，有专业知识，有人脉，这些公司确实想要用这些资源来推动扩张。于是，有人进了刚做起来的Dropbox，有人进了刚做起来的爱彼迎。

埃拉德：就是这些人本来在谷歌干，脸书有100人时加入了脸书，Stripe有100人时又加入了Stripe。

纳瓦尔：扎克伯格刚开始扩张时是惶恐的，"这个我不会啊"。然后他去找吉姆·布雷耶。吉姆·布雷耶说："我在那家公司认识一个特别厉害的产品负责人，你用得上这个人。"除了风投人本人，他们往往就是最擅长长期风险调整的人。

为使表述清晰，访谈录对原文进行了编辑和提炼。

事实上，在硅谷能享有持久成功的一批人要么是风投人，要么是特别擅长发现刚刚达到产品市场契合的公司的人。他们有背景，有专业知识，有人脉，这些公司确实想要用这些资源来推动扩张。

——纳瓦尔·拉维坎特

第九章

并购

高增长手册

High
Growth
Handbook

并购：买公司

随着估值的升高，你的股票可能突然成了一种有价值的、可以用来买其他公司的通货。由于不熟悉，许多第一次当CEO或公司高管的人往往会回避收购。操作得当的话，收购可以推动公司的产品和招聘计划，还能赋予你对竞争对手采取战略或防御性行动的能力。

我在推特是并购团队的负责人。我亲眼见到了并购作为一种战略工具的价值，也见到了苦苦挣扎、找人收购的初创公司（无人会谈起的失败公司）有多少。在谷歌，我参与过一批公司的尽职调查、整合或合并后的产品管理工作，包括安卓（后来成为著名的手持设备平台）、Google Mobile Maps［谷歌手机地图，原本是一家名为ZipDash（泽普达什）的公司］和初代Gmail客户端［原本是一家名为Reqwireless（Req无线）的公司］。

对谷歌和推特来说，并购都是增加新产品、引入重要员工和实施重大战略行动的利器。类似的，脸书保持领先地位（以及占据大块市场份额）也是通过收购公司，其中既有WhatsApp和Instagram一类的公司，也有Snaptu这样的不太知名的公司，后者曾将脸书移动端推向超过一亿中低收入国家用户。

大多数公司或者等了太久才进行第一桩收购，或者犹豫要不要将公司股票当作通货来用。我希望本章中的信息能激起你对并购的兴趣，并提升你买公司的能力——在扩张期行动，赶早不赶晚。

何时应该开始购买其他公司

每一名CEO，每一个董事会都要决定合适的时机。公司可能在早期就需要做战略性收购。例如，推特收购Summize（萨米兹），即后来的Twitter Search（推特搜索）时只有15个人左右，市值1亿美元上下。

公司市值达到10亿美元时，CEO和董事会就应该开始考虑将并购作为加速公司发展，推动市值上升的一项重要工具了。比方说，公司有10亿美元的市值，拿出1000万美元收购不过是1%的股份而已。即便收购只能让公司估值增加10%，投资回报率也显然是正值。等到公司价值50亿或100亿美元时，并购就会成为公司整体战略的关键一环。

对于产生营收的公司，一桩收购的潜在价值可以直接量化。例如，当我掌管推特的并购团队时，收购一家广告相关公司的潜在价值是比较容易评估的，因为它会对营收产生直接影响。比方说，如果推特的广告收入会比前一年增加5000万美元，那么这桩收购的潜在价值便一目了然，于是确定我们愿意支付的价格范围就变成了一个简单的数学问题。

你也可以将营收+利润转换为潜在市值。如果你的估值（或股市价值）是盈余的10倍，那么利润增加1000万美元就相当于你的公司估值增加了1亿美元。通过这种数学计算，并购团队就能以投资回报率为基础给出关于收购广告科技公司的意见，而你也可以开始权衡产品侧收购的轻重缓急了。

三类收购

对一家高增长公司来说,收购基本上可分为三类:(1)买团队;(2)买产品;(3)战略性收购。其实还有第四种收购,通常叫作"协同性"收购。与发展更成熟的公司不同,大多数高增长科技公司不会做"协同性"收购——这种收购是出于扩大市场份额和降低成本的原因——所以我在这里就不讨论了。

收购类型: 买团队(又称"购聘")。

估值范围: 不限,从创始人都只能拿到微薄的签约奖金,到每名工程/产品/设计员工都能拿到100万~300万美元不等。

收购原因: 加快招聘脚步。招聘公司通过其他方式无法获得的关键人才。大多数情况下,被收购的公司已经放弃了原来的产品,团队在被收购后会被分配到新的领域。

例子: 脸书收购Drop.io主要是为了挖到萨姆·莱辛。

收购类型: 买产品。

估值范围: 500万美元到5亿美元。大多在几百万美元到1亿美元之间。

收购原因: 填补产品空白,或者将一整个团队转去做公司路线图上的某个领域。原来的产品有时会作为独立产品继续存在,有时会合并到其他产品中,有时会被放弃,为被收购公司即将发布的类似新产品让路。

例子: ZipDash(被谷歌收购后重新定位为Google Mobile Maps的基础)、安卓(被谷歌收购)、Summize(被推特收购后成为Twitter Search)。

收购类型: 战略性收购。

估值范围： 可达200亿美元。

收购原因： 购入具有战略价值的、不可复制的资产。例如，尽管脸书本来可以发布一款照片App，但借助Instagram的社交网络形成的积极活跃社区是复制不来的。

例子： Instagram和WhatsApp（被脸书收购）。DoubleClick、摩托罗拉和优兔（被谷歌收购）。

这三类收购的洽谈和执行方式有着巨大的差异。大宗战略性收购往往要经历大量谈判，收购方的CEO也要参与。主要工作可能是与目标公司的创始人搞关系，给对方画大饼，说明他们为什么应该与收购方联手。游说过程可能很依赖情感因素。收购小团队则是另一个极端，对方创始人可能是钱花完了，或者意识到产品与市场不契合，于是在绝望中四处寻找买家，以便让公司"软着陆"。

并购路线图

你应该安排企业拓展、产品或商务拓展团队的一个人（取决于公司的组织架构和资源）制定一份并购路线图。他应该获取以下信息：（1）向骨干招聘经理了解其最希望获得何种类型的人员或团队；（2）向产品和工程负责人了解产品路线图上的空缺项；（3）向高管团队了解公司应该考虑的重大"宏观"战略性收购。

按照我的设想，2012年前后脸书的并购路线图可能是这样的：

- 招聘性并购。脸书需要建设移动端团队，而且华尔街正在压迫它扩大广告业务。因此，我们应该收购规模为3~10人，且在移动端开发/产品/设计或广告产品方面有强大背景的团队。团队会被打散，充实到最缺人的领域。我们还应该收购机器学习或数据分析团队，因为我们在这些方面招不够人。

- 产品性收购。收购Snaptu，打开移动端在拉丁美洲和亚太市场的局面；收购一家邮件抓取公司，推动国际业务增长；收购一个即时通信团队，转型为Messenger（飞书信）。

- 战略性收购。与移动端和网络端排名前五的社交应用的创始人建立关系。每季度安排扎克与WhatsApp、Instagram、Pinterest、推特和微博的CEO进行一对一交流。确定何时动手，为每家开出价码。

制定并购路线图是至关重要的第一步。接下来，我们要思考如何评估潜在收购对象的价值，以便提出要约。

收购公司通常要考虑的因素包括：

- 我们能消化得了一个这么大的团队，同时又不损害公司文化吗？
- 组织架构图和汇报结构要如何安排？
- 我们收购的团队的领导层会不会对公司造成大范围的影响？有没有哪些领域是我们做不好，可以交给新来的团队负责的？

管理内部利益相关方

内部对并购的抵触

公司员工或高管常会对并购有抵触。对收购的抵触可能反映了战略或战术层面的洞见，也可能反映了对公司资源有限，不能事事亲为的状况缺乏理解或务实精神，还可能反映了对欲收购公司的创始人的收购价码和经济成效心怀妒忌。总体而言，与经验丰富，在其他公司见识过收购所具有的价值的高管相比，年轻员工或公司老人会对并购更抵触。

你准备购买的公司的名单应该被视为内部机密，而不应在全员会议上与整个公司的人广泛商讨。保密的原因有以下几点：

1. 走漏风声。这可能会引发一系列不利局面，包括：（1）竞争者出价抢购；（2）打乱公司部署，比方说你的一名员工告诉对方公司里的朋友，说你在考虑收购他们；（3）竞争对手游说监管机构阻止收购。

2. 大部分员工不了解背景。许多员工可能不了解宏观战略背景，或者缺乏相关经验，不明白并购怎么能成为一种工具。他们可能也不理解你找十家公司谈，但最后只买一家的做法。他们还可能会为永远不会发生的收购感到沮丧或担忧。为何要造成组织动荡或无端猜疑呢？

3. 之后再对同一家公司出价就难了。如果你公开表明要做某事，然后又公开表示不做了，那么你下次企图收购同一家公司时就更难向公司团队说明理由了。战略需要、财务模型等都可能变化，你最好保持灵活性。

4. 团队成员可能会不妥当地试图阻止收购。参见下一节中的常见反对意见。

处理反对意见

内部团队提出的常见反对意见包括：

1. 自己做不行吗？还便宜点。为什么要花2000万美元买一个产品刚有雏形的小团队？这笔钱足够我们雇100个员工干一年了。

你的回答可能包括：

- 在现实中，你的公司有很多事可以做，但资源有限（包括迅速招募大量人手）。如果你不买这家公司，那么战略目标就会无法达成或者大大拖延。

- 你还买到了一个对该领域已经有了深入思考，不需要花时间爬坡的团队，他们还会带来独特的洞见。

- 被收购公司的领导层也会一同加入，帮助我们推进计划。
- 如果团队进展顺利，能将达成目标的时间提前一年，那么公司获得的经济价值就会远超收购时花的2000万美元。

2. 我们要打垮这个竞争者！ 我们为什么要买下他们？收购竞争者，试图超过市场中的所有对手有时是没有意义的。

你对这种意见的回答可能包括：

- 这个竞争对手单单跟我们抢，拉低了利润。现在让他们退出市场，单单是减少竞争就能回本。
- 收购是为了增值。比方说，我们目前的市值是营收的10倍，但收购竞争对手时只按5倍算。所以，我们拿到了市场份额，增加的市值超出了收购所用股票的价值，还可能通过规模效应降低了成本或提高了效率。
- 收购是为了防御。买下竞争者能阻止可怕的大公司入场。如果大公司不能通过收购取得立足点，那么市场就将长期属于我们。而如果大公司决定买下竞争者并向其投注资源，那竞争可就真的来了。

3. 新团队真能达到我们的水准吗？ 工程师会担心这个团队达不到我们的招聘标准。我们的一名技术骨干的朋友说，新团队水平不太行。

针对团队性收购的回复：

- 我们会保持高要求。我们会让这个团队的人走面试流程，而且收购的前提是对方有足够多的人能用。我们不会增添自己拿不准的人（或者设置一小段试用考察期）。

针对战略性收购的回复：

- 我们买这家公司是要它的核心资产和市场份额，而不只是团队。整合工作开始后，我们会逐个评估团队成员并决定是否留用，以何种方式留用，分配到哪个部门。收购完成后，如果该团队中有人想换到另一个团队，那就需要通过后者的全套面试流程，从而维持我们的高标准。

4. 整合要花很长时间。 我们难道不需要把他们的东西导进来吗？为了配合我们的堆栈，他们可能要花一两年时间重写代码！我们完全可以自己组个团队，一样完成任务，速度还更快。

回复：

- 我们目前没有做这个项目所需的人手，近期内也不太可能有。既然这个团队有一个已经上线的、可以推广的产品，那么我们认为买下这个团队，然后或者让他们继续开发自己的堆栈，或者把他们的代码导入我们的基础设施，会更快一些。

- 同时，我们在市场上有了一个产品，可以吸引客户，也可以吓退或阻挡竞争者。

5. 收购失败怎么办？ 所有新项目都可能失败，有一些是肯定会失败的。如果这桩收购也是其中之一，那怎么办？

回复：

- 我们内部的新产品也没有100%的成功率，而且这是有意为之。没有失败意味着我们承担的风险不够。同理，有些收购会成功，有些不会。但如果成功案例足够多，那就足以抵销失败案例的成本。不管怎样，我们都招揽到了通过其他方式可能无法直接获得的人才——因为这些人所具有的风险画像。

并购面试流程

员工在意的一个关键方面（除了本身可能会带来抱怨的价码以外）是收购来的新员工是否能达到标准（特别是在买团队或者小产品的情况下）。如果你的团队主要由缺少经验，只在你的公司干过（实习除外）的年轻员工组成，那么情况就会更复杂。一般来说，新人可能不擅长面试老人。如果被收购的公司是一个非常资深的工程团队，比方说是从谷歌或脸书出来的，那么资深工程师可能反而通不过你的年轻团队的面试。有几种方法可以确保被收购的公司获得公平的待遇。以工程师招聘为例：

1. 参照本书"招募、聘用和管理人才"一章，设置标准化面试流程和面试问题。 如果你没有一套统一的面试题，那么招聘反馈就会有随意性。确保面试题对资深和年轻工程师都适用——有时，编程问题主要反映的是应聘者在多少年前拿到了计算机科学学位（例如，问题中强调计算机理论的某些方面），而不是编程能力有多强。

2. 预先定好并购面试小组，成员以在多家公司工作过的资深工程师为主。 目的是确保面试官具备面试和评估资深员工的背景知识和水平。

3. 提醒面试小组，他们要面试的大部分人是刚刚才知道自己的公司要被卖了，而且可能没有时间准备面试。

4. 做背景调查（如果有意义的话）并高度重视。 被收购公司的员工对自己的去向没有发言权（收购是由创始人主导的），而且最近很可能没参加过面试。因此，他们很可能没有准备接受你的面试，也不了解收购的背景情况。有鉴于此，你可以去掉一些社会招聘中会问的问题，比如"你对我们公司是否怀有热情"。

对公司的其他职能部门，你也可如此操作。

并购：如何设定目标公司的收购估值

为你准备收购的公司设定正确的估值更多的是一门艺术，而非科学。每一类收购都各自有一些要考虑的估值因素，但在你确定愿意出多少钱时，还是有一些普遍因素要考察的。

三类并购通用的价值评估因素

- **"目标"还有多少现金？** 如果他们的现金只够花3~6个月了，那他们就不会有很多时间来谈判、募资或寻找其他买家。

- **创始人或管理团队的出售意愿有多迫切？** 创始人和管理团队是会疲惫的。创始人想要退场吗？一个著名的例子就是Flickr卖身给雅虎。
- **竞争激烈吗？** 还有谁可能会出价，他们会出多少钱？如果你的股票被认为有较大的升值空间（例如，估值为10亿美元时的爱彼迎），那么你在经济方面的自信心就应该强过谷歌（它的市值在短期内不太可能再度提高10倍）。
- **被收购目标的独特性到底有多强？** 如果你想收购一个移动端团队，然后有十几个这样的团队都快没钱了，那与试图收购手握独家资产的Instagram可不是一码事。

买团队或购聘

买团队有多种可能的估值方式，具体取决于以下因素：

- **团队素质。** 团队能力有多强？他们是出身大厂还是校园？他们过去发布或开发过令人惊艳的产品吗？
- **独特的专业技能。** iOS App Store（iOS应用商店）发布后，移动端开发人员的身价高昂，各家公司愿意出很多钱买移动端团队。类似的，现在的谷歌和脸书似乎也在花重金招揽深度学习人才。你的团队缺少何种能够推动公司前进的专业技能？
- **收购者的迫切程度。** 在Google+（谷歌+）的鼎盛时期，谷歌不吝花重金招揽"社交"产品经理、设计师和工程师。有哪些技能是你的公司迫切需要的？
- **明星联合创始人或工程师。** 你欲收购的团队有没有知名工程师、设计师、商务人员或创业者？这些"明星"加盟后会帮你的公司请来杰出人才，其个人关系网或技能组合也可能会为公司带来重大影响。

低端购聘通常意味着给创始人发20%的签约奖金，给其他人正常的工资待遇，股权结构表上的人（也就是投资人）拿不到一分钱。这种情况比人们以为的更普遍，而且很多炒得很火的收购案其实最后不过是留下部分团队，公司和产品直接毙掉。

对于真正意义上的"买团队"，公司要给收到要约的工程师、设计师和产品经理每人发100万~300万美元。商务、运营等人员可能会略微抬高价码，这也可能会对估值造成负面影响，如果需要给他们解雇补偿金的话。[①]根据收购条件，工程师人头费的大部分可能会用来偿还投资人的钱（例如风投人出的500万美元），也可能用来给留用人员发奖金。

大部分公司在买团队之前都会要求面试对方的团队成员，并保留将不达标者裁掉的权利。这可能会进一步拉低最终的收购价。换句话说，如果目标公司的工程师水平参差不齐，你只希望接收其中的一部分人员，那么收购价还可以再落一些。不难预料，那会是一场艰苦的谈判。详见本章中关于面试被收购公司团队的一节内容。

买产品

除了上述通用因素，你在考虑买产品时还应该评估以下方面：

- **能给我们节约多少时间？** 这次收购会填补什么产品空白？原有团队可以被调来填补这个漏洞吗？

- **这次收购的预计可量化影响是怎样的？** 例如，它能增加多少用户，每名用户对我们来说的预期价值是多少？或者，它能增加多少营收或现金

[①] 请注意，公司有时会给关键部门的每名工程师发一笔巨款。例如，谷歌在2015年为深度学习团队，以及之前在Google+最兴盛（或者说惨败）的时期为"社交"专家一掷千金。

流,利润率是多少?

- **这次收购会给战略市场格局带来何种变化?** 我们会对某位竞争者做某事的能力造成阻碍吗?收购能带给我们什么能力?

买产品有一条通行的经验法则:与同样的员工通过社会招聘进入你的公司相比,你开给目标公司员工的薪酬至少要高20%~50%。因为他们不能选择自己的去向,所以多给一点钱可以避免他们过两个月就辞职。有些被收购公司(产品性或战略性收购)的早期员工或许原本有能力赚到多得多的钱,所以提前加薪不只是"以防万一"。

战略性收购

真正的战略性收购会为你的公司带来如下好处:
- 改变你所在行业的整体市场格局。
- 为你提供一种不可复制/高防御力的关键资产。
- 阻止竞争者实施重大行动或占据市场地位等。
- 为公司的某些方面(成本结构、分销渠道等)带来重大改观。

大多数情况下,一桩战略性收购中会有好几家资金雄厚,追求同一项资产的潜在收购方。例如,谷歌、脸书和苹果为了提高市场份额和强化移动端广告实力,大概都有意收购AdMob(最终于2009年被谷歌买走,据报道价码为7.5亿美元)。

战略性收购的关键问题是:
- **这次收购会如何为我的公司带来根本性的改观?** 它会巩固某个关键市场吗?它能让我实现交叉销售吗?它能让我进入新业务领域吗?
- **我有没有办法靠自己复制该资产,或者通过收购其他公司来复制?**

- 竞争者买走该资产会不会让我的公司或产品线陷入生死存亡的危机？
- **这家公司本身会成为我的重要竞争对手吗？**我能否在它与我正面竞争或拉新取得进展之前将其收购？
- **这家公司是否有独一无二的人才或团队，能够改变我的公司的发展轨迹？**
- **两家合并后的损益表会是怎样的？**这次收购预计会带来多少营收？它会如何降低成本？
- 我可以用哪些指标来设定收购价格？

并购：说服对方（及其主要投资人）[①]出售

创始人分两种，一种想要或者需要卖公司，一种不想卖也不需要卖。一般来说，创始人卖公司要么是出于恐惧和厌倦（因为他们累了，没钱了，或者眼看要被竞争者打垮了），要么是出于雄心和兴奋（因为他们为自己和团队未来会造成的影响，或者经济上的回报而感到激动）。

说服对方出售：买团队和买产品

买团队和买产品时，你既要说服创业者，又要说服投资者，让他们相信卖身给你的公司是一个好主意。说服两者的策略是不一样的。

说服创业者。如果创业者已经耗尽了精力或资金，那就用不着多费口舌——他们甚至会主动找你推销。如果创业者不需要出售公司的话，你主

---

① 有些投资人（尤其是大风投）或许有阻止一切收购行为的能力。这意味着你需要说服他们接受你的要约。当你即将被收购时，一些投资人可能会不配合。我所在的Mixer Labs要被推特收购时，一名投资人让我们特别头疼，非要给自己多捞点好处。

> 创始人早早退场的一个重要原因就是其配偶通常不太愿意冒险。
>
> ——埃拉德·吉尔

要有以下几种手段：

■ **薪资**。人们对"财富"的认识是分不同等级的，比如还得清教育贷款，买得起房，从此可以不再工作。一般来说，创始人对不同价值的股票会有不同的反应：100万美元是"哇，好多钱啊！我可以给你的公司干几年，然后再度创业"，500万美元是"我可以在湾区买房，生活从此再无烦恼！"，1000万美元是"我可能再也不用工作了吧"。

根据创业者的个性、当前的经济状况和个人经历，足以说服他出售公司的财富等级可能也不一样，在不考虑其他因素的情况下。一般来说，给予创业者的股票乃至现金会在1~4年内被发放完毕，有时已经发给创业者的股票会被收回，然后逐步返还。

■ **影响力**。创始人和他的公司或产品会对你的产品、你的发展方向有何种影响？既然你已经开始买其他公司了，那你的产品估计已经有上百万、上千万乃至上亿用户了。他们的产品或愿景与你的是否有重叠，从而影响到数百万人的生活？

■ **角色**。你能给创始人和/或CEO安排什么角色？他们会不会有一个比当初在初创公司里更大的团队，甚或有更大的影响力？

- **威胁。** 虽然我不喜欢这样做，但有些公司以威胁想要收购的初创公司而知名。他们可能会以侵犯知识产权为由提起诉讼，或者若无其事地说自己准备入场，所以两家最好合兵一处。大多数情况下，这些都是空洞的威胁。

说服投资人。 买团队或买产品时，你也需要说服投资人同意才能继续（假如投资人有能力阻挠的话）。平均而言，大部分投资人至少想要3倍的回报。当然，这意味着他们需要在"成功公司"身上取得高于3倍的回报，以便抵销倒闭或无回报公司给他们造成的损失。如果你开出的回报不足3倍，投资人可能就会抵制收购。

你可以这样对投资人说：

- **"你现在是拿低升值空间的股票换高升值空间的股票。"** 你的基本论点是：你要买的这家公司不在高速增长或爆发性增长的轨道上，但你的公司在。现在出手的话，你买到的公司（假设你是用股份买的）会带来成倍的回报，因为你自己的股票会飞速升值。相形之下，即便这家初创公司在同样的时间内价值翻了一倍，把它卖给你所带来的回报也会丰厚得多。比方说，我创立的Mixer Labs是在2009年卖给推特的，当时推特的市值大约是10亿美元。这意味着从收购之日起，我们至少拿到了10倍的回报。

- **"我们准备在这块市场挑一家公司买，你不卖，我们就买别家了。"** 这意味着他以后再想把公司出手给你就没门了。过了这村就没这店了。

- **"我们很重视与你的关系，而且你本来就在我们的生态里。"** 你会看到有某些风投人一次又一次将其投资的公司出手给同一批公司（如谷歌、脸书、推特等）。这些风投人希望与你的公司维持良好关系，以便当他们需要出售其投资的一家公司时，能直接联系上你的企业拓展团队。这是"硅谷做的是长线，不是短线"的另一种表述方式。

说服创始人：战略性收购

要获取真正具有战略价值、本身就是爆点的资产就难得多了。这意味着经营长期关系对提高将下一家市场热门公司收入囊中的可能性大有裨益。

一旦你的公司达到了一定规模，你就应该开始约见你或许有意购买的公司的CEO了，频率在一个季度或两个季度一次。这种关系经营最终可能会在一次竞争激烈的战略性收购中给你带来回报。脸书的马克·扎克伯格苦心经营与WhatsApp和Instagram创始人的关系一事非常有名，最终凭借近水楼台的优势，脸书先后将两家公司收购。

说服他人出售战略性资产主要有以下手段：

- **自主权**。许多创始人开公司是为了自己干一番事业。他们不想要一大堆经理和官僚作风。对创始人来说，既让他们放手经营，又提供财力和销售行政资源以促进其扩张的承诺可能是有吸引力的。例如，在被谷歌收购多年后，安卓和优兔都是自主运营，也有自己的招聘流程和标准。同时，谷歌为收购来的公司提供财力、人力支持，以及产品导向型的创始人往往不想管的烦琐商务事宜（运营、销售等等）方面的支持。

- **支持**。一些创始人就是不愿意承担打造独立上市公司的额外工作。他们想要专注于产品和设计，不想建设销售团队，或者痛恨参加讨论员工职业阶梯和会计账目的会议。说服创始人加入的一种手段就是保证自主权并提供支持，好让他们专心做自己关心的事情。

- **影响力和角色**。在某些情况下，招进来的创始人会承担比过去在独立公司更重要的角色。你经常会看到创始人在自己的公司被收购后成了更大部门的领导，或者承担起关键战略型角色。例如，Keyhole（锁眼）的创始人约翰·汉克 [Google Earth（谷歌地球）的后台软件开发者] 最后成了整个Google Maps的负责人。

- **竞争形势和/或恐惧**。优兔卖身给谷歌的部分原因是来自媒体业的诉讼威胁。一些创始人/CEO可能确信自己即将被第三方势力、诉讼或其他外部威胁打垮。

- **钱。**财务成绩是一把双刃剑。如果一家公司无论如何都会发展顺利，那么创始人可能就会设定一个相当高的基准线，不会为立即退场而心动。但在某些情况下，你可以说服创始人认为现在就把公司卖掉，从此不必再担惊受怕是稳妥的道路。创始人早早退场的一个重要原因就是其配偶通常不太愿意冒险，往往会主张安全离场，让自己和儿女的生活安稳下来。

并购：收购谈判

商谈条件：买团队或买产品

一切谈判都是看势力对比（或者对势力的认知）。为了更好地了解你计划收购的公司，你应该询问现金头寸/烧钱速度、股权结构表、团队规模、产品增长率等因素。你借此可以确定对方创始人退场的迫切程度。

此外，还有几条经验法则：

1. 如果对方公司在过去3~6个月内完成了一轮融资，那么你开出的价码至少应该在当前估值的基础上提高50%。某些情况下，投资人会要求你出2~3倍于估值的价钱。然而，如果整体市场局势发生剧烈变动，创始人急于退场，或者公司前景堪忧，那你就可以按上一轮融资时的估值出钱或者再打一点折扣。

2. 工程师、产品经理、设计师的价值通常为每人100万~300万美元。在团队性收购中，商务、运营、社区经理通常是低价值或者负价值（因为这些员工有时不在收购范围内，需要支付遣散费）。专门或杰出人才或可高达500万美元。请注意，这笔钱通常会分散到股权结构表（主要是投资人和创始人）和留用奖金中。

3. 向CEO或董事会了解出价范围，然后尽可能压价。董事会通常会

> 因此，创业者在接到收购要约时，应该找几位投资者或顾问聊聊。
>
> ——埃拉德·吉尔

给一个"上限"价格，一个可接受的价格区间（比如1500万~2000万美元）。如果竞争不是特别激烈的话，谈判团队可能会将基准报价定得比较低（比如1200万美元），这样谈起来灵活一些。在竞争激烈的情况下，谈判团队更可能会一上来就抛出高价（比如1800万美元）。

4. 许多企业拓展团队第一次开价时只提交易总价，而不提多少归股权结构表（即优先股和普通股），多少归留用奖金。 这可能会实质性地影响到收购对创始人、投资人和员工的价值。开价往往也会略过手头现金不提。

- 举个例子，你准备出1000万美元购买一个六人团队，他们的银行账户里还有100万美元。既然公司都要被你买下来了，那么他们的现金也会归你，所以实际收购价是900万美元。（有人甚至会用被收购公司的现金给被收购团队发奖金，以便不影响收购方的现金持有量。）

- 在现实中，你的开价可能意味着600万美元归股权结构表，300万美元归留用奖金。所以，如果创始人占公司20%的股份，那么他会拿到120万美元，而不是他听到1000万美元报价时所以为的200万美元。余下的300万美元可能会给创始人发一部分，但可能也会分给其他5名员工（包括创始人在内，每人分到50万美元，4年发满）。

■ 很多情况下，一旦创业者决定退出，而且为初始报价兴奋了起来，那么就算他完全明白了交易的种种细节，他也不会走开。到了那时，他已经看到了隧道尽头的光（"我再也用不着半夜被噩梦惊醒，吓出一身冷汗了！"），而且已经在脑子里把钱花出去了（"我终于可以还清信用卡，买一套公寓了！"）。因此，创业者在接到收购要约时，应该找几位投资者或顾问聊聊。他们需要有经验的人，经历过十几次这种情况的人帮他们避开狡猾的企业拓展人员会挖的常见陷阱。

一般来说，与创始人谈判收购事宜的人不能是创始人日后的领导，也不能是每天在一起的同事，这一点很重要。谈判者往往至少和一部分被收购的创始人互有恶感。送走自己草创的公司本就是难事，谈判对第一次创业的人来说更是一件苦事。

商谈条件：战略性资产

这里有几条收购战略性资产的关键原则：

1. 购买战略性资产也是公司的一单买卖。 脸书能买下WhatsApp和Instagram反映了扎克伯格预先与两家公司创始人的关系经营。他潜移默化地向其他CEO宣传加入脸书的好处，取得了对方的信任。其实是扎克伯格把脸书推销给了WhatsApp，而非相反。

2. CEO需要参与进来。 作为CEO，你需要参与到以收购为目标的关系经营以及收购谈判的某些方面中。如果对方的CEO觉得自己和你有关系，他就会把自己和公司的未来托付给你。这会促进交易的商谈与完成。

3. 兵贵神速。 特别是在多方出价的情况下，迅速得出结论会给对方造成时间压力，或者让对方产生一种宿命感，认为你就是正确的选择，因此对你有巨大的好处。这样做还会显得你专业，不纠结于小节。谷歌有一桩著名的收购案：不到一周就出价16亿美元买下了优兔。

为用户和世界承担更大的责任
——赫曼特·塔内佳访谈录

赫曼特·塔内佳于2011年创立了General Catalyst硅谷分部，并进行了一系列成功的投资，包括Snap、Stripe、Gusto、Color、Grammarly（语法助手）和Livongo（利文戈）。他参与创办了"先进能源经济"，一个全国性的先进能源非营利组织；还是可汗学院的董事。赫曼特拥有麻省理工学院的五个学位。

赫曼特是负责任创新的公开倡导者，他呼吁其他科技界领袖认可自身的影响力，并负责任地运用它。他出版了《去规模化》（Unscaled）一书，书中描绘了一场30年的长期社会变迁，而今天的我们正在改写经济体系的方方面面。

在本次访谈中，他会讲述硅谷眼下发展到了什么阶段，初创公司该如何寻找自身定位以顺利实现规模化，以及赢者通吃的思维为何往往是不利于效率的。另外，他还会分享创始人如何从第一天起就将社会责任嵌入公司流程的经验。

埃拉德·吉尔： 你的一个观点是，我们正处于一场围绕着内容组织、社区和线上交易展开的宏大而持久的变革中。我很想听听你对当下现状的看法。

赫曼特·塔内佳： 我们正在经历的重大变革是以规模为中心的。100年来，规模被用作衡量成功的一项指标。我们扩大了医疗、教育、金融等核心服务，让所有美国人都能获得基础水平的服务。这在一段长时期内曾是有净收益的。分娩变得更安全了，严重外伤和传染病得到了很好的应对。通过规模的力量，更多孩子受到了教育，更多人获得了金融服务。在20世纪，我们凭借规模经济创造了一个朝气蓬勃的中产阶级。中国在20年内让3亿多人踏入中产行列，原理同样是规模经济。

但在今天，我确信规模已经走完了自己的路程。

以医疗为例。古时候只有达官贵人才能享受医疗服务，通常是家庭医生到他们家里去，与他们熟识，在照料他们的健康时能够感同身受。后来，为了普及全民基本医疗，我们开始在全国建设医院。我们发现了控制婴儿死亡率、传染性疾病、外伤等问题的方法。今天你上医院，大夫只有几分钟的时间接待你，对你几乎一无所知，而且忙着将信息输入电子病历，没工夫与你做眼神交流。这种体验与拥有家庭医生差了十万八千里。

教育、金融、能源和其他核心部门也是类似的情况。

我们将社会中的每一种，真的是每一种关键业务都扩大到了失控的规模。银行辜负了小企业和大批消费者。医疗体系让我们破产。我们没有为孩子们做好准备，让他们在21世纪生活。能源部门是气候变化的重要推手。

幸运的是，在过去20年、25年间，我们经历了一场朝向内容组织、社区和线上交易的长远变革。它让我们第一次有机会反思我们提供这些基础性的、对社会至关重要的服务的方式。

它也让科技与科技创业者的角色走到了前台。我们身负重任。我们正在打造当代的教育，当代的医疗，当代的金融服务。当我回顾过去10年来的事业时，吸引我的一直是试图利用这场长远变革，抓住这个异常庞大的市场的人。

埃拉德：我想听听你关于以消费者为中心，还是以监管者为中心的看法，第一性原理有哪些？随着公司在这些庞大的、受监管的市场——医疗、教育、金融等等——越做越大，中心点应该如何转移？

赫曼特：拿医疗来说吧。我最近召开了一场医疗行业高管的工作会议，这些人领导的团队有着最具前瞻性的高新技术医疗系统。会议主题是通过软件标准化实现电子病历互操作性，改善医疗质量，降低医疗成本。整整4个小时里，他们一直在谈电子病历的标准化和各方面问题。让我感到震惊的是，患者和医生根本不在他们讨论的重点范围内。

晚餐吃完了，我在结束发言中说道："天哪，如果你们以为这么一点一点地思考就能影响到医疗质量和成本，那么变革永远不会发生。"

我协助创立的Livongo就是从第一性原理出发，反思慢性病患者医疗的一个例子。今天，3000多万2型糖尿病患者中的一大部分会定期测量血糖，每年找基础医疗医师或内分泌医师看几次病。而在看病之间，患者的病情会恶化，会有癫痫发作和各种并发症。大部分传统解决方案，包括软件，都是为了让患者养成关心健康的习惯。硅谷开发了几十种糖尿病管理App，帮助患者更高效地获取围绕血糖指数、营养状况的各项数据。同时，糖尿病的发病率和治疗成本在节节攀升。

Livongo则采取以患者为中心的视角，开发了一种尽量让患者"省心"的服务。患者想要健康，Livongo就出了一款联网血糖仪，利用机器学习技术监控血糖数据，并在患者需要调整饮食或运动方式时主动干预。据我估计，这种方法每年能在糖尿病管理上节约1000多亿美元。同时，随着患者代谢模式数据的累积，我们发现"2型糖尿病"这个大帽子下面还有许多分类。影响大吧。

选择一个人物画像，比如2型糖尿病患者，然后打破行业界限，思考何种产品机制能为其提供满足需求的体验，这是一个巨大的机遇。

埃拉德：这就是这些公司之所以能脱颖而出的共性吗？我说的是探究和专注于消费者。有没有一些通用的策略，就是不管你做医疗还是做金融服务，你基本上都在做这三件事？

赫曼特： 这些公司的一个共同点是它们所处的市场太大了，大概都是1000亿美元开外的市场。进军这些市场的公司，找对路的公司，有达到千亿市值的潜力。放在10年前，风投肯定以为是发癔症。

我认为这些公司的共性是，它们从一开始就找准了目标客户画像。Stripe的客户画像是想在线上做生意，需要线上支付API的程序员。Gusto的客户画像是小公司的新一代人力资源人员，他们整天在社交网络上，可以通过新的触及方式接触到他们。Livongo的客户画像则是成天测血糖，老板不给买保险的糖尿病患者。

这些公司之所以能成功，我认为就是因为它们先找准大市场，再从特定人物画像入手，开发极具针对性的产品。

> **埃拉德：** 随着公司的扩大，情况会如何变化？你开始处理产品复杂度问题了。你开始增加产品线了。你或许还要扩大经营范围，因为你的第一块市场潜力巨大，但规模有限。大公司往往都是这样起步的。你对这种转变怎么看？能举几个成功典范吗？

赫曼特： 好问题。

你看一看Stripe是怎么做起来的。提供面向全球的线上支付API是一个巨大的商机。尽管Stripe已经为自己的客户搭建了一套"商用版AWS"来延伸产品堆栈，但其核心业务的拉新成绩还是一枝独秀。

然后你想利用这一点。我觉得Stripe是这么想的，"我们要确保自己成为当代创业公司的主流选择"，因为这代表着未来。Stripe将重点放在这里，公司的未来就有了保障。只有先把这一块做好，Stripe才能向上游市场开拓，也就是有一定历史的公司。

> 我们身负重任。我们正在打造当代的教育，当代的医疗，当代的金融服务。
>
> ——赫曼特·塔内佳

Livongo有另一套扩张方略。它的目标是让患有糖尿病的客户保持健康，他们有许多并发症，比如高血压和肥胖。尽管Livongo同样有一个庞大的市场有待拓宽，但它需要在早得多的时候向纵深拓展，因为这才是正确对待客户，真正发挥影响的办法。

总体来看，每家公司的方略都不一样。但如果一家公司最初的目标人物画像有一个庞大市场的话，那么在你做业务多样化，分散公司的关注点之前，你应该先把基本盘尽量做大。

埃拉德：常见的取败之道有哪些？一种能想到的做法是过分关注核心市场，从不向外拓宽。另一种，回应你的观点，是你本来应该埋头深耕，因为你的市场规模大且专门性强，可你却被新增业务分散了精力。你怎么知道自己处于哪一种情形下，又要如何应对这些情形呢？

赫曼特：这些市场并非赢者通吃，所以头一条来看，突出"市场领导地位"的做法有难度。相反，这些公司的重点应该是规划一条长期高速可控增长的路径。

每家公司都有专属于自己的最优增长率。它取决于运营的基本原理：服务初始客户群和开拓新市场分别需要怎样的招聘节奏？后勤工作的复杂度有多高？业务多样化所需的资本密集度有多高？在思考什么是合理的增长计划的过程中，这些问题至关重要。

好的创始人都是这样做的，他们对财务保持着审慎的态度。但许多公司想做的事太多了，多样化做得过头了，因为它们手头有大笔廉价的资本，可它们后来往往会面临融资困难，或者说很难实际增长到估值水平。原因很简单，它们没有保持对单位经济效益的关注。

埃拉德：这确实是赢者通吃市场的一个有意思的地方。因为在2000年、2005年的时候，人们特别强调市场是赢者通吃，投资人应该只投资赢者通吃的市场。我觉得那是因为他们主要看的是大量真正具有网络效应的公司。在你看来，大部分凭借风投壮大的公司是赢者通吃吗？还是更复杂的寡头或其他市场结构？换句话说，赢者通吃有多重要？

赫曼特： 首先，我认为这取决于具体市场。但对许多一向监管严厉，刚刚开始开放的大型市场而言，赢者通吃是很难想象的。Gusto就是一个例子。他们的现代化人力平台能服务的小型企业有数百万家之多。Gusto的产品和销售重点应该放在1~10人、10~100人还是100~1000人的公司上呢？

你必须勾勒出自己的细分市场，然后真正做好它，而不是担心其他公司在做什么。你要想清楚如何有意识地打造一家按照你心目中最合适的速率增长的公司，而不是担心如何拿下夸张的市场份额。

埃拉德：太有意思了。因为传统观点是：谷歌是赢者通吃，脸书基本上是赢者通吃。但在你看来，出于市场规模、市场结构和碎片化的原因，医疗行业或金融技术行业似乎并非赢者通吃。

另外，你一直在大力鼓吹负责任发展，我很想听听你对这一观念的看法。

赫曼特：几十年来，科技公司一直专注于为每一个部门开发增效软件，包括医疗行业、教育行业和金融行业。现在，我们要从第一性原理出发来反思应该如何提供这些服务。向糖尿病患者推荐生活方式和饮食方式，这意味着什么？让一整个教室的高中生学会守规矩，这又意味着什么？

这些都是重大的责任。传统思路一贯是不计代价地增长，对吧？硅谷一贯执迷于支持行动迅速的黑客创业者，打破套路，然后迭代。这套思路和不计代价的增长并不适合企业在牵动民生的领域实现负责任的发展。

所以，我有这样一种观念：创业者要有同理心，要能深入理解客户的需求，懂得如何负责任地为客户服务，并确保最简可行产品中反映了责任意识，哪怕这会对增长造成一定的影响。

这些市场中的传统巨头是有这种企业社会责任意识的。我认为，当今的硅谷初创公司发展也应该有初创公司自己的社会责任。按照我的观点，这需要初创公司公开说明算法和机器学习在服务中是如何发挥作用的，也需要建立衡量体系，确保公司的成功不是建立在利用偏见、歧视（这些现象是我们不希望在社会上见到的）之上。我一般会寻找真正理解和尊重社会责任，从创业伊始就遵循这些原则的创始人。

埃拉德：随着规模的扩大，你认为公司如何才能将这些原则贯彻到公司文化或日常工作中？你见过哪些有效的策略？

赫曼特： 实话说，你要打造的衡量体系应该围绕产品在社会上，在它针对的领域——不管是社交情绪学习、慢性病管理、财务知识科普、媒体，还是你感兴趣的其他方面——所发挥的影响。而且要透明。

创始人需要防患于未然。当你偏离公司的核心价值观时，迹象并不总会马上显现。各团队应该考虑将"算法金丝雀"（algorithmic canaries）融入产品和指标仪表盘中，以便在意料之外的负面结果蔓延开之前将其发现。

如果算法驱动的销售优化手段让某些群体甚至都无法了解到你的产品，或者公司的经理对待老员工和新员工的语言和标准有所不同，那么"算法金丝雀"就应该亮起红灯。这同样适用于了解人们是如何使用你的产品的：当你的产品被用于意料之外的用途时，"金丝雀"应该对你发出警告。

你可以看看有些公司是如何为了增长而采取不端行为的，比如Zenefits、Theranos（塞拉诺斯）、优步。为了快速增长，它们都走了捷径，让员工、消费者和其他利益相关方身陷险境。

我认为，你可以从一开始就建立一个重视"负责任创新"的团队。你可以申明，你不希望你的产品开发中出现技术的武器化。否则，你最终就会成为那些铸下大错的公司中的一员。

我相信我们正在踏入一个30年的周期。你知道的，我们大谈高估值啊，泡沫何时破裂啊。我不太注意这些。我对我们置身其中的，由硅

> 我们需要认真思考众人的成果合起来会怎样。
>
> ——赫曼特·塔内佳

谷引领的宏观数字化的思考要多得多。我对数字化嵌入当代文化的现象有着深度的关切。

我们需要认真思考众人的成果合起来会怎样。比方说,湾区现在有做无人驾驶卡车的公司,有研究长生的公司,比如Spring Discovery(常春探索),还有无条件基本收入的实验项目。这一切要是都成真了怎么办?有一天,我们不得不对全美300万卡车司机宣布:"我们有一个好消息和一个坏消息。好消息是,你们的寿命会延长30、40、50年。坏消息是,你们没有活干了。对了,我们还会给你们发一笔津贴,抹杀你们全部的自豪感和自尊心。"听起来很可怕吧。

从系统的高度想一想我们这些"技大夫"(technorati)正在创造什么,这很重要,科技界应该多谈一谈。

> 我认为，当今的硅谷初创公司发展也应该有初创公司自己的社会责任。
>
> ——赫曼特·塔内佳

埃拉德： 在此基础上，你认为爆点公司的创始人应该在何时涉足公益、政治或更宏观的社会议题？一种观点是，你应该全神贯注于自己的初创公司。你应该专心壮大公司，直到你有空余的时间和金钱来帮助社会大众，也就是比尔·盖茨的公益模式。另一种观点是，只要你取得了一定成功，你就应当参与社会事务，马上参与。人们应该如何把握这种转型，应该何时转型？我想听听你对此的看法。

赫曼特： 我相信尽早参与公益是一件好事。事实上，我在波士顿参与创建了一个叫作"科技的公益担当"的组织，其宗旨是让科技界人士给社会企业当导师。

创业者互相帮助彼此创业的导师文化在硅谷很流行。我认为，即使你不能出钱资助他人，只要你花时间指导了其他创业者，这就是为我们的"自发回馈"文化出了一份力。拿出合理的一部分时间来帮助社会企业。然后你取得了成功，因为你一直专心经营公司，让公司走上了正轨。这时，你也可以开始出钱做公益了。

这就是我想到的一个连续过程。一开始你有时间，就拿出时间做"导师"。后来你逐渐赚到钱了，那时可以再出钱。

埃拉德： 那么，在初创公司的语境中，你对政治运动一类的事情有什么看法？因为有许多这样的例子，你的公司或员工确实有很大的多样性，所以你希望在公司内营造出一种公平对待的氛围。但与此同时，硅谷是出了名地不擅长以有益于社会的方式参与政治活动。公益是影响社会的一环，政治和监管是另一环。公司或创始人应该做何考虑？

赫曼特： 我希望业界的角色是协助制定合理的政策，同时与政治保持距离。过去十年里，我在能源部门做了很多工作，主旨一直是如何参与制定出引导人们使用清洁、廉价、安全能源的政策。

我们应该侧重于公开透明地展示软件和数据是如何应用于我们的产品和服务的。一种与政策制定者建立建设性关系的方式是与其开展对话，并通过算法问责机制来体现我们的自我监管。在这方面，社交媒体公司的失策让我们失了一分。我们需要吸取教训，否则就要面临监管收紧的风险。

我认为花时间说服监管方，让他们认同我们对数据和人工智能的运用方式是一笔值得的投资，因为监管放松有利于创新。但在我看来，这只能通过与监管方建立互信关系才能做到。

为使表述清晰，访谈录对原文进行了编辑和提炼。

附录：看到它们，直接说"不"

在硅谷时间长了，你会觉得自己什么没见识过。下面几样东西如果你看到了，直接说"不"就好。

1. 装满现金的信封。谷歌以前发圣诞奖金的方式是，每年在12月的同一天给每名员工发一个装着1000美元的普通信封。根据都市传说，当谷歌员工们走下开往旧金山的班车时，提前得知有慷慨奖金的小偷们早就等在那里，失窃金额可达上万美元。

2. 巨型铬制熊猫雕像。Dropbox在融资最成功的时候买了一座巨大的铬制熊猫雕像。随着时间的推移，Dropbox转向勤俭持家，巨型铬制熊猫雕像遂成为早期挥霍无度的标志，一直在提醒着人们钱要省着花。你无须耗费巨资购置铬制雕像也能吸取这个教训。比方说，我听说最近有一家公司在办公室里安了一台Juicero（朱塞罗）公司的果汁机，作为自己的"铬制熊猫"。

3. 台球桌。我刚搬到硅谷时，加入了一家红杉资助的初创公司，当时公司有120人。3个月后增加到了150人，又过了9个月，经过四五轮裁员，缩水到12个人。第一轮裁员后，公司买了一张台球桌，说是为了"振奋员工士气"。不幸的是，真去打台球的人基本都在下一轮裁员中被裁掉了。最后，打台球成了近期离职的信号。打台球的人大概确实有空余时间打台球，所以这很可能是相关关系，而非因果关系。但总归不是好信号吧。